Judicial Practice

Intelligent Connected Vehicles

智能网联汽车司法实践

高　岗　高艳东　主编

法律出版社 LAW PRESS

北京

图书在版编目（CIP）数据

智能网联汽车司法实践 / 高岗，高艳东主编.
北京：法律出版社，2025. -- ISBN 978－7－5197－9986－1

Ⅰ. D922.296.4

中国国家版本馆 CIP 数据核字第 2025DR1698 号

智能网联汽车司法实践
ZHINENG WANGLIAN QICHE SIFA SHIJIAN

高　岗　高艳东　主编

责任编辑　陈昱希　赵雪慧
装帧设计　鲍龙卉

出版发行 法律出版社
编辑统筹 法规出版分社
责任校对 张红蕊
责任印制 耿润瑜
经　　销 新华书店

开本 710 毫米×1000 毫米　1/16
印张 21.75　　**字数** 253 千
版本 2025 年 2 月第 1 版
印次 2025 年 2 月第 1 次印刷
印刷 固安华明印业有限公司

地址：北京市丰台区莲花池西里 7 号(100073)
网址：www.lawpress.com.cn
投稿邮箱：info@lawpress.com.cn
举报盗版邮箱：jbwq@lawpress.com.cn
销售电话：010－83938349
客服电话：010－83938350
咨询电话：010－63939796

书号：ISBN 978－7－5197－9986－1
定价：88.00 元

法律如何对待智能网联汽车技术：促善用、助发展

随着人工智能、大数据和互联网技术的发展，智能网联汽车技术也迎来了前所未有的发展契机，并引领着汽车产业的变革。它不仅为人们提供了全新的出行方式，而且正在重塑人类的生活模式。然而，在智能网联汽车快速发展的同时，一系列相关的新问题也接踵而至，给现有的法律体系带来了新的挑战。如何保障智能网联汽车的技术创新和安全发展，进一步促进科技成果转化和产业升级，成为法律亟待解决的问题。

一、智能网联汽车带来的新挑战

作为一种新兴技术，智能网联汽车发展过程中不可避免地带来一些新挑战，需要法律积极回应，具体而言：

第一，自动驾驶技术商业应用带来的新法律问题。自动驾驶技术是智能网联汽车的核心技术之一，它通过车载传感器、摄像头、雷达等设备，同步车辆的周围环境和运行情况，并对这些信息进行实时分析和精确计算，以实现车辆的自动驾驶。人工智能、5G 互联网技术的发展都为自动驾驶的商业运用赋能，进一步提高了智能网联汽车与周围环境的信息交互效率，及时识别并规避可能遇到的各种危险，确保行车安全。而在实现自动驾驶技术成果转化的过程中，法律制度应顺应技术发展的潮流不断革新，与时俱进，如调整侵权法、保险法等为自动驾驶应用过程中

的相关问题提供解决方案。

第二，交通事故责任处理更加复杂。智能网联汽车的出现，打破了传统汽车的驾驶模式和责任认定方式，使交通事故责任的处理更加复杂。现有法律对部分智能网联汽车事故责任的划分尚不明确，可能产生新的法律纠纷。当前，司法实践中，对于L2级及以下的辅助驾驶，驾驶员仍是驾驶任务的执行者和责任人；而对于L3级及以上高级别的自动驾驶，仍需要法律进一步作出回应。

第三，数据安全与隐私保护的新需要。智能网联汽车行驶过程中会产生大量数据。《民法典》及《个人信息保护法》均强调，自然人的个人信息受法律保护，收集、处理个人信息应当遵循合法、正当、必要原则。在设计智能网联汽车相关数据的处理和共享制度时，应当从促进技术发展和个体隐私保护等多维度出发，进行法律利益衡量，明确相关主体享有的智能网联汽车数据所有权、使用权和收益权等权益。

第四，信息网络安全的重要性更加凸显。智能网联汽车配备了大量的摄像头、传感器等设备，以及复杂的软件系统，实时监测车辆行驶状态、智能编排并及时响应指令。例如，自适应巡航控制功能自动调整车速，与前车保持安全距离，有助于避免因驾驶员反应不及时而导致追尾事故发生；自动泊车功能通过实时绘制停车地图，快速找到合适的停车位，自动完成泊车。为此，网络安全方面的法律涉及，也应当从促进技术发展和安全保护等多维度出发，进行法律利益衡量。

二、法律应该积极介入智能网联汽车行业

新技术就是对法律的新要求，面对智能网联汽车带来的新问题及其引发的纠纷，法律应当积极作为，在立法与司法层面上健

全相关的制度框架和规则体系，甚至促进技术标准与技术伦理“法化”，保障以下各方面工作：

第一，鼓励数据资源的开发利用。智能网联汽车的运行和技术开发，依赖于大量的数据信息。随着端到端大模型技术在智能网联汽车领域的应用，深度学习技术的发展，智能网联汽车行业的技术研发对数据质量和数量的要求也日新月异。平衡数据生态，鼓励汽车制造商在数据开发利用中的主导地位，不仅有利于推动车辆功能的进一步优化和性能提升，也有利于加速智能网联汽车技术的研发与创新。鼓励车企对数据资源的开发利用，明确车企的数据权益，将为行业的整体发展提供强有力的支持。

第二，完善智能网联汽车的基础设施体系。智能网联汽车的发展离不开法律的推动，国家应当统一建设完善智能交通信号系统、智能路侧设施、高精度地图等标准体系，为智能网联汽车的运行提供良好的外部环境。同时，我国应加大对智能网联汽车技术研发的投入，设立专项资金支持相关企业和科研机构开展关键技术攻关，如环境感知技术、智能决策与控制技术、车联网技术等。为了鼓励智能网联汽车的创新发展，政府可以对智能网联汽车生产企业给予税收优惠、财政补贴等政策支持，降低企业的研发和生产成本，提高产品的市场竞争力。《智能汽车创新发展战略》进一步提出强化税收金融政策引导，各地对符合条件的企业按现行税收政策规定享受企业所得税税前加计扣除优惠，以落实中小企业和初创企业的财税优惠政策。

第三，健全智能网联汽车安全规范标准。智能网联汽车系统包括自动驾驶在内的多项技术，如果缺乏统一的评估和认证标准，可能导致一些技术不达标的企业进入市场，带来安全隐患。政府应当为智能网联汽车行业发展积极提供规范指引，例如，自动驾驶功能分级标准、企业准入门槛、路测环境要求等内容可能涉及多个部门，不同部门需要分工协作，加强对话交流，提高智能网联汽车行业规范的可操作性和统一性。此外，国内的专家和行业组织也应积极关注并参与国际智能网联汽车的标准制定工作，推动中国标准与国际标准的对接和融合，发挥中国在国际标准制定上的影响力。

第四，明确相关主体的责任分配机制。智能网联汽车安全事故涉及多个责任主体，如车辆生产商、软件开发商、司机等。法律应确保各个主体各负其责：车辆生产商对车辆的设计缺陷或者功能缺陷负责；软件开发商对软件缺陷或者漏洞负责；司机在车辆行驶过程中存在错误操作行为，造成事故发生，亦需要承担相应的责任。在司法实践中，法官划分侵权行为责任时，由于智能网联汽车的复杂性和多责任主体的交织，很难明确界定各方的责任。为此，法律应逐步建立科学合理的责任分配机制，在事故发生后能够公平划分各方主体责任。同时，法律还要加强各方的责任和安全意识，通过保险等方式分散风险，保障各方的合法权益。

三、法律的任务是促进善用、助力发展

智能网联汽车具有重要的战略意义和广阔的市场前景。2020年，国家发展和改革委员会等部门制定了《智能汽车创新发展战略》，提出“新一轮科技革命和产业变革方兴未艾，智能汽车已成为全球汽车产业发展的战略方向”。我国拥有智能汽车发展的战略优势，应当进一步构建协同开放的智能汽车技术创新系统。法律介入或监管新技术的目的不是限制智能网联汽车行业的发展，而是保障其安全、稳健、持续发展。

正如德国法学家拉德布鲁赫所言，要兼顾法的“安定性”与“合目的性”。这同样支持了当代人对新技术的态度。从数字时代

的法律哲学来看，数字法治对数字技术的态度和原则应当是，坚持规制和扬善并举的理念和原则，既保障技术安全又促进数字善用，以发展为最终目的——赋能经济，助力民生，给人类带来福利。这正是传统法上“安定性”与“合目的性”的生动注脚，亦是数字正义的应有之义。

在立法层面，我国要加快形成综合性智能网联汽车法律体系，既能有效解决智能网联汽车带来的法律新问题，又能为其发展提供足够的空间。近年来，我国不断建章立制，为智能网联汽车的发展提供制度保障。2021 年 7 月，工业和信息化部颁布了《关于加强智能网联汽车生产企业及产品准入管理的意见》，加强了汽车数据安全、网络安全、软件升级、功能安全和预期功能安全管理，保证产品质量和生产一致性，推动智能网联汽车产业高质量发展。此外，2024 年 8 月 23 日，发布的《智能网联汽车 自动驾驶数据记录系统》（GB 44497－2024），该文件将于 2026 年 1 月 1 日正式施行，其规定了智能网联汽车自动驾驶数据记录系统的技术要求、试验方法、同一型式判定等，尤其是关于自动驾驶功能相关的感知类、决策类的数据记录，对企业自动驾驶数据的记录提出了更规范化的要求。未来，立法者要继续科学立法、依法立法，认真对待技术标准与技术伦理“法化”的国际经验，充分听取汽车生产商、软件开发商、消费者、交通管理部门等不同主体的立法建议，平衡各方的利益诉求，树立科学、先进、发展的立法理念和目标。例如，在制定智能网联汽车的数据安全与隐私保护法律时，既要保护数据安全和个人隐私安全，又要考虑企业的数据收集和使用的合理需求，避免阻碍企业的创新发展和科技进步。

在司法层面，司法人员应在充分理解和熟练运用现有法律的基础上，深入了解智能网联汽车技术原理，形成统一的裁判标准。首先，在技术发展早期，不能过于苛责智能网联汽车技术研发者的责任。对于智能网联汽车交通事故责任纠纷案件，涉及利益主体众多，法官应根据具体的案件情形进行利益衡量。在处理自动驾驶汽车与传统汽车发生事故的案件时，司法人员应当充分考虑自动驾驶系统的性能、驾驶员的操作行为、道路环境等因素，合理确定责任比例，而非先入为主地断定自动驾驶存在风险。其次，法律应简化智能网联汽车的准入程序，明确智能网联汽车的准入要求，使更多的企业能够参与到智能网联汽车的研发和生产中来。最后，对于智能网联汽车数据侵权、网络安全等新型案件，最高人民法院应当通过指导性案例、司法解释等形式，明确相关法律适用和裁判标准，推动技术标准与技术伦理“法化”与适用，让企业对法律有明确的预期，进而为智能网联汽车的数据安全和网络安全提供司法保障。

智能网联汽车将会带来一场深刻的产业变革。面对智能网联汽车的新领域，法律应在保障安全的前提下，鼓励和支持智能网联汽车的发展，实现法律与科技的良性互动，推动智能网联汽车产业的健康、持续发展。法律也应以开放、包容、创新的态度，积极拥抱智能网联汽车行业的发展，为人类社会发展保驾护航。

本书中的观点仅是作者个人学术见解，还请读者批评指正。

浙江大学数字法治研究院院长　孙笑侠

2025 年 1 月 18 日

专有名词中英对照表

中文名词	英文全称	英文简称
智能网联汽车	Intelligent Connected Vehicle	ICV
蜂窝车联网	Cellular Vehicle – to – Everything	C – V2X
驾驶辅助	Driving Assistance	DA
部分自动驾驶	Partial Automation	PA
有条件自动驾驶	Conditional Automation	CA
高度自动驾驶	High Automation	HA
完全自动驾驶	Full Automation	FA
快速公交系统	Bus Rapid Transit	BRT
设计运行范围	Operational Design Domain	ODD
车辆与车外其他设备间的无线通信	Vehicle to Everything	V2X
车辆之间通信	Vehicle to Vehicle	V2V
车辆与基础设施通信	Vehicle to Infrastructure	V2I
车辆到云通信	Vehicle to Cloud	V2C
美国国家公路交通安全管理局	National Highway Traffic Safety Administration	NHTSA
国际自动机工程师学会	Society of Automotive Engineers International	SAE International
先进驾驶辅助系统	Advanced Driver Assistance Systems	ADAS
自适应巡航控制	adaptive cruise control	ACC
自动紧急制动	advanced/automatic emergency braking	AEB

续表

中文名词	英文全称	英文简称
加速踏板防误踩	anti – maloperation for accelerator pedal	AMAP
紧急转向辅助	emergency steering assist	ESA
动能回收功能	kinetic energy recovery systems	KERS
车道保持辅助	lane keeping assist	LKA
盲区监测	blind spot detection	BSD
自动泊车辅助	automatic parking assist	APA
车道偏离预警	lane departure warning	LDW
联邦机动车安全标准	Federal Motor Vehicle Safety Standards	FMVSS
专用短程通信	Dedicated Short – Range Communications	DSRC
国际标准化组织	International Organization for Standardization	ISO
国际电工委员会	International Electrotechnical Commission	IEC
汽车事件数据记录系统	Event Data Recorder	EDR
中国合格评定国家认可委员会	China National Accreditation Service for Conformity Assessment	CNAS
在线升级	Over – the – Air update	OTA update
自动驾驶系统	Automated Driving Systems	ADS

目 录
Contents

第四章

常见争议

第五章

结论与展望

第一章

基本介绍

一、智能网联汽车的概念和发展历程

（一）概念定义

智能网联汽车（Intelligent Connected Vehicle，ICV）是一个跨技术和跨产业的新兴汽车体系，不同背景和视角下对其理解有所差异。各国对智能网联汽车的定义和称呼各不相同，常见的名称包括自动驾驶汽车、无人驾驶汽车、智能汽车、互联网汽车、网联汽车等。自智能网联汽车概念兴起以来，国内外出现了多种命名方式，但其终极目标始终一致：通过实现车与人、车与车、车与道路等之间的智能信息交换和共享，达到安全、舒适、节能、高效的驾驶体验，并最终开发出能够替代人类操作的新一代汽车。

根据2016年10月中国汽车工程学会编著的《节能与新能源汽车技术路线图》对智能网联汽车的定义，智能网联汽车是搭载先进的车载传感器、控制器、执行器等装置，并融合人工智能等新技术，具备复杂环境感知、智能决策、自动控制等功能，可实现安全、舒适、节能、高效行驶，并最终可替代人来操作的新一代汽车。这也是对智能网联汽车的相对狭义的理解。[1] 更广义上的理解是，智能网联汽车是以车辆为主体和主要节点，融合现代通信和网络技术，使车辆与外部节点实现信息共享和协同控制，以达到车辆安全、有序、高效、节能行驶的新一代多车辆系统。

通俗来说，智能网联汽车是智能汽车和车联网的有机结合。智能网联汽车由软件和硬件两部分组成，硬件部分包括传感器、控制器、执行器等装置；软件部分在现代通信与网络技术的支持

〔1〕 参见崔胜民编著：《智能网联汽车新技术》，化学工业出版社2021年版。

下，具有环境感知、智能决策、协同控制等功能。发展智能网联汽车的最终目的是实现替代人工操作的新一代汽车；发展智能网联汽车的基本要求是安全、高效、舒适、节能。

（二）主要技术特征

智能网联汽车正崛起成为新一轮科技革命的标志性产业，成为全球工业强国竞相争夺的战略高地。智能化与网联化的深度融合已成为技术发展的必然趋势，并成为全球政府及产业界的广泛共识。

智能网联汽车的技术特性主要体现在以下几个方面：

1. 智能化是智能网联汽车的核心特征之一

智能网联汽车配备了尖端的车载传感器、控制器和执行器等设备，这些高科技装置使车辆能够精准地感知周围环境，与外界进行高效的信息交互。具体而言，这类汽车不仅能够通过环境感知系统识别周边的人、车、路等要素，还能基于这些信息进行深度分析，判断行驶过程中的各种潜在风险。它们不仅能够自动规避障碍物，确保行车安全，还能根据驾驶者的意图和实际路况，智能规划最优行驶路线，极大地提升驾驶的便捷性和安全性。此外，智能网联汽车还集成了丰富的信息与辅助驾驶功能，如实时路况更新、自动泊车、紧急制动等，这些功能不仅能够优化用户的驾驶体验，也会使车辆在复杂交通环境中依然能保持高效、稳定的运行状态。高度集成化的信息系统使车辆能够与外界进行无缝对接，实现人、车、路、云平台等多维度的数据共享与协同作业。

2. 网联化是智能网联汽车区别于传统汽车的一大亮点技术

智能网联汽车依托先进的通信技术，确保车辆在行驶过程中能够实时与其他车辆、基础设施、云端服务等进行高效的信息交互，从而显著提高交通系统的整体运行效率，降低事故发生率，并为驾驶者带来更加智能、便捷的出行体验。

在技术层面，要实现以上智能化、网联化两个特征，主要依靠传感器、互联网和人工智能三项技术的发展。[1]

首先，智能网联汽车之所以能够如此高效地感知周围环境，离不开其多样化的传感器系统。车载传感器的协同工作，雷达、摄像头、激光雷达等多种传感器的综合应用，使车辆能够实时、准确地获取周边道路、其他车辆及行人等关键信息，从而进行更为精确的环境识别和智能决策。传感器技术的不断创新与持续提升，无疑是推动智能驾驶技术不断向前发展的重要因素。智能网联汽车能够实现全方位的环境感知，准确识别周围的车辆、行人和道路状况，为后续的决策和控制提供坚实基础。

其次，互联网技术的深度融合使智能网联汽车真正意义上成为移动互联网不可或缺的一部分。车辆能够通过强大的云端服务实时获取包括交通信息、道路状况以及天气预报在内的各类数据，为驾驶员提供更加精准、智能化的导航和出行建议。此外，车辆之间可以通过高效的信息交流系统实现实时数据的传递与共享，这不仅能够提升单车智能水平，更能从整体上提高整个交通系统的工作效率和协同性。借助车联网技术（V2X），车辆可以与其他车辆、交通基础设施、行人以及云平台进行实时的信息交换与共享，极大地提升信息交互能力和系统的整体协同性。

3. 人工智能无疑是智能网联汽车最为关键的核心支撑技术

深入应用深度学习和机器学习等一系列先进技术手段使智能网联汽车能够精准地感知并全面分析周围复杂多变的交通环境，从而为驾驶员提供全方位的智能辅助功能，甚至在某些特定情况

〔1〕参见《智能网联汽车：定义、技术特点、发展趋势与面临挑战》，载汽车测试网2023年11月29日，https://www.auto-testing.net/baike/show-1041.html。

下，车辆能够完全自主地实现自动驾驶。人工智能技术的广泛应用，使智能网联汽车在应对各种多变的交通状况时表现得更加游刃有余，极大地提升车辆行驶的安全性和整体效率。在智能决策方面，车辆通过强大的车载计算平台对感知数据进行深入分析，并据此作出科学合理的驾驶决策。在多车协同控制技术的支持下，车队的行驶效率和安全性得到进一步的优化与提升。自动驾驶能力的实现，使车辆在特定条件下能够部分或完全地自动化驾驶，极大地减轻驾驶员的负担，提升驾驶体验。

智能化、网联化、人工智能三要素是智能网联汽车应该具备的关键技术能力，这些能力共同推动智能网联汽车在现代交通体系中实现高度的智能化与自动化。

（三）发展历程中的重要里程碑

1. 历史脉络

（1）早期探索阶段（20 世纪末至 21 世纪初）

早在 20 世纪 80 年代，美国、英国、德国等发达国家开始进行无人驾驶汽车的研究。这一时期，无人驾驶汽车主要用于军事目的，如美国国防部资助的自主陆地车辆研究。虽然全球已开始对智能汽车的探索，但由于底层技术、配套产业等不足，相关技术停留在实验室阶段，商业化的智能网联汽车迟迟没有落地。[1]

在 20 世纪，全球各地对于智能网联汽车（Autonomous Vehicles，AVs）的早期探索经历了多个重要的发展阶段和显著的成果节点：

> 1920 年代：智能网联汽车技术的初步实验可以追溯到 1920 年，当时的研究者们主要利用无线电技术进行

---

〔1〕参见李艳菲、李颖编著：《汽车文化与新技术》，机械工业出版社 2021 年版。

车辆控制。到了 1925 年，Houdina Radio Control 公司在纽约的街道上进行了一次具有里程碑意义的测试，展示了无线电控制的自动驾驶汽车，标志着智能网联汽车技术的初步尝试。

1930 年代：1939 年，通用汽车公司在纽约世界博览会上推出了 Futurama 展览，展示了通过嵌入道路的电磁场进行无线电控制的电动自动驾驶汽车概念。这一展览不仅吸引了大量关注，也为后续的智能网联汽车研究提供了重要的思路和方向。

1950 年代：1953 年，美国无线电公司成功研发并推出了一款原型车，该车辆在美国 77 号公路及内布拉斯加州 2 号公路上进行了多次测试，验证了智能网联汽车在实际道路环境中的可行性和稳定性。

1960 年代：在这一时期，俄亥俄州立大学的研究团队开发了一种由电子设备操作的无人驾驶汽车，该车辆通过道路嵌入式设备进行控制，展示了智能网联汽车技术在复杂环境下的应用潜力。

1970 年代：Bendix Corporation 推出并测试了一种新型无人驾驶汽车，该汽车通过埋设在地下的电缆进行精确控制，并由道路通信器与计算机系统进行信息交互，进一步提升了智能网联汽车的技术水平。

1980 年代：梅赛德斯—奔驰设计并测试了一款机器人面包车，该车在封闭式道路上以 63 公里/小时的速度行驶。同时，多所大学与 DARPA 团队及 SRI 国际合作，利用激光雷达、计算机视觉和机器人控制系统技术，进行自动驾驶汽车的深入研究和开发，首次实现了 31 公里/小时的测试速度。

1990年代：1994年，戴姆勒—奔驰与Uni－BwM研究中心合作，开发并在巴黎高速公路上测试了半自动驾驶汽车，该车在交通繁忙时仍能以130公里/小时的速度稳定行驶，总行程超过1000公里。1995年，卡内基梅隆大学的研究人员成功完成了98.2%的自动驾驶控制车辆，行驶了近5000公里，这一成就被他们自豪地称为“横跨美国不用手”。

1998年：丰田制造商首次引入了自适应巡航控制系统，这一技术的应用标志着智能网联汽车在主动安全领域的重大突破。

2000年：美国政府资助了用于军事应用的无人地面车辆项目，这些车辆能够自主导航离线道路路径并有效避障，进一步推动了智能网联汽车技术的发展和应用。

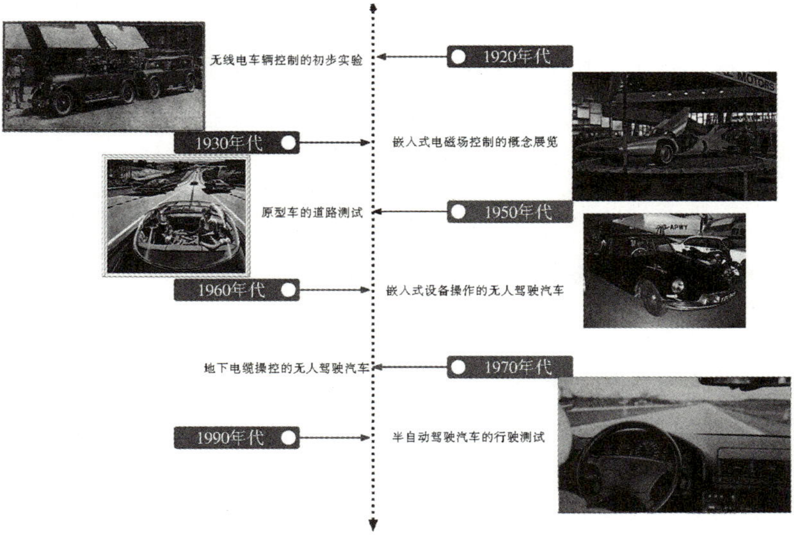

图1　20世纪智能网联汽车的早期探索

这些早期的探索性研究和取得的显著成果，为后续自动驾驶技术的深入研发和广泛应用奠定了坚实而重要的基础。不仅如此，这些初步的成就还逐步地、持续地推动了智能网联汽车技术的不断进步和发展，使这一领域得以在短时间内取得显著的突破和长足的进展。

（2）技术快速发展阶段（21 世纪初至今）

近 20 年来，半导体、高精度传感器、人工智能算法、移动通信网络等技术的快速发展，使智能汽车的落地逐渐成为可能。在全球范围内，各大品牌汽车公司纷纷入局，开始研发自动驾驶汽车。在我国，以国家智能网联汽车创新中心为代表的一批智能网联汽车产业创新基地和创新平台相继成立，从原始创新到技术成果转化与产业应用的全技术产业链生态正逐步形成。

作为高速发展的 20 年，从数据上看，2014—2019 年间，中国市场上相继成立的智能汽车品牌超过百家，对外披露的融资金额超过 2000 亿元。L2 级智能驾驶商业化应用展现出尤其迅猛的发展态势，2021 年，中国乘用车新车市场中具备 L2 级智能驾驶功能的车型销售达 476.6 万辆，渗透率达到 23.5%。[1]

自 2020 年《智能网联汽车技术路线图 2.0》发布以来，该定调未来 15 年技术路线的顶层设计文件为智能网联汽车的未来指明了方向。目前，在车载感知定位方面，各企业发布的多款激光雷达开始前装应用，整机性能达到国际先进水平。在车载计算芯片方面，国内厂商推出了车规级 AI 计算芯片产品。我国也确立了依托 C－V2X 发展车路云一体化融合的智能网联汽车中国方案，以实现 C－V2X 行业在标准体系建设、技术研发与产业化等方面的快速发展。此后，为智能网联汽车向更多应用场景、更高等级的发展，测试与示范应用是必由之路。我国主机厂、自动驾驶企业已经在 Robotaxi、Robobus、物流、矿山、环卫、通勤等场

〔1〕 参见李克强：《我看智能网联汽车十年发展》，载《中国汽车报》2022 年 5 月 9 日，第 1－2 版。

景下开展了多样化测试与示范应用。[1] 截至2024年8月，我国已累计发放自动驾驶汽车测试号牌1.6万张，开放公共测试道路3.2万公里。

2. 发展阶段与后续目标

（1）当前发展阶段

进入21世纪20年代以来，我国智能网联汽车技术与产品创新能力有了显著提升，中国在智能网联汽车领域形成了研发体系、生产配套体系、创新产业链体系，并将持续优化。当前的发展阶段呈现以下三大特点：

第一，智能网联功能渗透率高。

2020年中国智能化和网联化功能在汽车产品中的渗透率分别达到了22%和50%。智能网联汽车的市场应用有商业化持续扩展的目标，其中以部分自动驾驶（PA）、有条件自动驾驶（CA）[2] 两个驾驶智能等级的车辆为重，具体表现为PA、CA级智能网联汽车渗透率持续增加，预计到2025年达到50%，2030年超过70%。C－V2X终端的新车装配率预计在2025年达到50%，2030年基本普及。[3]

第二，技术创新不断加快。

专利数量是一个行业技术发展的晴雨表。从2023年专利数据来看，汽车行业继续聚焦电动化、智能化、网联化发展趋势，智能网联汽车与新能源汽车领域二者合计占比51.65%；其中智

---

〔1〕参见李克强：《我看智能网联汽车十年发展》，载《中国汽车报》2022年5月9日，第1－2版。

〔2〕中国对自动驾驶的分级首次在《中国制造2025》重点领域技术路线图中，将汽车按智能化和网联化两个发展方向进行分级。将自动驾驶汽车分为驾驶辅助（DA）、部分自动驾驶（PA）、有条件自动驾驶（CA）、高度自动驾驶（HA）和完全自动驾驶（FA）5个等级。

〔3〕参见郭王虎：《智能网联汽车技术路线图2.0发布》，载《智能网联汽车》2020年第6期。

能网联汽车的专利公开量同比增长 9.35%，占比达到 26.05%，首次超过新能源汽车，呈现蓬勃发展态势。[1] 智能网联汽车的智能化技术方面，智能感知与整车技术仍是当前企业布局的重点；网联化方面，企业的技术创新聚焦在车联网、平台技术方面。

第三，软件定义汽车趋势越发明朗。

麦肯锡的研究报告指出，高效的车载计算平台已经成为支撑智能汽车的核心部件，车载智能计算平台、软硬件开发能力将成为未来自动驾驶价值链中最重要的能力因素。[2] 传统汽车由发动机、底盘、电气设备和车身等部分组成，各部分功能相对固定。软件定义汽车的物理架构围绕动力系统、环境感知系统、决策规划系统、控制系统和智能座舱等构建，硬件成为通用平台，软件定义其功能，使汽车架构更灵活、可扩展。软件定义汽车还会带来商业模式的创新，软件定义汽车改变了传统汽车产业的盈利模式，硬件预埋与软件付费服务成为新趋势，汽车制造商从单纯的硬件销售转向提供持续的软件服务。

（2）日后发展目标

智能网联汽车的发展已经从技术验证阶段走向大规模商业化应用阶段。未来，随着技术的不断进步和政策的持续支持，智能网联汽车的市场份额将不断扩大，对交通系统和城市管理产生深远影响。

技术将会不断进步，自动驾驶技术将更加成熟，L4 和 L5 级别的自动驾驶汽车将逐步进入市场。车联网技术也将更加完善，通过 5G 通信技术，车辆将实现更快、更可靠的信息传输，从而

---

〔1〕 参见《2023 年中国汽车专利数据统计分析》，载微信公众号“知识产权那点事”2024 年 1 月 26 日，https：//mp. weixin. qq. com/s/0PsX7xM-pC1uGAMAq NvalQ。

〔2〕 参见《驶向 2030：全球新能源汽车产业发展格局与展望》，载微信公众号“汽车产业前线观察”2024 年 8 月 5 日，https：//mp. weixin. qq. com/s/OUMJbtmMPX8Uiu6AIIG3－w。

提升交通管理的智能化水平。

《智能网联汽车技术路线图 2.0》将车辆类型进行划分，针对乘用车、货运车辆、客运车辆分别阐释了其各自不同的发展需求。

针对乘用车发展，预计在 2025 年实现 CA 级自动驾驶乘用车技术的规模化应用，HA 级自动驾驶乘用车技术开始进入市场。2030 年，预计实现城郊道路、高速公路以及覆盖全国主要城市的城市道路等典型应用场景下的 HA 级自动驾驶乘用车技术的规模化应用。FA 级自动驾驶乘用车的正式应用应在 2035 年以后。不同等级智能化的阶段性发展趋势明显，乘用车具有显著的循序渐进特点。

货运车辆对智能网联系统的应用发展节奏与乘用车的发展节奏不同，对城市道路与高速道路场景下的应用区分明确。2025 年预计实现高速场景 DA、PA 级自动驾驶技术规模化应用，CA 级自动驾驶货运车辆亦开始进入市场，并同步开始高速公路队列行驶限定场景下的 HA 级自动驾驶商业化应用。2030 年，开始尝试城市道路 HA 级自动驾驶技术的应用，以及高速公路限定场景下的 HA 级自动驾驶技术实现规模化的商业应用。2035 年后再逐步推进 FA 级别智能网联货运车辆的应用。

客运车辆在智能网联技术上的应用往往限定在特定场景与特定车辆类型下，如 2025 年预计实现限定场景公交车（如 BRT）CA 级自动驾驶技术商业化应用、限定场景接驳车 HA 级自动驾驶技术商业化应用。2030 年，特定类型的客运车辆预计全面与高等级的智能化应用接轨，包括 HA 级自动驾驶接驳车规模化应用、限定场景 HA 级自动驾驶公交车（BRT）商业化应用，此外，HA 级自动驾驶城市道路公交车也将开始进入市场。2035 年后，客运车辆在智能化上的发展将在城市道路与高速公路上双轨并进，实现城市道路公交车 HA 级自动驾驶技术规模化应用、高速公路客运车 HA 级自动驾驶商业化应用。

3. 技术发展

在汽车人工智能技术领域，基于大型模型的创新已取得显著进展。通过借鉴模仿学习与强化学习的原理，驾驶相关的大型模型训练方法得到了发展，这不仅扩展了车辆的设计运行范围（ODD），还加速了智能网联汽车的商业化进程。当前，主要的汽车制造商已经将大型模型技术应用于感知、规划及控制等多个关键领域，并且部分企业已经掌握了从感知到执行的全栈端到端智能驾驶技术。

智能化与网联化融合正成为关键的技术发展路径。中国已经启动智能网联汽车的“车路云一体化”应用试点项目，涉及 20 个试点城市，这些城市正在积极推进大规模的建设与应用。与此同时，美国发布了《网联拯救生命：加速 V2X 部署计划》，旨在设定车辆与基础设施的部署目标。欧盟也公布了《网联、协作和自动化出行路线图》，清晰地阐述了 V2X（车对车/车对基础设施通信）的顶层设计和发展规划，以加速 V2X 技术的规模化部署。

2024 年 11 月，中国工程院院士、清华大学车辆与运载学院教授、国家智能网联汽车创新中心首席科学家李克强教授在其《智能网联汽车技术与产业发展态势及展望》主旨报告中指出，全球新能源汽车、智能网联汽车的持续高速发展呈现出六大发展趋势，技术方面的趋势包括：智能化网联化融合发展，形成全球共识；以系统工程思路统筹推动，促进跨行业合力发展；车云协同中央计算式新型架构开启产业实践；车云数据闭环变革主流研发范式推动新质生产力以及基于大模型的汽车人工智能技术实现突破。他认为，新一代人工智能的发展已经迈入由大模型技术主导的新时代。在这一背景下，自动驾驶领域取得了显著的进步。

采用模仿学习和强化学习相结合的先进驾驶大模型训练方法使车辆的设计运行范围（ODD）得到了显著拓宽，这不仅提升了车辆在不同环境和场景下的适应能力，也极大地推动了智能网联汽车的快速落地和应用。

目前，主流的车企已经在感知、规划和控制等多个关键领域成功应用大模型技术。这些技术的应用不仅提升了车辆的智能化水平，还使部分领先车企具备了全栈端到端的智能驾驶能力。

二、国内外智能网联汽车的市场和政策发展趋势

（一）国内市场现状与政策支持

1. 市场现状

（1）市场规模持续扩大

我国积极发展智能网联汽车，智能驾驶技术进一步推动大型企业进入市场、加大投入研发技术，智能驾驶市场正处于快速发展阶段。中商产业研究院发布的《2025—2030 全球及中国自动驾驶行业深度研究报告》显示，2023 年我国自动驾驶市场规模达 3301 亿元，同比增长 14.1%。2024 年我国自动驾驶市场规模达 3993 亿元，2025 年将逼近 4500 亿元。作为风口前端的产业，智能驾驶市场前景广阔。[1]

（2）技术不断创新与突破

自动驾驶技术无疑是智能网联汽车最为关键的核心竞争力之一，它不仅代表了汽车行业的未来发展方向，更是各大车企技术实力的重要体现。随着 L3 级别自动驾驶技术的逐步开放和应用，越来越多的汽车制造企业将积极投入到自动驾驶技术的试点和实

〔1〕 参见中商产业研究院：《2025 年中国智能驾驶行业市场前景预测研究报告》，载中商情报网 2025 年 1 月 10 日，https：//big5. askci. com/news/chanye/20250110/090828273647130753357218. shtml。

际应用中，以期在这一领域占据领先地位。

与此同时，车联网技术作为智能交通系统的重要组成部分，通过先进的5G通信技术，实现了车辆与车辆之间（V2V）、车辆与基础设施之间（V2I），以及车辆与云端服务器之间（V2C）的实时信息交换。这种高效的信息交互不仅提升了行车安全性和交通效率，还为自动驾驶技术的进一步发展提供了坚实的数据支持和通信保障。

L3级及以上智能网联汽车研发持续加速。德国、日本已经为具备L3级自动驾驶功能的车型完成型式批准；美国许可具备L3级自动驾驶功能的车辆上路；中国已确定首批9个联合体，开展准入与上路通行试点工作[1]。主要国家在立法方面已取得关键进展，全球正处在自动驾驶法规标准研究的加速流中。

2024年被视为车路云一体化全面落地的里程碑年份。中国率先提出车路云一体化智能网联汽车创新发展路径，并发挥在统筹规划、基础设施建设、信息通信技术等方面的优势，积极开展试点，车路云一体的全面落地已然成为现实。

（3）智能网联汽车销量增长

2023年，中国市场上ADAS级智能网联汽车（即配备有L1或L2级别驾驶辅助技术的智能网联汽车）的销量达到了惊人的1403.3万台，这一数字充分展示了该领域近年来的迅猛发展势头。回顾2019年至2023年，这一细分市场的年均复合增长率高达18.16%，这一增长率凸显了智能网联汽车在中国市场的强劲

---

〔1〕 9个进入试点的联合体汽车生产企业为：重庆长安汽车股份有限公司、比亚迪汽车工业有限公司、广汽乘用车有限公司、上海汽车集团股份有限公司、北汽蓝谷麦格纳汽车有限公司、中国第一汽车集团有限公司、上汽红岩汽车有限公司、宇通客车股份有限公司、蔚来汽车科技（安徽）有限公司。

增长态势。[1] 这不仅反映了市场对于智能网联汽车持续高涨的需求，也预示着该领域在未来仍将保持强劲的增长势头，成为汽车市场的重要增长点。

（4）智能网联汽车渗透率提升

2023年，ADAS级智能网联汽车在市场中的渗透率已经达到了52.4%，这一数据充分显示了智能驾驶技术的快速普及和应用。[2] 展望未来，预计到2030年，ADAS（包括L1和L2级别）的渗透率将进一步显著提升，客户能够体验到更加智能化的驾驶辅助功能。与此同时，随着自动驾驶技术的不断成熟和推广，更高层次的自动驾驶（涵盖L3级别至L5级别）也将逐渐走进人们的生活，智能驾驶技术将迈入一个全新的发展阶段。

（5）行业投融资活跃

2023年，中国智能网联汽车行业迎来了前所未有的发展热潮，全年累计发生的投融资事件数量高达321起，这一数字充分体现了资本市场对该行业的强烈关注和高度认可。与此同时，伴随着这些投融资事件的不断涌现，投融资金额也达到了1075.79亿元[3]，这一巨额资金的注入无疑为智能网联汽车行业的快速发展和技术创新提供了强有力的资金支持。

进入2024年，中国智能网联汽车行业的投融资热度依然不减。在短短的1月至4月，该行业再次吸引了众多投资者的目光，投融资事件数量迅速攀升至127起，显示出资本市场对该行业未来前景的持续看好。与此同时，投融资金额也达到了479.45亿

---

〔1〕参见中商产业研究院：《2024年中国智能网联汽车行业市场前景预测研究报告》，载中商情报网2024年8月7日，https://www.askci.com/news/chanye/20240807/0849542723023651867356 27.shtml。

〔2〕参见中商产业研究院：《2024年中国智能网联汽车行业市场前景预测研究报告》，载中商情报网2024年8月7日，https://www.askci.com/news/chanye/20240807/084954272302365186735627.shtml。

〔3〕参见赛迪顾问：《2023—2024年中国智能网联汽车产业发展研究年度报告》。

元，显示出资本市场对智能网联汽车行业的坚定信心和积极投入。

（6）产业链与生态建设日益成熟

智能网联汽车产业链正在逐步走向完善，涵盖了从传感器、控制器到执行器等一系列关键零部件的研发与生产环节。这些零部件作为智能网联汽车的核心组成部分，其技术水平和制造工艺的不断提升，为整个产业链的优化奠定了坚实基础。与此同时，车联网、大数据、云计算等支撑技术也在迅猛发展，为智能网联汽车提供了强大的数据分析和处理能力，进一步推动了产业链的协同进步和整体效能的提升。这些技术的深度融合与应用，不仅提升了智能网联汽车的性能和安全性，也为产业链的各个环节带来了新的发展机遇，加速了智能网联汽车产业的全面升级。

2. 政策支持

2015 年，国务院正式发布了《中国制造 2025》这一重要战略文件，该文件将智能网联汽车的发展提升至国家战略的高度，标志着我国在智能汽车领域的布局和推进进入了一个全新的阶段。这一举措不仅体现了国家对智能网联汽车产业的高度重视，也为后续相关政策的出台和产业的快速发展奠定了坚实的基础。

2020 年 2 月，国家发展和改革委员会联合工业和信息化部、交通运输部等共计 11 个部委，共同发布了《智能汽车创新发展战略》。该战略文件明确提出了到 2025 年的发展目标，即中国标准的智能汽车在技术创新、产业生态构建、基础设施建设、法规标准制定、产品监管体系完善以及网络安全保障等方面将基本形成完整的体系。这一战略的发布，为智能汽车产业的全面发展提供了清晰的路线图和强有力的政策支持。

2021 年 7 月，工业和信息化部进一步发布了《关于加强智能网联汽车生产企业及产品准入管理的意见》。该意见着重强调了加强智能网联汽车在数据安全、网络安全等方面的管理措施，旨在确保智能网联汽车在生产、使用过程中的安全性和可靠性。这一政策的出台，标志着我国在智能网联汽车安全管理方面迈出了重要的一步。

2023 年 11 月，工业和信息化部联合公安部、交通运输部等部门，发布了《关于开展智能网联汽车准入和上路通行试点工作的通知》。该通知明确为搭载 L3 和 L4 等较高级别自动驾驶功能的智能网联汽车打开了政策通道，允许其在特定条件下进行准入和上路通行试点。这一政策的实施，不仅为智能网联汽车的推广应用提供了有力的政策保障，也进一步推动了我国智能汽车产业的创新发展和市场应用。

在标准体系建设方面，2023 年 7 月，工业和信息化部联合国家标准化管理委员会正式对外发布了《国家车联网产业标准体系建设指南（智能网联汽车）（2023 版）》。该指南是《国家车联网产业标准体系建设指南》的第二部分，是对《国家车联网产业标准体系建设指南（智能网联汽车）（2018 版）》的继承、延伸与完善，是在对第一阶段标准体系建设情况进行客观总结、对智能网联汽车产业新需求和新趋势进行深入分析后，形成的框架更加完善、内容更加全面、逻辑更加清晰的标准体系建设指南，为智能网联汽车产业高质量发展奠定了坚实基础。新版标准体系建设指南在全面总结当前标准体系建设进展的同时，提出了 2025 年、2030 年两个阶段的标准体系建设目标。到 2025 年，系统形成能够支撑组合驾驶辅助和自动驾驶通用功能的智能网联汽车标准体系。制修订 100 项以上智能网联汽车相关标准；到 2030 年，全面形成能够支撑实现单车智能和网联赋能协同发展的智能网联汽车标准体系，制修订 130 项以上智能网联汽车相关标准并建立实施效果评估和动态完善机制。

在地图测绘方面，2024 年 7 月，自然资源部发布《关于加强智能网联汽车有关测绘地理信息安全管理的通知》。该通知不仅明确提出了多项具体要求和措施，还特别强调了鼓励社会各界积极投身于地理信息安全应用的创新探索。通过这种方式，旨在推动地理信息技术的广泛应用与深度融合，同时确保相关信息的安全性和可靠性。此外，该通知还着重指出，要不断优化和完善地理信息公共服务体系，提升服务质量和效率，以满足日益增长的社会需求。最终通过多方共同努力，营造一个安全、稳定、可持续发展的良好氛围，为智能网联汽车的健康发展提供坚实保障。

（二）国际市场发展趋势及监管动向

1. 市场现状与发展趋势

（1）市场规模与增长

2023 年，全球智能网联汽车市场的规模已达到 3018 亿美元。在接下来的五年，预计该行业的复合年增长率将为 6.04%。[1]

（2）技术发展与应用

智能网联汽车技术涵盖了人工智能、大数据、物联网等众多前沿科技领域，被广泛认为是汽车行业未来发展的关键方向之一。随着 5G 技术的迅速兴起和普及，车辆的连接能力得到了显著提升，这不仅极大地改善了车辆与车辆之间的通信效率，还极大地促进了车辆与道路基础设施之间的无缝对接和高效通信。与此同时，人工智能和机器学习技术的不断进步和发展，显著增强了车辆对实时数据的处理和分析能力，这使先进的驾驶辅助系统

〔1〕 参见前瞻产业研究院：《【智能网联汽车】行业市场规模：2024 年全球智能网联汽车行业市场规模将达到 3308 亿美元　欧洲市场占比达 31.2%》，载前瞻经济学人网 2024 年 12 月 24 日，https：//www.qianzhan.com/analyst/detail/220/241224－520dc3c7.html。

（ADAS）得以实现，并且在车辆运行过程中能够进行更为精准的预测性维护，从而大大延长行车安全性和车辆的使用寿命。

（3）区域市场特点

北美市场在全球智能网联汽车市场中占据绝对的主导地位，2022年的市场份额高达82.96%，这一显著成就主要归功于该地区拥有众多领先的汽车制造商和先进的技术供应商。这些企业在技术研发和市场推广方面投入巨大，使北美市场在智能网联汽车领域遥遥领先。

与此同时，亚太地区，尤其是中国和日本，正积极投身于智能网联汽车技术的研发和应用，市场增长势头迅猛。中国政府出台了一系列扶持政策，鼓励企业加大技术创新力度，而日本则在自动驾驶和车联网技术方面拥有深厚的技术积累，两国共同推动了亚太地区智能网联汽车市场的快速发展。

欧洲市场也不甘落后，紧随北美和亚太之后，展现出强劲的增长潜力。德国和英国作为欧洲汽车工业的两大巨头，凭借其雄厚的汽车制造基础和创新能力，有力地推动了智能网联汽车市场的发展。德国的汽车制造商在高端车型和自动驾驶技术方面具有明显优势，而英国则在车联网和智能交通系统方面取得了显著进展，两国共同助力欧洲市场在全球智能网联汽车领域占据重要地位。

（4）政策与法规支持

众多国家已经将推动智能网联汽车的发展提升至国家战略的高度，纷纷制定并实施一系列全面的政策措施，旨在大力支持智能网联汽车产业的快速成长与壮大。这些政策措施涵盖技术研发、市场推广、基础设施建设等多个方面，为智能网联汽车产业的蓬勃发展提供了坚实的保障。与此同时，政府在智能网联汽车领域的积极支持以及相关法规的不断完善，已然成为推动该市场持续健康发展的关键性因素之一。政府的引导与规范不仅为产业发展提供了明确的方向，也为市场参与者创造了良好的发展环境，进一步加速了智能网联汽车技术的普及与应用。

（5）市场驱动因素

技术进步的不断推进，尤其是在人工智能、大数据、云计算等领域的显著突破，为智能网联汽车的发展提供了坚实的技术基础。与此同时，消费者对于汽车安全性和便利性的需求日益增长，他们不仅希望车辆能够提供更为可靠的驾驶保障，还期待通过智能化功能提升驾驶体验和日常使用的便捷性。此外，各国政府为了促进交通领域的智能化转型，纷纷出台了一系列支持性法规和政策，鼓励和推动车辆连接技术的研发与应用。这些因素共同作用，形成了推动智能网联汽车市场快速发展的强大动力。

（6）市场趋势

智能交通系统的持续发展与不断完善、自动驾驶技术的性能显著提升及其在实际应用中的不断优化，以及车联网技术的快速进步和广泛普及，共同构成了当前市场发展的主要趋势和核心动力。这些技术的融合与创新，不仅推动了交通行业的智能化转型，而且为未来的出行方式带来了革命性的变革。

2. 政策现状与监管动向

就全球范围内的监管动向而言，监管机构正日益将关注焦点转向安全和责任问题，数据隐私、网络安全以及负责任的人工智能部署也逐渐成为监管和立法者高度关注的重点领域。各国政府在积极推动自动驾驶技术发展的过程中，不断深入探索如何将自动驾驶汽车更有效地融入现有的公共交通系统和城市规划之中。

在全球范围内，智能网联汽车的政策和法规体系正逐步走向完善，各国政府纷纷采取积极措施以推动自动驾驶技术的稳步发展。美国在这方面建立了领先的政策框架，超过 40 个州已经出台相关法律，允许在公开道路上进行无人驾驶测试和商业化应用，特别是加利福尼亚州已率先实现了 Robotaxi 服务的全面商业化。欧洲也不甘落后，在自动驾驶商业化布局上取得了显著进展：英国率先发布《自动与电动汽车法案》，德国出台全球首个自动驾驶伦理文件，为自动驾驶技术的健康发展奠定了坚实基础。日本则通过修订《道路运输车辆法》，为 L3 级自动驾驶车辆的准入提供明确的法律支持。

全球监管机构在关注自动驾驶技术发展的同时，越来越重视安全、责任、数据隐私和网络安全等核心问题，力求为智能网联汽车的健康发展提供坚实的法律保障，确保公众利益得到有效保护。各国政策的制定与实施，旨在加速自动驾驶技术的普及和应用，同时探索如何将其更好地融入现有的公共交通和城市规划体系之中。

具体来看，在智能网联汽车发展较为积极的典型国家，如美国、日本以及部分欧洲国家，其政策现状各有特色，但共同的目标都是推动自动驾驶技术的稳步前行，确保技术进步与社会需求相协调。

（1）美国

美国在智能网联汽车领域已经构建起一套全球领先且全面的政策体系，这一体系涵盖从战略规划、创新支持、法律法规、标准规范到推广应用等多个方面，形成了全方位的支撑框架。具体而言，超过 40 个州政府以及华盛顿特区已经相继出台针对自动驾驶技术的政策或地方性法案，这些政策不仅允许自动驾驶汽车在公开道路上进行自主驾驶操作，还进一步放宽限制，允许提供营利性的经营服务，极大地推动了自动驾驶技术的实际应用和市场发展。

2022 年，美国国家公路交通安全管理局（National Highway

Traffic Safety Administration，NHTSA）更是发布了具有里程碑意义的《无人驾驶汽车乘客保护规定》。该规定明确指出，制造全自动驾驶汽车的企业可以不再配置传统的人工操控装置，这一政策为无人驾驶技术的进一步发展和普及扫清了重要的法律障碍。

具体到允许 Robotaxi 服务的州，情况如下：

> 加利福尼亚州（California）：作为智能网联汽车测试和商业化的前沿阵地，加利福尼亚州在这一领域的进展尤为迅速。该州允许 Robotaxi 厂商进行从测试到试点再到最终部署的三个阶段操作，特别是旧金山，成为全美首个实现无人驾驶出租车全面商业化的城市，标志着无人驾驶技术在实际应用中的重大突破。
>
> 亚利桑那州（Arizona）：亚利桑那州的凤凰城是 Waymo 公司最早提供 Robotaxi 服务的城市之一，并且在这里，Waymo 公司已经实现了无安全员的收费服务，进一步验证了无人驾驶技术的安全性和可靠性。
>
> 得克萨斯州（Texas）：Waymo 公司计划在 2025 年通过 Uber 应用程序，在得克萨斯州的奥斯汀市提供 Robotaxi 服务，这一计划将为当地居民带来全新的出行体验。
>
> 佐治亚州（Georgia）：Waymo 公司计划在 2025 年通过 Uber 应用程序，在佐治亚州的亚特兰大市提供 Robotaxi 服务，进一步扩大其服务范围。

此外，俄勒冈州（Oregon）、阿肯色州（Arkansas）、俄亥俄州（Ohio）和宾夕法尼亚州（Pennsylvania）等也吸引了众多厂商进行自动驾驶汽车的测试工作，这些州的积极态度和开放政策为自动驾驶技术的进一步发展提供了广阔的试验场和应用空间。

（2）欧洲

欧洲在自动驾驶商业布局方面展开了全面而深入的探索，涵盖自动驾驶保险、责任规则以及伦理道德等多个领域。为了确保自动驾驶技术的顺利推广和应用，欧洲各国不仅在技术层面进行创新，还在法律法规和伦理规范方面进行积极的探索和实践。

英国作为全球自动驾驶领域的先行者，率先在全球范围内颁布了具有里程碑意义的《自动与电动汽车法案》。该法案详细明确了适用于自动驾驶汽车的保险和责任规则，为自动驾驶技术的商业化应用提供了坚实的法律基础，填补了相关领域的法律空白。

德国在2017年发布了全球首个针对智能网联汽车的伦理文件——《自动化和网联化车辆交通道德准则》，该文件共20条。这一文件为自动驾驶技术的伦理应用设定了明确的指导原则。随后，在2021年，德国的《自动驾驶法》经过联邦议院和联邦参议院的表决顺利通过，成为全球首个国家级支持高度自动驾驶的法律制度，进一步巩固了德国在自动驾驶领域的领先地位。

与此同时，欧盟及其各成员国也在持续进行顶层路线设计，积极推动自动驾驶技术的发展。其中，《通往自动化出行之路：欧盟未来出行战略》作为一项重要的战略规划，明确提出到2030年普及完全自动驾驶的目标。这一战略不仅为欧盟各成员国提供了清晰的发展方向，也为全球自动驾驶技术的进步树立了标杆。这些全方位的探索和布局使欧洲在自动驾驶领域的发展前景越发光明。[1]

（3）日本

日本政府持续不断地完善以法律法规作为核心引领的智能网

〔1〕《德国自动驾驶立法：责任承担与伦理准则的借鉴》，载 https://www.zidonghua.com.cn/news/culture/51536.html，2023年10月12日。

联汽车综合政策体系，明确构建涵盖产业界、学术界和官方机构于一体的协同发展协作机制，旨在推动智能网联汽车产业的全面进步与高效发展。具体而言，日本通过系统性地修订《道路运输车辆法》，为L3级别自动驾驶车辆的合法准入提供了坚实的法律依据，确保了自动驾驶技术的合规应用与市场推广，进一步促进了智能交通领域的创新与突破。

三、智能网联汽车常见辅助驾驶功能

（一）辅助驾驶分级

可以参照国际自动机工程师学会（SAE International）所制定的自动驾驶分级标准（这一标准在全球范围内被广泛认可和应用），同时结合我国发布的《汽车驾驶自动化分级》（GB/T 40429－2021）的相关规定，综合两者的详细要求和具体细则，对自动驾驶技术进行如下分级，以确保分级结果的准确性和权威性。

1. L0级驾驶自动化（应急辅助）

系统无法持续地执行动态驾驶任务中所涉及的车辆横向或纵向运动控制功能，这意味着它不能长时间地接管或管理车辆在行驶过程中的方向调整或速度控制。然而，系统确实具备了持续执行动态驾驶任务中的部分目标和事件探测与响应的能力，能够在特定情况下识别并作出相应的反应。具体来说，系统并不提供对驾驶任务本身的控制功能，而是专注于提供辅助性的警告和瞬时支持。例如，系统可以监测驾驶员的疲劳状态并在必要时发出警报，或者当车辆偏离车道时发出警告，以确保驾驶安全。这些功能旨在提升驾驶安全性，但并不涉及对车辆行驶的直接控制。简言之，系统的作用更多是辅助和提醒，而非直接干预驾驶操作。

2. L1级驾驶自动化（部分驾驶辅助）

系统在其设计所规定的运行条件下，能够持续不断地执行动态驾驶任务中的车辆横向或纵向运动控制。具体而言，该系统能够针对车辆在行驶过程中的横向或纵向运动进行精准调控。在执行横向控制时，系统能够确保车辆沿预定车道稳定行驶；在进行纵向控制时，则能根据前方交通状况智能调节车速，确保行车安全与平稳。同时，系统还具备与所执行的横向或纵向控制相匹配的部分目标和事件的探测及响应能力，如识别前方车辆、判断车间距等。然而，需要注意的是，该系统目前尚不能同时兼顾横向与纵向控制，即在同一时刻只能专注于车辆横向或纵向其中一种运动模式的调节。

此外，系统还嵌入了自适应巡航定速功能作为核心，允许车辆在设定的速度区间内自主调节加速和制动操作，以适应前车的行驶状态，并借助车道保持辅助系统，依据路面标线自动微调方向盘，助力车辆稳定居中行驶。尽管如此，驾驶者仍需时刻保持对周边环境的警觉，随时准备接管车辆控制权，以确保行车安全无虞。

3. L2 级驾驶自动化（组合驾驶辅助）

系统在其设计所规定的运行条件下，能够持续不断地执行动态驾驶任务中的车辆横向和纵向运动控制功能。具体而言，它不仅能够精准地控制车辆的加速和制动，还能有效地保持车辆在车道内的稳定行驶。此外，系统还具备与所执行的车辆横向和纵向运动控制相匹配的部分目标和事件探测与响应能力，能够在一定程度上识别和应对道路上的各种突发情况。然而，尽管系统具备这些先进的辅助功能，驾驶员仍然必须始终保持对驾驶环境的密切关注，并随时做好接管车辆控制的准备，以确保行车安全。

在这一级别的自动驾驶技术中，车辆已经能够自动进行加速、制动和车道保持等基本操作，极大地减轻了驾驶员的驾驶负担。除此之外，系统还在 L1 级别的基础上增加了部分更为高级的功能，例如：辅助泊车功能，能够帮助驾驶员轻松完成停车操作；路牌识别功能，能够自动识别并解读道路上的各种交通标志，为驾驶员提供更为全面的驾驶信息；转向介入功能，当驾驶员手动操作转向灯时，车辆能够在确保安全的环境下自动完成切线动作，进一步提升驾驶的便捷性和安全性。这些新增功能的加入，使车辆在智能化驾驶方面迈出了更为坚实的一步。

4. L3 级驾驶自动化（有条件自动驾驶）

系统在其设计所规定的运行条件下，能够持续不断地执行所有动态驾驶任务，这其中不仅包括对车辆本身的操控，还涵盖对外部环境的全方位监控。在特定的条件下，驾驶员可以暂时不必对环境进行监控，然而，一旦系统发出请求，驾驶员必须能够迅速接管车辆控制，确保行车安全。

在特定的环境条件下，如高速公路或封闭路段，系统能够实现自动驾驶功能，涵盖切线、避让等各种动态驾驶动作。然而，这一功能的实现高度依赖于对路面标识等环境因素的精准识别与判断，因此对这些环境因素的精准度要求极高，以确保自动驾驶的安全性和可靠性。

5. L4 级驾驶自动化（高度自动驾驶）

系统在其设计所规定的运行条件下，持续且稳定地执行所有动态驾驶任务，并且能够自动实施最小风险策略，无须驾驶员进行任何形式的介入。在这一级别的高度自动化驾驶中，车辆具备在大多数环境和条件下安全行驶的能力，能够确保行车的安全性与可靠性。

在驾驶员明确指定的区域内，车辆可以实现完全的自动驾驶功能。这意味着，无论是在城市道路、高速公路还是其他特定场景下，车辆都能自主完成驾驶任务。特别值得一提的是，部分配备 L4 级别驾驶自动化系统的车辆，甚至可以完全取消人工驾驶功能，如在一些特定场景下使用的园区接驳车等。

对于可人工驾驶的车辆，在系统激活之后，车内的用户角色转变为乘客，不再需要参与驾驶操作，也不必响应系统发出的任何介入请求，从而享受到完全放松的乘车体验。

6. L5 级驾驶自动化（完全自动驾驶）

系统在任何可行驶的环境和条件下，能够持续不断地执行所有动态驾驶任务，并且自动地采取最小风险策略，以确保行车安全，整个过程无须驾驶员进行任何形式的介入。在这一级别的自动驾驶技术支持下，车辆具备了在任何可行驶条件下实现完全自动驾驶的能力。配备 L5 级别驾驶系统的车辆，根据实际使用情况，可以选择性地装备驾驶座椅，这意味着车辆不再依赖于传统意义上的驾驶员来操控，而是完全由智能系统来主导驾驶过程。

（二）常见辅助驾驶功能介绍

辅助驾驶功能，能够通过安装在车辆上的传感、通信、决策及执行等装置，实时监测驾驶员、车辆及其行驶环境，并通过信息和/或运动控制等方式辅助驾驶员执行驾驶任务或主动避免/减轻碰撞危害，提升驾驶的安全性和舒适性。辅助驾驶功能是智能网联汽车与传统汽车相比的重要优势所在，也是很多消费者选择购买智能网联汽车的主要原因之一。目前，常见辅助驾驶功能包括 ACC、AEB、LKA、BSD、LDW 等。全国汽车标准化技术委员会发布的《道路车辆 先进驾驶辅助系统（ADAS）术语及定义》（GB/T 39263－2020），对前面提及的大多数驾驶辅助系统有标准的定义。以下就这些驾驶辅助系统的功能和作用以及使用场景进行介绍。需要注意的是，以下功能均为 L2 级及以下的辅助驾驶功能，各功能均有自己的边界和限制，无法应对所有情况；使用时驾驶人员需时刻注意路况和驾驶情况，及时介入接管。

1. 自适应巡航控制（ACC）

自适应巡航控制，英文名为“adaptive cruise control”，简称“ACC”。该功能主要是根据前车的速度和与前车的距离自动调整本车的车速，使车辆始终与前车保持安全的距离。

自适应巡航控制可适用于高速公路、城市快速路以及长途驾驶等场景，可以有效减轻驾驶疲劳提高驾驶舒适性、避免因驾驶员反应不及时而导致的追尾事故增强行车安全性以及保持更稳定的跟车距离和行驶速度，有助于优化道路交通流量，减少交通拥堵。

2. 自动紧急制动（AEB）

自动紧急制动，英文名为“advanced/automatic emergency braking”，简称“AEB”。当监测到车辆前方有障碍物或前车紧急刹车等时，自动紧急制动系统将自动介入并控制车辆刹车系统，通过协调刹车力度，降低车辆速度，以避免碰撞或减轻碰撞后果。

自动紧急制动使用场景包括前方车辆急刹、行人突然横穿、后方障碍物碰撞、疲劳驾驶反应能力下降等，该功能可以及时感应并制动，有效防止追尾、降低碰撞风险、减少事故隐患。但AEB 并不能应对所有场景，目前也无法识别所有障碍并接入刹停。司法实践中，争议点一般在于车辆的 AEB 是否有效启动避免了事故的发生。

3. 加速踏板防误踩（AMAP）

加速踏板防误踩，英文名为“anti – maloperation for accelerator pedal”，简称“AMAP”。该功能主要应用于车辆在起步、低速行驶、倒车等特定场景下，驾驶员若猛踩加速踏板，而摄像头、雷达等传感器等监测到行驶方向有车辆、行人或障碍物等，则误加速抑制系统或加速踏板防误踩系统会自动介入限制车辆加速，并通过声音预警等方式提醒驾驶员。

该功能虽能在一定程度上降低误踩加速踏板的风险，但并无法完全消除该风险。在某些极端情况下，如驾驶员用力过猛或持续误踩加速踏板，系统可能无法完全阻止车辆加速。与 AEB 类似，司法实践中，该功能的争议点也是在于功能是否有效启动避免了事故的发生。

4. 紧急转向辅助（ESA）

紧急转向辅助，英文名为“emergency steering assist”，简称“ESA”。该功能能够实时监测车辆前方、侧方及侧后方行驶环境，在可能发生碰撞危险且驾驶员有明确的转向意图时辅助驾驶员进行转向操作。ACC 等功能主要作用于在纵向与前后车之间保持车距，紧急转向辅助功能则是由辅助驾驶功能根据路况判断车辆是否进行变道、转弯等操作，对车辆进行横向控制。

紧急转向辅助是一种在车辆面临碰撞风险时自动介入的辅助驾驶功能，该功能为司法实践中常见争议点之一，即发生事故时车辆的辅助驾驶功能是否有效启动，以及其和事故结果之间的关联性。

5. 动能回收功能（KERS）

动能回收功能，英文名为“kinetic energy recovery systems”，简称“KERS”。该功能是现代电动汽车及部分混合动力汽车上的一项重要技术，它能够在车辆减速或制动过程中，将车辆的动能转化为电能并储存起来，以供后续使用。该功能工作原理是电机反转发电，当车辆需要减速或制动时，驱动电机切换为发电机模式，车轮带动电机反转，电机内部的线圈在磁场中做切割磁感线运动，从而产生感应电流，将车辆的动能转化为电能。产生的电能通过逆变器等设备处理后，储存在车辆的动力电池中，实现能量的回收和再利用。

需注意的是，由于动能回收功能会在车辆减速时产生一定的拖拽感，驾驶员需要适应这种感觉，合理控制加速踏板和制动踏板的操作，避免因拖拽感不适而导致晕车或驾驶疲劳。另外，动能回收功能虽然能在一定程度上实现减速，但不能完全替代传统制动系统。在紧急制动或需要快速停车时，仍需踩下制动踏板，依靠传统制动系统确保车辆的安全制动。与传统的液压制动不同，动能回收功能启动时不会额外建立制动压力，司法实践中，消费者的疑问一般在于动能回收系统是否与传统制动一样有效起到了刹停的效果。

6. **车道保持辅助**（LKA）

车道保持辅助，英文名为“lane keeping assist”，简称“LKA”。该功能主要作用于在车辆有偏离车道的趋势时，持续或在必要情况下自动对车辆的转向系统施加微小的修正力，控制车辆横向运动，使车辆保持在车道内行驶。

车道保持辅助适用于高速公路、城市快速路以及路况良好的普通道路，可以有效提升驾驶安全性，减轻驾驶疲劳以及规范驾驶行为。但在雨、雪、雾等恶劣天气条件下，道路能见度降低，车道线可能因施工、磨损严重、被遮挡而难以识别，导致车道保持辅助功能性能下降或无法正常工作。因此，驾驶员在驾驶过程中仍需保持警觉，时刻关注路况和车辆周围的环境。

7. **盲区监测**（BSD）

盲区监测，英文名为“blind spot detection”，简称“BSD”。当监测到车辆、行人或其他障碍物时，盲区监测功能会通过车辆外后视镜上的警示灯、警示声音、座椅震动等多种方式提醒驾驶员，以避免发生碰撞，减少事故隐患。

盲区监测功能适用于高速并线、城市道路变道、车辆进出停车位等场景。该功能可以有效提升驾驶安全性、减轻驾驶压力、增强驾驶的舒适性。但该功能通常只能监测车辆两侧一定角度和距离内的障碍物，对于距离较远或角度较大的障碍物可能无法准确监测。另外，在恶劣天气下，传感器性能可能会受到影响，导致监测精度下降或出现误报、漏报等情况。因此，驾驶员在驾驶过程中仍需保持良好的观察习惯，通过后视镜、转头观察等方式，全面了解车辆周围的情况。

8. 自动泊车辅助（APA）

自动泊车辅助，英文名为“automatic parking assist”，简称“APA”。该功能通过安装在车身上的摄像头、超声波传感器以及红外传感器等设备，探测停车位置，绘制停车地图，并实时动态规划泊车路径，为驾驶员提供泊车指示和/或方向控制等辅助功能，将汽车指引或者直接操控转向盘驶入停车位置。

自动泊车辅助能够帮助驾驶员轻松将车辆停入狭小的停车位，减少剐蹭和碰撞的风险，也可以快速准确地找到合适的停车位，并自动完成泊车操作，提高停车效率。该功能一般对于车位尺寸、车位线清晰程度和周边情况有一定要求，对于不规则车位、斜向车位或车位线不清晰的情况，系统可能无法准确识别或无法完成泊车操作。

9. 车道偏离预警（LDW）

车道偏离预警，英文名为“lane departure warning”，简称“LDW”。该功能通过安装在车辆上的摄像头、传感器等设备，实时监测车辆行驶状态和车道位置。当车辆在出现或即将出现非驾驶意愿的车道偏离时，该功能会自动发出警报，提醒驾驶员注意修正行驶方向。

车道偏离预警旨在减少因车辆偏离而导致的交通事故，特别是在驾驶员疲劳驾驶或注意力分散时，及时预警让驾驶员迅速采取措施，避免碰撞或冲出车道等危险情况。但对于一些复杂路况，该功能可能无法准确判断车辆的行驶状态，导致预警不及时或不准确，也可能因功能自身限制导致识别或判断出错，发出不必要的警报，影响驾驶员的驾驶体验。

四、智能网联汽车的数据类型

在智能网联汽车所涉的交通事故调查程序、诉讼程序（包括民事、刑事、行政各程序）中，最常提到的就是车辆上的数据。一方面，相较传统车辆的事故调查，因智能网联汽车本身更强大的软硬件配备以及电池容量支持等，智能网联汽车上配备的辅助驾驶等各项功能远超过传统车辆上能实现的效果，因此，智能网联汽车所涉事故当时的数据可以帮助还原事故当时车辆本身的情况、辅助驾驶的情况和驾驶人员本身的驾驶行为，起到厘清争议的重要作用；另一方面，国家层面也在持续加强对于智能网联汽车所涉的电池和车辆安全、状态的监控和管理，通过数据的及时传输和检测，进一步保证行车、用车的安全性。此外，对数据的不断解析、对事件的还原，又反过来促进了包括辅助驾驶功能在内的各项技术的发展和提升。

回到智能网联汽车涉及的案件处理上，执法机关或者司法机关经常会有这样的疑问，智能网联汽车上到底有哪些数据？数据存储在哪里？这些数据有什么含义？本部分即就以上问题做出初步解答。

（一）电动汽车数据的生成及传输——《电动汽车远程服务与管理系统技术规范》（GB/T 32960）

GB/T 32960 即推荐性国标《电动汽车远程服务与管理系统技术规范》，该国标分为三部分：总则、车载终端以及通信协议及数据格式。该国标虽为推荐性国标，但行业内普遍适用、参考，是目前智能网联汽车数据传输、通信的重要指引，也是智能网联汽车数据远程管理系统架构的基础。

按照 GB/T 32960，智能网联汽车数据的生成、存储和传输涉及三个平台，包括公共平台、车载终端和企业平台。三个平台之间的数据通过通信协议进行数据上传交换；公共平台包括国家平台和地方平台，由相关政府部门授权管理和运营。

电动车辆行驶和使用的过程中，因驾驶员驾驶行为、车辆功能及零部件状态在车载终端实时产生的数据，如车辆位置、驱动电机数据、加速踏板位置、制动踏板踩踏状态、制动踏板行程、电池部分数据等上传至企业平台；企业平台接收后，再将 GB/T 32960 中所要求的数据类型上传至公共平台。

针对车载终端的存储的数据，GB/T 32960 建议至少需保证 7 天不被覆盖。由此，发生事故后，由于复杂事故的鉴定和调查往往会远超过 7 天，在事故发生后需尽快对车辆进行数据提取和保存，避免车载终端的数据被覆盖。就数据在企业平台的存储时限而言，GB/T 32960 并无规定，在地方性标准中，上海市出台的 DB31/T 634 －2020 明确要求企业平台数据需要存储 6 年以上。

需要注意的是，GB/T 32960 主要关注点在于对车辆电池的监控，对于事故查明相关的数据类型没有过多要求，因此，仅公共平台上的数据往往难以还原事故当时的情况；同时，国家平台的数据并不对企业开放，企业将数据传输至国家平台后，即无法再自国家平台调取或者查询已上传的数据。车载终端和企业平台记录的数据会更为全面。

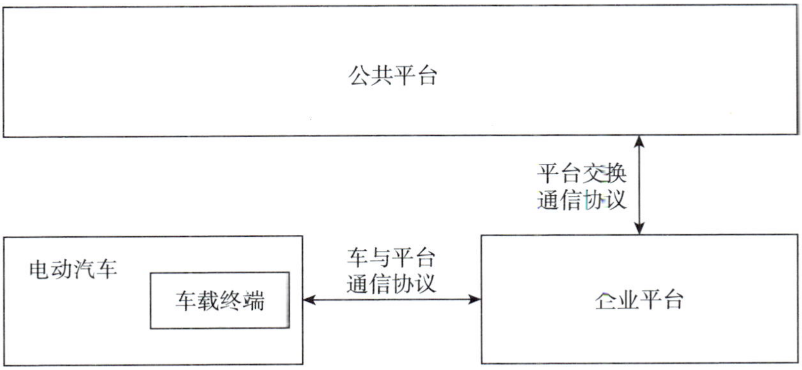

图 2　电动汽车远程服务与管理系统总体结构图[1]

（二）EDR 数据、电动汽车的“黑匣子”——《汽车事件数据记录系统》（GB 39732－2020）

GB 39732－2020 为应用于汽车事件数据记录系统（Event Data Recorder，EDR）的强制性国标，该国标就车辆发生满足触发条件的碰撞事件后，车载 EDR 应触发记载的数据元素名称（分为 A 级和 B 级）、频率、格式、数据提取等进行了强制性规定。相比车载终端实时记录和产生的数据，EDR 仅在特定条件的碰撞后才会有数据记载；同时，EDR 记录数据类型、频率、格式等与车载终端有一定区别；一旦触发记载，EDR 记载的数据可与车载终端数据、企业平台数据配合，对事故原因的查明起到参考作用。

需要注意的是，并非所有车辆碰撞都属于上述“满足触发条件”的碰撞事件，是否满足需要根据车辆碰撞的角度、碰撞位置、碰撞时速判断，并非只要车辆一旦发生碰撞，EDR 即触发记录功能。各主机厂可自行设定触发阈值，满足 GB 39732－2020 就触发阈值设定的基础要求。

---

〔1〕 来源自 GB/T 32960－2016。

考虑到 GB 39732－2020 实施前已上市的车辆，GB 39732－2020 第 9 条以型式认证时间为基准，对不同期间获得型式认证的车型的 EDR 应该满足的要求进行了不同的规定：

> 2024 年 1 月 1 日起新申请型式批准的车型：需要符合本标准规定的全部要求；
>
> 2022 年 1 月 1 日起至 2023 年 12 月 31 日新申请型式认证的车型：需记录除 B 级元素和数据提取要求（该国标 4.4 条）之外的要求；
>
> 对于 2022 年 1 月 1 日前即已获得型式批准的车型：需记载以下六个元素的数值即可，包括纵向 Delta－V、最大记录纵向 Delta－V、达到最大记录纵向 Delta－V 时间、行车制动开启或关闭（或制动踏板位置）、车辆速度和车辆识别代号；若记录纵向加速度则可不记录纵向 Delta－V、最大记录纵向 Delta－V、达到最大记录纵向 Delta－V 时间，但应同时按该国标通过碰撞试验、驾驶操作数据实验或者台架试验其中之一验证纵向加速度数值的有效性；对于以上元素的记载频率、记录区间等不做要求。

（三）自动驾驶数据的记载——《智能网联汽车 自动驾驶数据记录系统》（GB 44497－2024）

随着辅助驾驶功能逐渐步入成熟阶段，辅助驾驶功能启动情况下事故的成因和定责越发成为消费者、车企及监管的关注点，对辅助驾驶（后续将步入有条件的自动驾驶、完全自动驾驶）相关数据的记录进行规范势在必行。

2024 年 8 月 23 日，《智能网联汽车 自动驾驶数据记录系统》（GB 44497－2024）发布，该标准将于 2026 年 1 月 1 日正式施行。该国标规定了智能网联汽车自动驾驶数据记录系统的技术要求、试验方法、同一型式判定等，更关注自动驾驶功能（目前仍为辅助驾驶）相关的感知类、决策类数据的记录，对企业自动驾驶数据的记录提出了更规范的要求。

（四）企业可以提供哪些数据

按照《个人信息保护法》等法律规定，与已识别或者可识别的自然人有关的未经匿名化处理的信息，均为个人信息；对于个人信息的处理应合法、正当、必要。按照前述规定，智能网联汽车行驶过程中生成的各类数据，如事故当时的车速、加速及制动踏板状态等，都可能与驾驶人员相关联。因此，无法律依据或者驾驶人员授权，企业处理或者对外提供该等数据有悖于法律规定，很可能构成对于个人权利的侵害。与此同时，《道路交通事故处理程序规定》《民事诉讼法》《刑事诉讼法》等赋予了司法行政机关在调查、处理案件过程中依法调取相关证据的权力，该等法律规定是在《个人信息保护法》框架下，个人同意之外的法定数据调取或使用依据。由此，司法机关在要求企业提供相关数据时，应依法出具调取函件，按照法定程序向企业调取该等数据，以满足个人信息保护及数据保护合法、合规性的要求。

具体到民事诉讼中，此时企业作为应诉一方，对自身主张的事项有义务提供证据证明。如果此时相关数据是对案件查明有决定意义的证据，而驾驶人员作为诉讼的另一方又以个人信息为由明确拒绝授权企业在本次诉讼中提供此等数据，企业是否有权径行提供？笔者认为，一方面可通过法院调取的方式，尽可能确保民事诉讼证据的合法性，也有利于保证该等数据及基于该等数据认定的事实在后续诉讼程序中不因证据形式的合法性被推翻；另一方面也可参考民事诉讼中举证的基本规则，认定驾驶人系承担该等事实举证责任的一方，且应就拒绝提供该等证据承担举证不能的后果，推定数据反映的事实对驾驶人一方不利。

表 1　司法实践中与案件处理有关的智能网联汽车数据一览

数据名称	数据含义	与案件的联系
采样时间	即该条数据采样的时间	车机不同数据所处的模块的采样时间、行车记录仪时间、监控时间来源都可能不同，案件处理中需要进行拉齐后再行比对
车速	即车辆当时的速度	传统交通事故鉴定中，鉴定机构一般通过事故当时的监控视频、行程记录仪视频中显示的特定两个时间点之间，案涉车辆实际产生的位移来计算车速，一般可精确到秒。电动车辆的采样数据会更为精细，特定案件中对于还原事故原因、判定责任会起到辅助作用
方向盘转角	即车辆当时方向盘转动的方向及大小	因辅助驾驶状态下，车辆转向时方向盘也会转动，因此仅方向盘转角数据无法判断车辆系处于驾驶员自主驾驶状态还是辅助驾驶状态。但通过该条数据情况和行车记录视频等的比对，可验证数据的真实性和一致性
方向盘转速	即车辆当时方向盘转动的角度	部分辅助驾驶功能可能会因驾驶人员“猛打”方向盘退出，通过方向盘转速数据，可辅助判断辅助驾驶功能退出原因
方向盘力矩	即车辆方向盘当时受到的外力	辅助驾驶功能控制车辆转向变道时无需对方向盘施加力矩，该数据可体现数据采样当时驾驶人员是否人为转动方向盘
加速踏板位置	加速踏板踩踏的情况	辅助驾驶功能控制车辆时加速踏板不会有位置变化，该数据可体现采样当时驾驶人员是否踩踏加速踏板，以及踩踏情况
制动踏板位置	制动踏板踩踏的情况	辅助驾驶功能控制车辆时制动踏板不会有位置变化，该数据可体现采样当时驾驶人员是否踩踏制动踏板，以及踩踏情况

续表

数据名称	数据含义	与案件的联系
制动压力	车辆通过制动踏板液压制动产生的压力	需要注意的是，在动能回收功能（又称再生制动功能）启动的事故中，电动汽车可能通过动能回收功能减速，此时无制动压力建立但车辆的电机力矩会呈下降趋势，起到相同的制动效果。由此，有制动踏板行程但无制动压力并不等于制动功能出现故障，应通过机械鉴定、企业动能回收功能的设计阈值等辅助查明事故当时车辆制动功能是否有效
安全带状态	驾驶人员或者乘客是否系安全带	可还原采样当时驾乘人员是否系安全带，可辅助判断损失成因；部分辅助驾驶功能可能因驾驶人员未系安全带而退出或未能有效启动
车辆纵向控制	辅助驾驶纵向控制状态	即辅助驾驶的纵向控制功能是否激活，激活状态下辅助驾驶功能可辅助保持车速、辅助调节前后车的纵向车距等
车辆横向控制	辅助驾驶横向控制状态	即辅助驾驶的横向控制功能是否激活，激活状态下辅助驾驶功能可辅助保持车道居中、主动变道等

第二章

事故处理阶段的司法鉴定

一、传统车辆的司法鉴定

（一）鉴定内容与鉴定方法

1. 鉴定内容

传统车辆事故处理中，一般涉及的鉴定内容包括：车速鉴定、车辆行驶方向和轨迹鉴定、机动车安全性能检验、事故车辆机械故障鉴定等。

车速鉴定：通过碰撞痕迹、刹车痕迹和制动距离等因素，测算车辆在事故发生时的行驶速度。

车辆行驶方向和轨迹鉴定：结合现场的刮擦痕迹和刹车痕迹等，推测车辆的行驶方向以及碰撞前的运动轨迹。

机动车安全性能检验：检测并判断车辆的安全技术状况，以及车辆的安全配置和功能是否正常运作，包括安全气囊、刹车系统和转向系统等，排查是否存在隐患。

事故车辆机械故障鉴定：检查车辆是否因机械故障（如刹车失灵、方向系统异常等）导致事故，确认故障是否与事故发生直接相关。

此外，还配合以对驾驶员的驾驶状态就毒驾、酒驾可能性进行鉴定。

2. 鉴定方法

鉴定方法一般包括现场勘查、事故碰撞痕迹分析、车体损毁与机械故障分析、驾驶员行为分析、环境因素分析、行车记录仪数据分析、车辆性能测试等。

现场勘查：通过对事故现场的物理勘查，获取现场证据和痕迹。

事故碰撞痕迹分析：包括分析碰撞位置、形态、车辆损坏程度等，推断碰撞过程。

车体损毁与机械故障分析：对事故后车辆损坏情况进行详细检查，评估是否由于车辆故障导致事故发生。

驾驶员行为分析：通过事故现场证据、车辆行驶数据（如行车记录仪）等，分析驾驶员是否存在违规行为或失误。

环境因素分析：考虑事故发生时的环境因素，如天气、道路条件、交通信号等对事故的影响。

行车记录仪数据分析：利用车辆装备的行车记录仪相关数据（如速度、刹车、转向等信息）进一步分析事故发生的过程。

车辆性能测试：通过对车辆的性能进行实验，检查其是否符合相关的安全标准，分析事故发生是否与车辆性能问题相关。

（二）传统车辆事故鉴定的关注点

在传统车辆的司法鉴定中，痕迹分析通常是决定事故原因、责任划分和车辆损伤程度的重要依据，主要依赖于现场勘查、事故痕迹物证等。

在传统的事故处理过程中，通过对事故现场的详细勘查和痕迹分析，专家能够重建事故发生的过程，为责任划分和事故原因提供科学依据。

刹车痕迹是最常见的痕迹之一，通过分析刹车痕迹的长度、宽度和深度，可以推测出车辆当时的行驶速度和刹车力度。较长且深的刹车痕迹通常表明刹车力度较大，车辆行驶速度较快；短小的刹车痕迹则通常表明刹车力度较小或者速度较慢。刹车痕迹的形状也能揭示刹车系统是否正常，如痕迹的中断或不规则变化可能表明刹车失效。

车轮轨迹对于事故发生的过程中车辆的行驶方向、速度等信息的推测至关重要，可以反映出车辆的转弯角度以及是否发生失控。在急转弯或高速行驶时，车轮轨迹的弯曲程度、车轮是否打滑，能够帮助分析驾驶员是否存在操控失误或不当操作。

碰撞痕迹与撞击点则是判断事故发生方式和强度的关键，通过对撞击点位置、形态及损伤程度的分析，可以推测出撞击的角度、速度和撞击力的大小。如果撞击点有明显的变形或损伤，通常表示事故发生时的撞击力很大，且车辆的速度较快。车体损伤情况也是分析的重要内容，损伤部位和形态的变化能够反映出事故发生时的碰撞方式、碰撞角度以及车辆行驶速度。例如，车辆前部受损通常意味着正面碰撞，车辆侧面受损可能表示发生了侧撞。

此外，现场的油渍、车体碎片或液体等物质的分布情况，能为进一步分析事故提供线索。油渍的扩散形态或液体泄漏可能表明车辆失控或遭遇强烈撞击。除了这些痕迹和物证，天气和路况等外部环境因素也对事故发生和责任认定有重要影响。例如，雨雪天气或湿滑路面会降低车辆操控性，增加事故发生的风险，因此在鉴定过程中，专家通常会综合考虑这些因素，以全面评估事故发生的背景和责任。

二、智能网联汽车的司法鉴定

（一）智能网联汽车事故的处理特性

智能网联汽车通常配备多种辅助驾驶功能，如自动紧急制动（AEB）、车道保持辅助（LKA）、自适应巡航控制（ACC）等辅助驾驶功能，这些功能可能在事故发生前或事故发生时启动。同时，智能网联汽车相比传统车辆，能够在车机端、企业平台端实时记录大量数据，如车辆状态、车辆速度、行驶路线、传感器数据、驾驶员操作等。事故发生后，这些数据成为鉴定的重要依据，可以详细回溯事故发生时的具体情况，包括车辆的加速度、制动情况、驾驶员是否采取了适当的操作等，帮助判断事故原因。由此，相比传统车辆的事故处理，特别是在一些当事人就事故原因或者定责有较大争议的情况下，智能网联汽车相关事故中，事故处理部门需引入专业的鉴定机构，结合车辆数据综合对车辆的辅助驾驶功能情况、驾驶员的驾驶行为、车辆性能以及事故原因进行判断。

（二）案例分析：组合驾驶辅助智能车辆的事故鉴定〔1〕

1. 案件主要事实

某日下午，天气晴朗，能见度高，一辆 L2 级智能网联汽车在高速路段行驶时发生碰撞事故。车辆的事件数据记录系统（EDR）和行车数据显示，系统检测到驾驶员存在疲劳驾驶并多次发出警告提醒，由于驾驶员疲劳未被唤醒并及时接管车辆，辅助驾驶系统降级退出至仅保留自适应巡航控制功能（ACC），车辆在行驶中偏离车道发生碰撞导致交通事故。

2. 鉴定环节

事故处理与调查阶段，提取汽车事件数据记录系统（EDR）与车载行车数据对事故过程分析起到非常关键的作用。提取事故车辆关键行车日志数据中与辅助驾驶状态有关的参数，对比辅助驾驶模式信号与车速信号、辅助驾驶提示信号与退出信号、安全带震动信号与加速踏板开度信号、预警与制动状态信号等数据，进行详细且全面的分析。据此，鉴定机构得出结论：车辆曾发出不同级别的警告提示，并在第二次警告时出现共 24 次间隔性安全震动提醒，行驶过程中车辆曾被接管而处于人驾状态。

---

〔1〕 参见徐畅、刘强、何朝明等：《一起典型组合驾驶辅助智能汽车事故的案例分析》，载《汽车实用技术》2024 年第 49 期。

3. 鉴定意见

经鉴定，事故车辆的转向系统和制动系统均未发现故障，且在机械硬件层面排除了可能的故障因素。这起事故是由于驾驶员在使用组合驾驶辅助系统时，出现疲劳驾驶和分心行为，导致系统自动降级退出，而驾驶员未能充分履行作为驾驶员的职责导致。尽管系统通过多次警告提示，成功唤醒驾驶员，但因其疲劳程度过高，自动化系统无法持续保持监督和控制。经鉴定，事故车辆无设计缺陷，事故系因驾驶员未按操作规定安全驾驶而发生。

4. 实践启示

相较传统车辆的司法鉴定以痕迹检验为主，智能网联汽车的司法鉴定需要通过 EDR 数据和行车日志数据对事故的发生过程进行复现，并依此分析和判断事故发生的原因。智能网联汽车改变了传统的驾驶模式，辅助驾驶系统与驾驶员之间的人机互动、系统是否发出警告信号、驾驶员对系统发出警告信号的响应情况，以及驾驶员在事故前是否采取了必要的应急处置，是分析案件事故责任的重要依据。因此，在事故调查中，全面、精准地提取和分析行车数据是确保事故真相还原的关键步骤。提取与辅助驾驶系统相关的电子数据，结合相关痕迹物证，可以深入了解车辆在事故发生前后的状态变化，亦能够揭示事故发生前一段时间内车辆行驶的状态参数、驾驶员的操作行为，以及对应的时间和空间关系。

但同时，囿于 EDR 记录事故前数据的时间长度、电子数据的脆弱性，不排除部分案件因辅助驾驶系统状态的记录缺失，导致无法清楚地分析异常现象的原因，或判断驾驶员是否采取及时、必要的处置行为。

（三）鉴定资质与鉴定机构

1. 鉴定机构的选择与资质要求

对于智能网联汽车事故，辅助驾驶功能的运行状态经常成为事故各方主体的重点关注内容，责任主体可能涉及汽车制造商、软件开发商、车辆所有者或操作者等，具体取决于事故原因，如技术故障、操作不当或其他外部因素。智能网联汽车事故的责任认定需要更深入地考虑技术因素，鉴定内容专业性要求较高。例如，传感器误判、系统状态异常等鉴定，这需要专业人员进行详细的技术调查和分析。交通事故发生之后，智能网联汽车配备的软硬件设施可能已经部分或全部毁损，此时，还原智能网联汽车行驶数据对于事故鉴定、责任划分以及后续改进技术等都具有重要意义。

在智能网联汽车事故鉴定中，采集、还原和恢复车辆数据，能够及时、准确地了解事故发生时的具体情况，包括车辆的速度、环境感知的状态、驾驶员的操作等，对于确定事故发生原因和责任判定至关重要，这对鉴定机构以及鉴定人员的能力和资质均有极高的要求。

专业资质：鉴定机构应当具备与智能网联汽车相关的技术能力，如交通事故鉴定能力、车辆故障鉴定能力、自动驾驶技术鉴定能力等。通常这些机构需获得国家司法鉴定机构的认证，具备相应的司法鉴定资质。因智能网联汽车事故鉴定与数据相关，鉴定机构除道路交通事故分析鉴定相关资质以外（如交通事故痕迹鉴定、车辆速度鉴定、车辆安全技术状况鉴定等），最好兼具电子数据鉴定资质。

跨领域专家团队：鉴定机构应当有一支跨领域的专家团队，涵盖交通工程、机械工程、计算机科学、自动化控制等相关领域，以应对智能网联汽车事故的技术复杂性。

专业设备与工具：鉴定机构需要配备专业的设备和工具，如用于采集和分析车辆数据的设备、传感器数据分析工具等，以及能够采集、存储、分析智能网联汽车的各类数据，包括车载记录仪数据、运行数据、传感器数据、云平台数据等。

2. 鉴定机构的能力认证认可

鉴于智能网联汽车对司法鉴定提出的新的要求，为进一步加强司法鉴定质量建设和管理，提高司法鉴定的社会公信力，除资质认定外，司法鉴定机构的能力认证证书也是判断其专业能力的一项参考依据。目前，司法鉴定机构可以申请认证认可，认可准则为《司法鉴定/法庭科学机构能力认可准则》（CNAS－CL08：2008）及其在相关领域的应用说明，具体由中国合格评定国家认可委员会进行评审。

司法鉴定机构的能力验证作为一种国际认可的质量控制方法，已被国内外多个政府管理机构、行业组织及实验室广泛应用，具有三大主要功能：第一，为鉴定机构提供质量控制和持续改进的工具；第二，为认证和认可提供有关司法鉴定技术能力的证明，确保鉴定机构在专业和技术水平上的符合性和可靠性；第三，为司法行政部门在行业技术管理中的决策与执行提供科学依据和技术支持。

司法鉴定机构申请认可的，由具有《能力验证提供者认可证书》的相关机构进行审核、评估，如司法部直属的司法鉴定科学研究院。根据司法鉴定科学研究院官方网站的介绍，“2005 年，司法鉴定科学研究院根据国际标准《能力验证提供者认可准则CNAS－CL03》（ISO/IEC 17043）的相关要求，建立并运行了能力验证活动的质量管理体系，并于 2006 年 6 月获得中国合格评定国家认可委员会（CNAS）在司法鉴定领域的能力验证提供者认证"[1]。

3. 司法鉴定机构

经公开渠道检索，目前智能网联汽车涉及的事故处理中，常被委托为鉴定机构参与事故处理的是公安部交通管理科学研究所、北京中机车辆司法鉴定中心和司法鉴定科学研究院。

（1）公安部交通管理科学研究所[2]

公安部交通管理科学研究所（以下简称交科所）成立于1985年，是公安部直属的从事道路交通管理工程技术研究的公益性科研机构。自成立以来，始终围绕全国交管中心工作，持续推进公安交管关键技术、核心技术和前沿技术的研发、推广应用，为部局决策部署和基层实战提供重要技术支撑和服务保障，发挥交管行业国家级技术智库作用。设有国家道路交通管理工程技术研究中心、国家智能交通综合测试基地、国家道路交通安全产品质量检验检测中心、国家智能汽车交通运行安全质量检验检测中心、博士后科研工作站等国家级平台。

交科所主要从事公安交通管理科技信息化、道路交通事故预防及鉴定、城市和公路交通管控、公安交通管理大数据及云计算、公安交通指挥中心设计建设、机动车及驾驶员牌证、车联网和自动驾驶运行安全研发测试、交通安全宣教装备等技术研发应用，负责全国道路交通安全产品和交警执法装备质量监督检测等业务。建所以来，先后承担完成国家级、省部级重大科研项目160余项，制修订国家/行业标准330余项，取得科研成果300余

---

〔1〕参见司法鉴定科学研究院官方网站，https：//www. ssfjd. com/PT/Default. aspx，2025年1月3日访问。

〔2〕参见公安部交通管理科学研究所官方网站，http：//www. tmri. cn/，2025年1月15日访问。

项、国家发明专利200余项，获得国家科学技术进步奖9项、省部级科学技术奖67项、社会科学技术奖11项，已发展成为全国公安交管工作最重要的科技研发应用、产品检测认证和技术服务保障基地。交科所具有正高级职称23人、副高级职称101人，1人入选百千万人才工程国家级人选、4人获得国务院津贴、12人获得公安部津贴、16人荣获江苏省省级专家人才称号，获得国家科技进步奖9次、省部级科技奖励50余项、国家发明专利200余项，荣获“全国杰出专业技术人才先进集体”“全国公安科技先进集体”“公安部集体一等功”等荣誉称号。

（2）北京中机车辆司法鉴定中心[1]

北京中机车辆司法鉴定中心（以下简称北京中机）是由中国汽车技术研究中心有限公司（国务院国资委直属中央企业）投资建设、于2012年10月11日经北京市司法局批准成立、具有独立法人资格、专业从事物证类机动车和交通事故司法鉴定的第三方机构。

北京中机作为汽车行业权威的车辆安全及鉴定技术研究机构和国内领先的交通事故深度调查机构，以提升核心竞争力、高质量发展为主线，坚持“做强、做优、做大”的发展方向，为主管部门监管、生产厂商研发、汽车用户维权提供全方位的技术支撑，努力成为政府加强汽车行业事中事后监管的专业技术服务机构，成为汽车行业防范风险、化解矛盾、营造良好外部环境的第一道防线，为汽车用户提供高效高标准的汽车质量问题解决方案。

近年来，北京中机立足本职，积极履行央企的政治责任和社会担当，为首都和全国提供高质量的司法鉴定服务，承担了数百

[1] 参见北京中机车辆司法鉴定中心官方网站，http：//www.cafai.cn/，2025年1月15日访问。

起社会影响力大、公众关注度高、案情疑难复杂的鉴定案例，并完成了数起党和国家领导人作出重要指示批示的重特大安全事故的技术鉴定工作，充分体现北京中机鉴定人的技术能力和责任担当。先后获评全国公共法律服务先进集体、北京市司法鉴定机构诚信等级 A 级、北京市司法鉴定行业党建工作示范点、北京市社会协同共治优秀单位。

（3）司法鉴定科学研究院〔1〕

司法鉴定科学研究院创建于 1951 年，前身是 1932 年成立的司法行政部法医研究所。中华人民共和国成立后，曾分别隶属于华东军政委员会司法部、最高人民法院华东分院、司法部、公安部，1960 年因故撤销。1983 年经国家科委批准正式复建司法部司法鉴定科学技术研究所。2017 年 10 月 14 日，经中央机构编制委员会办公室批准更名为司法鉴定科学研究院，是司法部直属的科研事业单位。

司法鉴定科学研究院执行中央编办、司法部赋予的“司法鉴定领域的基础研究、应用研究和高新技术研究；全国重大疑难案件的司法鉴定和技术指导；司法鉴定高端人才的培养培训；国内外学术交流等工作”职能。截至 2025 年，有职工 235 人，其中党员 130 人，在编人员中，专业技术人员占 74.67%，高级专业技术人员占专业技术人员总数的 55.36%。先后有 9 人获国务院政府特殊津贴，4 人在职。研究院设有法医病理学、法医临床学、法医精神病学、法医物证学、法医毒物化学、微量物证学、文件鉴定学、声像鉴定学、痕迹鉴定学、电子数据鉴定、道路交通事故鉴定、环境损害司法鉴定、司法鉴定制度和文化等专业，仪器装备已达到国际先进水平。

---

〔1〕 参见司法鉴定科学研究院官方网站，https：//www. ssfjd. com/，2025 年 1 月 15 日访问。

司法鉴定是司法鉴定科学研究院的主要职能。作为司法鉴定的“国家队”，主要承担全国各地办案机关送检的重大、疑难、涉外案件的司法鉴定，同时接受单位、个人委托，为行政执法、公证、仲裁和民事活动等提供鉴定检验服务，年均鉴定量约2.5万例，在维护国家安全和社会稳定、维护公民合法权益、保障司法公正等方面发挥了重要作用。2010年被遴选为首批“国家级司法鉴定机构”。多次获得“全国司法鉴定先进集体”“全国公共法律服务先进集体”等荣誉。

（四）车辆制造商在事故处理阶段的司法鉴定中担任的角色及面临的挑战

如上文所述，智能网联汽车交通事故处理中，车辆行驶数据的采集、还原和恢复是查明事故发生原因的重要依据，也是司法鉴定的重点内容。在数据还原过程中，可能需要借助专业技术的支持。例如，在交通事故处理阶段，事故处理机关通常会委托鉴定机构分析事故原因，而鉴定机构可能联系汽车制造商或相关技术服务商，利用其专业的数据恢复工具和知识库进行数据还原。此外，车辆制造商可配合事故处理机关提供或者提取车辆基本信息、配置及功能信息、车辆采集到的行驶数据等，协助事故重建、责任判定及原因分析等。

智能网联汽车制造商在事故处理阶段的司法鉴定中主要担任以下角色，同时也面临相应的挑战：

1. 事故原因的调查与分析

智能网联汽车配备大量的摄像头、传感器等设备，集成了先进的传感器、控制系统和通信技术，以实现实时监测行驶状态和驾驶环境等功能。智能网联汽车制造商拥有专业的技术团队和丰富的数据处理等经验，能够深入调查事故车辆的运行状态、系统日志和故障记录等信息，为事故原因调查和责任判定等提供关键的技术支持，能够配合公安机关交通管理等部门进行事故原因的调查与分析。

2. 提供必要的技术资料与数据

智能网联汽车车辆数据的鉴定已被广泛应用于交通事故的行政处理阶段，车辆制造商需要配合向鉴定机构提供必要的技术资料和数据，以帮助鉴定机构了解车辆的性能、功能，准确判断事故发生原因。

通常，鉴定机构在提出数据需求时应当严格遵循必要性原则，直接服务于事故分析的目的，仅要求能够直接反映车辆的运行状况和驾驶辅助系统的反应行为的数据，如车辆的行驶日志、速度信息、刹车状态、转向情况以及传感器运行状态等数据。然而，在实践中，部分鉴定机构可能因技术能力不足或过度谨慎而要求提供制造商超出必要范围的数据，如软件代码、系统架构、算法逻辑或设计图纸等。这些要求通常与事故分析的直接关联性较低，且可能涉及企业机密信息，由此需较好地协调鉴定需求与企业数据权益保护的关系。

3. 面临的挑战：平衡鉴定需求和企业机密信息保护

面对鉴定机构提出的高敏感性数据要求，制造商应在技术和制度层面主动采取措施，应对鉴定过程中的过度数据要求。例如，制造商可以通过数据分类的方法，明确区分作为交通事故分析的基础运行数据（如车辆行驶数据、传感器状态等），以及涉及企业核心利益的数据（如系统架构、软件代码及算法逻辑等）。后一类数据通常与具体事故成因无关，企业可以拒绝提供。制造商还可以考虑采用技术性替代方案，如开发专用数据接口，用于提供与事故分析直接相关的运行数据，屏蔽核心技术信息，从而既能满足鉴定需要，同时又能最大限度地保护企业核心信息。

制造商亦可以与交警部门及鉴定机构协商，与鉴定机构签署数据提供协议，协议中可明确以下内容：

明确数据仅限于本次事故鉴定使用，不得扩展至其他领域。

列明必须提供的数据类型，限制不相关或高度敏感信息的提供。

事故鉴定完成后，鉴定机构和相关方需销毁或归还所提供的数据副本。

协议的明确约束，有助于制造商在有效配合交通事故鉴定的同时，降低过度数据披露导致企业机密信息泄露的担忧。

4. 补充说明

智能网联汽车在发生火灾事故或交通事故后，经常衍生后续的以车辆销售商和车辆制造商为被告的汽车产品质量纠纷诉讼。在现行法律框架下，车辆制造商在事故处理阶段的身份仅是数据提供者，无法有效参与事故的事实查明和责任判定，只能被动接受有关汽车产品质量的行政处理结果。例如，火灾事故认定书会载明起火原因，交通事故认定书会载明交通事故发生的原因，实际都涉及对汽车产品质量的判断，但车辆制造商在相关法律文件的取得，以及复核或异议等方面，均存在权利缺失。在后续衍生的汽车产品质量纠纷诉讼中，法院通常倾向于直接沿用行政机关的事故认定结果。这样一来，销售商与制造商在举证与事实还原方面处于不利地位，只能通过申请法院调取相关勘验笔录的方式，尽最大努力还原事故现场情况。在当前的法律制度框架下，车辆制造商的救济与反证途径受到客观限制，难免显得被动与遗憾。

智能网联汽车制造商拥有专业的技术团队，对于鉴定过程中遇到的问题能够提供专业的意见，能够对鉴定过程的科学性、鉴定结论的合理性进行评估及监督，协助鉴定机构最终得出客观、真实的鉴定意见。因此，智能网联汽车制造商除了配合提供车辆数据等信息之外，理应且能够发挥更多、更重要的作用。公安机关交通管理等部门在事故调查过程中，充分听取制造商的意见，保障制造商深度参与事故的事实查明和责任认定等过程，对于还原事故真相，保证事故认定和结论的客观、真实，具有重要意义和价值。

第三章

诉讼阶段的产品质量鉴定

车辆发生事故或故障后，车辆所有权人、驾驶员等基于损失赔偿、责任分担等多种考量，经常衍生出以车辆销售商和车辆制造商为被告的汽车产品质量纠纷诉讼。常见的案由包括产品责任纠纷、侵权责任纠纷、买卖合同纠纷等。北京市第三中级人民法院《新能源汽车案件审判观察（2018—2022）》中调查结果显示，新能源汽车案件主要涉及产品质量纠纷、销售领域纠纷、机动车交通事故责任纠纷、车辆租赁合同纠纷及物业合同纠纷（安装充电桩）五大类，其中产品质量纠纷案件数量占比最高。此外，销售领域纠纷、机动车交通事故责任纠纷类型中的核心问题一般也直接指向车辆及车辆功能本身，即车辆及车辆功能是否有缺陷，以及该等缺陷是否直接导致损害后果。具体来看，包括车辆本身机械性能是否有效，辅助驾驶功能等功能是否有效启动，以及车辆性能或者功能的有效性与损害后果之间的因果关系等。如果系因车辆或者车辆功能缺陷导致或者共同导致了损害后果的发生，车辆的生产者需承担产品质量责任。由于上述问题具有专业性，法院往往需要通过专业机构的介入辅助查明争议焦点。

诉讼阶段，对车辆质量进行鉴定是一个重要环节，它有助于法院准确判断车辆质量是否存在问题，以及问题的大小、性质、与事故发生之间的因果关系等。可以说，车辆质量鉴定意见对认定案件事实、查明案件真相等至关重要。诉讼阶段的产品质量鉴定是一个复杂而严谨的过程，需要遵循一定的法律程序和规定。当事人应依法提出申请，并配合鉴定机构进行鉴定。法院在审查和处理鉴定申请时，也应依法行使职权，确保鉴定的合法性和有效性。

《民事诉讼法》第79条规定，“当事人可以就查明事实的专门性问题向人民法院申请鉴定。当事人申请鉴定的，由双方当事人协商确定具备资格的鉴定人；协商不成的，由人民法院指定。当事人未申请鉴定，人民法院对专门性问题认为需要鉴定的，应当委托具备资格的鉴定人进行鉴定”。该等规定为民事诉讼中进行司法鉴定的基础。此外，《产品质量法》等相关法律法规明确了产品质量鉴定的程序、标准、要求和产品质量责任的承担方式等。

一、产品质量责任的法律基础及适用

（一）《产品质量法》中有关产品质量责任的规定及适用

1. 产品缺陷的认定及责任承担

（1）产品缺陷的认定

《民法典》侵权责任编第1202条规定，“因产品存在缺陷造成他人损害的，生产者应当承担侵权责任”。生产者承担产品责任要以“产品存在缺陷”为前提。在司法实践中，有关缺陷的认定是生产者是否承担产品责任的核心，无缺陷即无产品责任。由此，产品及其缺陷的认定在产品责任构成中处于极其重要的地位，而由于《民法典》及其配套的司法解释中没有对“产品缺陷”概念作出明确规定，此时应当适用《产品质量法》的规则。根据《产品质量法》第46条的规定，“本法所称缺陷，是指产品存在危及人身、他人财产安全的不合理的危险；产品有保障人体健康和人身、财产安全的国家标准、行业标准的，是指不符合该标准”。也就是说，《产品质量法》对于缺陷的落脚点在于其是否威胁人身和财产安全。比较法上，产品缺陷通常被分为设计缺陷、制造缺陷及警示缺陷。[1]

---

〔1〕 参见冉克平：《论产品设计缺陷及其判定》，载《东方法学》2016年第2期。

设计缺陷，是指产品或者功能本身设计存在不合理危险，导致产品在使用或者应用中，对于使用者或者他人的人身、财产安全产生威胁。

制造缺陷，是指产品制造过程中，因制造的原因产生的不合理危险。制造缺陷的产品设计本身没有问题，而是因为制造时未能按照设计要求进行制造，导致产品存在危及人身或者财产的危险。

警示缺陷，强调产品或者功能本身具有一定的危险性，但是如果正确、恰当使用对应产品或者功能则该等危险不会发生（如果正确使用仍然有危险，则属于设计缺陷或者制造缺陷的范畴）。针对此类产品，生产者及销售者负有进行警示说明的义务，应通过恰当方式，合理、明确告知使用者使用时应注意的事项；若未能尽到前述义务，则产品可能存在危及人身、财产安全的危险，构成警示说明缺陷。

针对警示说明义务，《产品质量法》第 27 条、第 28 条有进一步细化规定，包括对“使用不当，容易造成产品本身损坏或者可能危及人身、财产安全的产品”，应作警示标志或者中文警示说明；[1] 以及对“易碎、易燃、易爆、有毒、有腐蚀性、有放射性等危险物品以及储运中不能倒置和其他有特殊要求的产品”，应作警示说明[2]。

除前述三类缺陷外，学术理论中亦另有一类“跟踪观察缺陷”，意为生产者在将产品投入市场后，需继续研究和进行改进，并负有继续跟踪观察该产品的义务，若因未能尽到前述“跟踪观察”义务，导致未能及时发现该等缺陷的，则引发“跟踪观察缺

[1] 参见《产品质量法》第 27 条。

[2] 参见《产品质量法》第 28 条。

陷”对应法律责任[1]。

从法律规定和相关释义中可以看出，在法律层面，缺陷的判断标准为“不合理的危险”，但是何为“不合理的危险”，实践中的证明过程往往耗时且冗长。根据人民法院案例库入库案例朱某某诉某健康养生馆产品销售者责任纠纷案（入库编号：2023－07－2－373－001)[2]，“关于产品缺陷中‘不合理危险’的判定，可综合考虑以下因素：产品用作一般用途且正常使用时是否具备合理期待的安全性；产品标示的性能是否具有合理期待的可能性；产品的结构、原材料和产品的使用消费时间内，是否具备合理期待的安全性”。但“不合理的危险”并非仅为中国法项下判断产品是否存在缺陷的标准，亦为美国、欧洲等侵权责任立法项下采用的判断标准，并在案例中广泛应用，这也说明“不合理的危险”并非无法操作的标准。除了“不合理的危险”，部分案例[3]中亦出现了“合理的期待”的判断标准，即产品是否符合一般消费者对于产品的合理的期待，如果不符合，则存在缺陷；但考虑到辅助驾驶功能或者自动驾驶功能本身的复杂性，以及普通消费者对于自动驾驶功能或者辅助驾驶功能的预期和理解一定时间内可能存在偏差，“合理的期待”标准是否可以在自动驾驶功能领域进行适用，或者在何阶段可参考适用，仍值得探讨。

---

〔1〕参见杨立新：《侵权责任法：条文背后的故事与难题》，法律出版社2010年版，第167－168页。

〔2〕参见山东省济南市长清区人民法院（2022）鲁0113民初5595号民事判决书。

〔3〕参见“安全气囊有缺陷，车辆制造商应承担相应产品责任——江苏高院2017年发布2016年度全省法院消费者权益保护典型案例之案例二”[（2016）苏05民终6125号]中指出，“本案系产品责任侵权纠纷，裴某某驾驶涉案车辆与路边树木相撞后，车头严重损害，安全气囊却未能展开，不符合作为一个善良人在正常情形下对一件产品所具备的安全性的期望，不符合可期待安全性的标准，故涉案车辆存在不合理的危险”。

（2）产品缺陷与损害后果因果关系论证

在一般过错侵权责任情形中，责任构成要件有四个：一是侵权人实施了侵权行为；二是侵权人实施行为有过错；三是被侵权人有损害；四是侵权行为与损害之间有因果关系。因果关系是产品经营者承担损害赔偿责任的基础和前提，如果产品缺陷与损害发生之间没有因果关系，则不存在损害赔偿问题。因此，在已经认定产品质量存在缺陷的情况下，仍需论证该缺陷与受害人人身或财产损失之间是否存在因果关系，即应当进行因果关系论证。

①直接因果关系。

产品缺陷与损害后果之间具有直接因果关系，直接能够确认具有因果关系。即产品缺陷的出现，直接引起损害后果的发生。例如，在交通事故中制动系统缺陷使车辆未能及时制动而产生损害后果。

②相当因果关系。

产品缺陷有可能发生某种损害后果，尚不能认定存在必然因果关系，必须在一般情形下，依社会的一般观察，认为能发生该种结果，才能认定存在因果关系。首先要判断产品缺陷是否为损害发生的条件，即两者之间是否存在事实上的因果关系。在事实因果关系确定之后，再进一步判断该条件是否具有“相当性”。在民事案件中，法官自由心证的判断通常在达到因果关系存在盖然性大于因果关系不存在盖然性这一程度（即高度盖然性）时便可认定因果关系的存在。

司法实践中，产品缺陷与其损失之间存在因果关系，一般由消费者进行举证。如消费者无法举证，则应承担举证不能的不利后果。

例如，北京市第三中级人民法院审理的 A 公司（购买方）与

B公司（销售方）、C公司（维修方）产品责任纠纷案[1]中，法院审理认为：

产品责任中，消费者需对缺陷产品造成其损害、缺陷产品与损失事实之间具有因果关系等承担举证责任，而通常由生产者、销售者对不存在产品缺陷承担举证责任。结合本案具体情况，本院分析如下：首先，本案一审中，经A公司申请，法院曾委托某机动车辆司法鉴定中心对涉案车辆是否存在冷却系统故障或其他质量问题进行鉴定，但因涉案车辆发动机已修理完毕，鉴定材料不足，鉴定被不予受理。因此，A公司的送修行为导致鉴定不能，该鉴定不能的后果不应由生产者或销售者承担，产品存在缺陷的举证责任亦因此转移至A公司。其次，二审中，C公司针对A公司两次维修情况进行了详细说明，确认两次维修涉案车辆冷却系统均不存在渗漏。因此，结合现有证据，A公司所称冷却系统漏液导致发动机高温发生故障这一因果关系亦缺乏证据支持。综上所述，A公司所提证据尚不足以证明其事实主张的，应承担举证不能的不利后果。

（3）产品缺陷的责任承担

法院经审理，如果最终认定产品存在缺陷，且产品缺陷与受害人人身或财产损失之间存在因果关系，则产品生产者、销售者可能需要承担相应的赔偿责任。根据《产品质量法》第43条的规定，“因产品存在缺陷造成人身、他人财产损害的，受害人可以向产品的生产者要求赔偿，也可以向产品的销售者要求赔偿。属于产品的生产者的责任，产品的销售者赔偿的，产品的销售者有权向产品的生产者追偿。属于产品的销售者的责任，产品的生产者赔偿的，产品的生产者有权向产品的销售者追偿”。即产品

[1] 参见北京市第三中级人民法院（2024）京03民终12632号民事判决书。

的生产者和销售者都可能面临产品缺陷赔偿责任。生产者和销售者根据产品缺陷的产生原因，确定最终责任承担主体。

产品缺陷责任的承担方式包括赔偿受害人的人身、财产损失等。根据《产品质量法》第44条的规定，“因产品存在缺陷造成受害人人身伤害的，侵害人应当赔偿医疗费、治疗期间的护理费、因误工减少的收入等费用；造成残疾的，还应当支付残疾者生活自助具费、生活补助费、残疾赔偿金以及由其扶养的人所必需的生活费等费用；造成受害人死亡的，并应当支付丧葬费、死亡赔偿金以及由死者生前扶养的人所必需的生活费等费用。因产品存在缺陷造成受害人财产损失的，侵害人应当恢复原状或者折价赔偿。受害人因此遭受其他重大损失的，侵害人应当赔偿损失”。

2. 产品瑕疵的认定及责任承担

区分产品瑕疵与产品缺陷的关键，在于产品是否存在危及人身、他人财产安全的不合理危险。如果产品质量问题已危及人身或他人财产安全，那么这一问题就应属于产品缺陷；如果该产品质量问题仅体现在产品本身的适用性上，影响产品能否使用，那么这一问题就应当属于产品瑕疵。

例如，上海市嘉定区人民法院审理的公司1与公司2等产品责任纠纷案[1]中，人民法院裁判要旨认为：

根据相关法律规定，产品的缺陷，是指产品存在危及人身、他人财产安全的不合理的危险；产品有保障人体健康和人身、财产安全的国家标准、行业标准的，是指不符合该标准。产品瑕疵，是指产品不符合合同约定的质量标准或者相关国家标准、行业标准等。当产品质量不符合应有的使用性能或者不符合采取的

[1] 参见上海市嘉定区人民法院（2023）沪0114民初11255号民事判决书。

产品标准、产品说明、实物样品等明示担保条件，但产品不存在危及人身、财产安全的不合理危险时，构成产品瑕疵，应由出卖方按照合同约定承担违约责任；当产品存在危及人身、他人财产安全的不合理风险时，则构成产品缺陷，由此带来的损害适用产品质量侵权责任。可见，缺陷的外延小于瑕疵，是一种具有不当安全危险的产品瑕疵，二者最大的区别在于产品质量瑕疵问题是否达到危及人体健康、人身及财产安全的程度。

根据《产品质量法》第40条第1款的规定，“售出的产品有下列情形之一的，销售者应当负责修理、更换、退货；给购买产品的消费者造成损失的，销售者应当赔偿损失：（一）不具备产品应当具备的使用性能而事先未作说明的；（二）不符合在产品或者其包装上注明采用的产品标准的；（三）不符合以产品说明、实物样品等方式表明的质量状况的”。《产品质量法》第40条第1款列明了上述产品瑕疵的三种主要情形，可见产品瑕疵更注重的是产品的适用性。

产品瑕疵责任的承担方式包括修理、更换、退货及赔偿损失等。除此之外，在经营者存在欺诈行为等情况下，消费者还可以有条件地向经营者主张惩罚性赔偿责任。

（二）《消费者权益保护法》中有关产品质量责任的规定及适用

除了《产品质量法》外，符合条件的购车主体同样受到《消费者权益保护法》及配套规定的保护。虽然《消费者权益保护法》主要侧重保护消费者在购买、使用商品或接受服务过程中的合法权益，但其中也包含了一些与产品质量责任相关的规定。例如：《消费者权益保护法》第23条第1款规定，“经营者应当保证在正常使用商品或者接受服务的情况下其提供的商品或者服务应当具有的质量、性能、用途和有效期限”。

经营者在产品销售过程中应向消费者提供产品质量真实、全面的信息，不得作虚假或引人误解的宣传，否则将面临违约赔偿责任。根据《消费者权益保护法》第20条第1款的规定，“经营者向消费者提供有关商品或者服务的质量、性能、用途、有效期限等信息，应当真实、全面，不得作虚假或者引人误解的宣传”。第23条第3款规定，“经营者提供的机动车、计算机、电视机、电冰箱、空调器、洗衣机等耐用商品或者装饰装修等服务，消费者自接受商品或者服务之日起六个月内发现瑕疵，发生争议的，由经营者承担有关瑕疵的举证责任”。第55条第1款规定，“经营者提供商品或者服务有欺诈行为的，应当按照消费者的要求增加赔偿其受到的损失，增加赔偿的金额为消费者购买商品的价款或者接受服务的费用的三倍；增加赔偿的金额不足五百元的，为五百元。法律另有规定的，依照其规定”。即经营者有欺诈行为的，将面临“退一赔三”的法律责任；经营者“虚假宣传”的，将面临额外赔偿；经营者对于购车6个月内主张的“瑕疵”不能举证证明不属于产品瑕疵的，应当承担举证不能的法律后果。

司法实践中，销售者未告知消费者车辆曾发生保险事故及其他重要信息的，是否构成销售欺诈，应区分具体情形。

例如，人民法院案例库入库案例罗某诉某汽车销售服务有限公司买卖合同纠纷案（入库编号：2023－16－2－084－005）[1]裁判要旨认为：

交易标的（小汽车）曾发生保险事故而销售者未向消费者履行完善、充分的告知义务，并导致消费者在违背真实意思的情况下进行交易的，销售者的行为属于消极隐瞒事实，构成欺诈消费

[1] 参见广东省江门市中级人民法院（2022）粤07民终4310号民事判决书。

者，消费者有权依法请求增加赔偿三倍损失。

又如，人民法院案例库入库案例黄某某诉某汽车销售公司买卖合同纠纷案（入库编号：2023－16－2－084－007）[1]裁判要旨认为：

经营者故意隐瞒商品重要信息，严重侵犯了消费者的知情权，其行为构成销售欺诈，消费者请求按照购买商品价款的三倍赔偿损失的，人民法院应予支持。消费者享有知悉其购买、使用的商品或者接受服务真实情况的权利，经营者负有向消费者提供有关商品真实、全面信息的义务。某汽车销售公司蓄意隐瞒涉案车辆曾经销售、交付他人的事实，严重侵犯了消费者的知情权，其行为已构成销售欺诈，应当承担商品价款三倍的惩罚性赔偿责任。

需特别指出，对于"欺诈""虚假宣传"等行为，应该根据证据证明的经营者行为依法予以认定，不宜滥用。消费者与经营者的合法权益应平衡保护，并非只要未告知消费者全部产品信息，就涉嫌"欺诈"并承担惩罚性赔偿责任。具体案件处理过程中，要根据经营者未告知消费者的信息类型及该信息是否会影响经营者购买意愿等综合考量经营者是否构成欺诈销售。

例如，《2023 年度常州法院涉消费者权益保护案件情况报告》及常州两级法院审理的消费领域纠纷八大典型案例中，案例 7 彭某诉某新能源汽车销售公司买卖合同纠纷案[2]显示：

消费者彭某此前与某新能源汽车销售公司签订了一份汽车销售合同，购买了一辆某品牌纯电汽车。然而，在使用过程中，彭某发现车辆的实际续航里程与标称里程存在较大差距。经生产厂

---

[1] 参见江苏省镇江市中级人民法院（2020）苏 11 民再 98 号民事判决书。

[2] 参见江苏省常州市中级人民法院发布的《2023 年度常州法院涉消费者权益保护案件情况报告》及常州两级法院审理的消费领域纠纷八大典型案例。

商检测，确认车辆存在电池压差故障，并进行了返厂维修和补电处理。尽管生产厂商提供了维修补贴，彭某仍认为销售公司欺诈，因为他期望购买的是全新、无损的汽车。因此，他依据《消费者权益保护法》相关规定，要求销售公司"退一赔三"。法院在审理过程中认为，尽管汽车存在质量问题，但销售公司在交付时已履行了售前检查义务，彭某也签字确认，没有证据显示销售公司明知车辆存在电池质量问题却故意欺诈。因此，法院驳回了彭某的"退一赔三"请求。该案中法院指出，新能源汽车作为复杂的工业产品，故障在所难免。只要销售企业在履行交付义务时没有虚假陈述或恶意隐瞒事实，即使消费者在使用过程中发现质量问题，也应该仅涉及违约责任，而不应被认定为欺诈。

山东法院民法典适用典型案例第145号关于机动车买卖合同纠纷中销售欺诈的认定——张某诉某汽车公司买卖合同纠纷案[1]裁判要旨认为：

机动车买卖合同纠纷中对于销售欺诈的认定，应主要从经营者在汽车销售过程中是否存在隐瞒真实情况的故意来综合考量。消费者有证据证明汽车经销商在销售车辆过程中存在故意告知虚假情况、故意隐瞒真实情况或未按照生产商要求对召回车辆采取消除缺陷措施即向消费者出售的，应当认定为销售欺诈；若经销商能证明对召回车辆进行了处置，消除了缺陷，不存在影响产品质量、性能、用途、有效期限等情况，则不构成销售欺诈。法院在审理过程中认为，案涉车辆虽属于召回批次车辆但并未销售，车历卡记载的作业项目与召回公告上的召回事项相吻合，能够证明某汽车公司在案涉车辆出售前已经实施了召回作业，且相比召回公告发出前已经销售的车辆，某汽车公司在新车的品质上进行

[1] 参见山东省高级人民法院发布的《山东法院民法典适用典型案例145》。

了改进，因此案涉车辆具有新车的品质，属于新车。此外，原告张某购买案涉车辆的时间晚于国家市场监督管理总局缺陷产品管理中心网站发布召回信息的时间，张某可以利用车辆信息比照确定车辆是否属于召回范围，不存在无法知悉案涉车辆属于召回车辆的情况。对于张某在使用过程中汽车出现的车窗小胶条断裂、爆漆、制动系统抖动等问题，并不属于国家市场监督管理总局缺陷产品管理中心网站发布的召回信息中车辆缺陷的问题，因此某汽车公司不存在在汽车销售过程中隐瞒真实情况的故意，不构成欺诈。

此外，最高人民法院审理的杨某与某汽车销售服务有限责任公司等买卖合同纠纷再审案〔1〕中，最高人民法院认为：

某汽车销售服务有限责任公司的漆面处理属于新车交付前合理的整理行为，行为显著轻微，该问题不涉及消费者人身健康和安全，也几乎不涉及实质性财产利益，某汽车销售服务有限责任公司未告知杨某，不构成知情权的侵犯。因汽车右后窗帘存在异响，某汽车销售服务有限责任公司更换了窗帘总成。该局部轻微修复措施，会对杨某的消费心理和财产利益产生一定的影响，某汽车销售服务有限责任公司应如实告知而未予告知，侵犯了杨某的知情权。惩罚性赔偿是损害赔偿的一种，与补偿性赔偿相对应。适用惩罚性赔偿的构成要件之一是经营者实施了欺诈行为。所谓欺诈，就是故意隐瞒真实情况或者故意告知对方虚假的情况，欺骗对方，诱使对方作出错误的意思表示而与之订立合同。从约定看，与窗帘有关的问题不构成杨某缔约的根本目的；从处理看，窗帘问题不涉及车辆的动力系统和发动机、变速器等，不涉及转向、制动、悬架、安全系统，不危害安全性能、主要功能

〔1〕参见最高人民法院（2019）最高法民申898号民事裁定书。

和基本用途；从披露看，某汽车销售服务有限责任公司将窗帘的修复如实记录上传系统，没有故意隐瞒真实情况或者故意告知对方虚假的情况。综合以上，原判决对于某汽车销售服务有限责任公司不构成欺诈的认定，并无不当。因为不构成欺诈，所以本案不适用惩罚性赔偿。

（三）其他法律法规中有关产品质量责任的规定及适用

1.《缺陷汽车产品召回管理条例》中有关产品质量责任的规定及适用

根据《缺陷汽车产品召回管理条例》第3条的规定，“本条例所称缺陷，是指由于设计、制造、标识等原因导致的在同一批次、型号或者类别的汽车产品中普遍存在的不符合保障人身、财产安全的国家标准、行业标准的情形或者其他危及人身、财产安全的不合理的危险。本条例所称召回，是指汽车产品生产者对其已售出的汽车产品采取措施消除缺陷的活动”。即在同一批次、型号或者类别的汽车产品中普遍存在设计缺陷、制造缺陷、标识缺陷等情况下，汽车生产者应当及时召回缺陷汽车，采取措施消除缺陷。

若汽车生产者未及时采取召回措施，继续销售缺陷汽车，则可能被人民法院认定为欺诈销售，并承担“退一赔三”等惩罚性赔偿责任。

例如，人民法院案例库入库案例姜某诉某汽车公司买卖合同纠纷案（入库编号：2023－16－2－084－006）[1]裁判要旨认为：

判断经营者交易行为是否构成欺诈，应当以交易时的行为为准。交易完成后，经营者向消费者披露产品质量瑕疵的，不能据

〔1〕参见黑龙江省高级人民法院（2021）黑民再14号民事判决书。

此否定此前已经存在的欺诈之事实。汽车销售企业违反国家通告要求，不及时将召回车辆返厂修复，不向消费者告知真实情况，继续销售不符合安全标准的车辆，故意隐瞒事关消费者生命、财产安全的商品信息，构成《消费者权益保护法》第55条规定的欺诈，依法应承担三倍惩罚性赔偿责任。

若汽车生产者已采取召回措施，缺陷汽车已经完成升级，则此后发生的销售行为不构成销售欺诈，并无需承担赔偿责任。

例如，江西省高级人民法院审理的彭某与某汽车服务有限公司产品销售者责任纠纷案[1]中，江西省高级人民法院认为：

本案在购车行为发生前，国家市场监督管理总局缺陷产品管理中心网站已向社会发布了涉案车型的汽车召回公告，彭某作为一个理性的消费者在购买汽车这类大宗商品前，完全可以自行查询并获悉相关召回信息。双方签订的《汽车买卖合同》明确约定"乙方所购汽车如属生产厂商公布的汽车召回范围，甲方应当按照生产厂商的承诺办理"，可见双方对汽车召回事项情形进行了约定，某汽车服务公司已经按合同约定对涉案车辆进行了升级。彭某未提供证据证明涉案汽车存在质量问题，二审判决认定某汽车服务公司交付车辆完成了升级，不构成欺诈销售，并据此驳回彭某退回车款和三倍车款赔偿金的请求，认定事实和适用法律均无不当。裁定驳回彭某的再审申请。

2.《家用汽车产品修理更换退货责任规定》中有关产品质量责任的规定及适用

《家用汽车产品修理更换退货责任规定》第40条规定，"质量问题，指家用汽车产品质量不符合法律、法规、强制性国家标准以及企业明示采用的标准或者明示的质量状况，或者存在影响

---

〔1〕 参见江西省高级人民法院（2019）赣民申1644号民事裁定书。

正常使用的其他情形。严重安全性能故障，指家用汽车产品存在的危及人身、财产安全，致使无法安全使用的质量问题，包括安全装置不能起到应有的保护作用或者存在起火等危险的情形”。

根据《家用汽车产品修理更换退货责任规定》，家用汽车在保修期内出现质量问题，消费者可以凭三包凭证选择修理者进行免费修理；有严重安全性能故障或发动机、变速器、动力蓄电池、行驶驱动电机等质量问题的，在符合法定情形的情况下，消费者凭购车发票、三包凭证选择更换家用汽车产品或者退货的，销售者应当更换或者退货。

但需指出，并非只要在保修期内家用汽车产品出现质量问题，销售者就要承担三包责任。根据《家用汽车产品修理更换退货责任规定》第 32 条等规定，因消费者不当使用造成家用汽车产品损坏的，可以免除经营者的三包责任。在包修期内，销售者以消费者保养超期、使用不当等行为造成汽车部件损坏为由拒绝承担包修责任的，应提供证据予以证明，否则应承担举证不能的法律后果。

例如，江苏省南京市中级人民法院发布 10 起 2022 年度消费者权益保护典型案例之六赵某诉某销售公司、某生产公司买卖合同纠纷案[1]中，南京江北新区人民法院认为：

销售公司作为车辆销售方，其主张车辆发动机损坏与赵某超期保养、车辆报警后未及时驻停等不当行为有关，但未能提供证据证明。根据用车常识及当时驾驶环境判断，车辆使用人驾驶的里程为合理驻停范围，参照第三方对案涉车辆发动机内部损伤原因的鉴定意见，现有证据及事实不足以证明案涉车辆故障系超期保养及不当使用行为导致。依据《家用汽车产品修理更换退货责

〔1〕 参见江苏省南京市中级人民法院发布的《南京地区 2022 年度消费者权益保护典型案例》。

任规定》，三包责任由销售者承担。案涉车辆发生故障时尚处于包修期，发生故障的原因系产品质量缺陷，销售公司应对案涉车辆发动机免费予以修理。销售公司向赵某收回代步车，应承担收回代步车之日至实际维修完毕并交付之日的交通费补偿。赵某主张的重新计算发动机包修期及三包有效期、车辆贬值损失超出包修责任的相关规定，不予支持。遂判决销售公司对车辆发动机予以免费修理，并支付赵某交通费补偿。本案对汽车经营者提出更加严格的三包责任要求的同时，对其责任范围予以合理限定，对于落实汽车行业售后服务主体责任、保护汽车产品消费者权益、促进汽车产业高质量发展等具有重要意义。

二、诉讼阶段的鉴定程序

（一）鉴定机构的选择

鉴定机构的选择是一个复杂而重要的过程，需要考虑多个因素以确保鉴定结果的准确性和公正性。在选择鉴定机构的过程中，首先要明确鉴定内容和需求，然后才能选择具有相关鉴定资质和能力的鉴定机构。如果选择的鉴定机构不具备相关鉴定资质和能力，则可能导致鉴定意见不具有客观性，甚至可能无法得出鉴定意见，导致案件事实无法查清。同样，如果鉴定程序违反法律规定，也可能导致鉴定意见无效，无法作为认定案件事实的依据。因此，严格按照法律规定选择鉴定机构，并按照法定程序开展鉴定，对于案件审理极为重要。

根据《民事诉讼法》《最高人民法院关于人民法院民事诉讼中委托鉴定审查工作若干问题的规定》等的规定，确定鉴定机构的方式包括三种：双方当事人协商确定、人民法院随机选定、人民法院指定。在诉讼阶段，根据当事人能否协商一致选择鉴定机构及当事人选择鉴定机构能否满足法院审查要求等，确定选择鉴定机构的方式，并最终确定鉴定机构。

当事人申请鉴定的，先是由双方当事人在人民法院公布的名册中协商确定具备鉴定资质的鉴定机构，同时要承诺双方均与鉴定机构无利害关系；当事人协商一致选择鉴定机构的，人民法院应当审查协商选择的鉴定机构是否具备鉴定资质及是否符合法律、司法解释等规定；人民法院发现双方当事人的选择可能损害国家利益、集体利益或第三方利益的，应当终止协商选择程序，采用随机方式选定鉴定机构。当事人无法协商一致选择鉴定机构的，由人民法院依照法定程序指定鉴定机构。

（二）鉴定机构资质要求

交通事故阶段的鉴定，重点在于还原交通事故发生原因，并据此确定各方责任。诉讼阶段的产品质量鉴定，重点在于确定汽车生产者、销售者的产品责任，其关注点更多的在于汽车产品本身是否存在产品缺陷，以及汽车产品缺陷与交通事故发生之间的因果关系等问题。需要注意的是，产品质量鉴定资质和交通事故阶段的事故原因鉴定所需的司法鉴定资质并不完全相同。

《产品质量法》第19条规定，“产品质量检验机构必须具备相应的检测条件和能力，经省级以上人民政府市场监督管理部门或者其授权的部门考核合格后，方可承担产品质量检验工作。法律、行政法规对产品质量检验机构另有规定的，依照有关法律、行政法规的规定执行”。此外，参考《全国人民代表大会常务委员会关于司法鉴定管理问题的决定》“……二、国家对从事下列司法鉴定业务的鉴定人和鉴定机构实行登记管理制度：（一）法医类鉴定；（二）物证类鉴定；（三）声像资料鉴定；（四）根据诉讼需要由国务院司法行政部门商最高人民法院、最高人民检察院确定的其他应当对鉴定人和鉴定机构实行登记管理的鉴定事项”等规定，狭义的司法鉴定类型仅包括法医类、物证类和声像资料类三大类，相应鉴定机构隶属各地司法局管理；产品质量鉴定非前述狭义司法鉴定的一类，对应的产品质量检测资质一般由各地相关产品质量协会颁发、管理。

具体到案件处理中，人民法院应该结合案件争议焦点及当事人申请，确定鉴定委托事项，委托对应有资质的鉴定机构介入提供专业支撑，避免后续因为鉴定资质等导致鉴定报告被推翻或者挑战，影响整体案件处理的效果。

需强调的是，鉴定意见对民事诉讼案件的事实认定具有决定性的重大影响，不仅法官需要依赖专业的鉴定机构对诉讼中涉及的各种专业问题作出具有科学性、客观性和专业权威性的判断，作为民事诉讼当事人，无论是鉴定的申请人还是被申请人，待鉴定案件事实均与其诉讼主张息息相关，更应对司法鉴定工作高度重视。

就智能网联汽车所涉相关争议，如上文所述，如果在事故处理阶段已经进行过车辆状态或者事故原因鉴定，相关鉴定意见可作为诉讼中的重要参考。但如果前述鉴定无法覆盖案件具体争议点，双方仍然对产品质量存在争议，则应视情况委托有产品质量鉴定资质的机构介入，有针对性地进行产品质量鉴定；但如果以特定功能或者零部件是否符合对应国家标准、行业标准等委托对应鉴定机构进行鉴定，该等事项的鉴定资质应不以具备产品质量检测资质为必须。

（三）鉴定意见的法律效力

1. 鉴定意见的证据地位

民事诉讼中的鉴定是具有专业知识能力的独立第三方专业机构接受法院委托，就民事诉讼案件中争议的专业性问题作出的事实判断，鉴定形成的鉴定意见是民事诉讼证据的八大证据类型之一，在诉讼过程中具有重要作用。根据《民事诉讼法》和《刑事诉讼法》的相关规定，鉴定意见可作为证据之一，且其在证明案件事实方面具有特殊作用，可以为法院提供专业的技术分析和结论，帮助法官在判断案件事实时得出正确结论。

交通事故处理过程中形成的鉴定报告，尤其是涉及车辆故障、驾驶行为、事故原因等技术性问题时，是在后续诉讼中法院认定案件事实的重要依据之一。例如，交通事故若涉及车辆性能、设计缺陷或驾驶员操作等问题，相关的鉴定报告可以帮助法庭了解车辆的状况、事故的成因以及责任的划分，从而为案件定性提供依据。

需要说明的是，民事诉讼司法鉴定的委托人须为人民法院，当事人自行委托鉴定机构进行鉴定出具的鉴定意见不属于民事诉讼法定证据种类中的鉴定意见。根据《最高人民法院新民事诉讼证据规定理解与适用（上）》中的观点："……可以认为，在司法鉴定领域外，我国承认当事人具有自行委托鉴定的权利，只不过行使该权利进行的鉴定不是司法鉴定……考虑到，当事人自行委托专业机构提供专业意见时，供专业机构使用的基础材料都是由当事人一方自己提供的，难免作有利于自己的取舍，造成鉴定结论不能客观、完全地体现争议事实的真实面貌，同时，鉴定人的鉴定资格、工作程序和方法等也没有接受对方当事人的监督，意见是否合法、准确，需要对方的认定。因此，我们认为，对于当事人自行委托的所谓鉴定形成的书面意见，虽然不能作为民事诉讼法所规定的八种法定证据类型中的鉴定意见来看待，但是可以准用私文书证的质证规则来处理……"即当事人自行委托的所谓鉴定形成的书面意见，可以视为书证，而不属于鉴定意见。

对于当事人单方自行委托鉴定所形成的书面意见，人民法院要着重审查受托机构的资格资质、意见所依据的证据材料的真实性可靠性、意见形成过程的合规性合理性、结论性意见是否符合逻辑和科学、意见与案件其他证据有无矛盾等方面。经审查，意见符合证据“三性”的，可以被采纳。对方当事人如对单方自行委托鉴定所形成的意见有异议，只有其能提供充足的证据或者理由反驳意见结论，证明受托机构或人员不具备相关资质、形成意见的程序严重违法、意见明显依据不足等情形并申请启动司法鉴定，人民法院才予以准许。

例如，人民法院案例库入库案例安徽某甲公司诉某乙公司国际货物买卖合同纠纷案（入库编号：2024－10－2－084－002）[1]裁判要旨认为：

一方当事人就专门性问题单方自行委托有关机构或者个人出具的书面意见，其性质仅是一份书面证据材料，并非民事诉讼法规定的鉴定意见，应采用私文书证的审查认定规则，并结合案件查明的事实和其他证据进行审核判断。对方当事人既未举示足以反驳该意见内容和结论的证据，也未提交证据证明存在鉴定机构或鉴定人员不具备相关鉴定资质、鉴定程序严重违法、鉴定意见明显依据不足等情形，该书面意见可以作为认定案件事实的依据。

2. 鉴定意见的推定效力

鉴定意见的推定效力，是指在没有其他有力证据反驳的情况下，鉴定意见通常被认为案件事实的合理推定。根据法律规定，鉴定意见并不一定具有绝对的证明力，但如果鉴定过程遵循法律程序、鉴定人具有相关资质并且鉴定意见合理，那么法院通常会接受鉴定意见作为案件判决的重要依据。

---

〔1〕 参见最高人民法院（2023）最高法民申1039号民事裁定书。

若当事人或其他证据提供方能够提供相反证据，或者提出合理的质疑，法院可以决定是否采纳或部分采纳鉴定意见。在交通事故案件中，若车辆的安全性、驾驶员的操作行为等方面的鉴定意见存在疑问，法院可以要求重新鉴定或者结合其他证据进行再评估。需注意的是，诉讼阶段当事人的争议点可能与交通事故处理阶段鉴定事项并不完全对应，诉讼时应结合案件争议点视情况另外针对产品质量等进行鉴定。

虽然鉴定意见具有推定效力，但鉴定意见作为法定证据种类之一，人民法院应当根据法定程序审查其证据“三性”，并经人民法院审理采纳后，才能作为定案依据。

例如，人民法院案例库入库案例黄某某、周某、袁某某合同诈骗案（入库编号：2023－03－1－167－008）〔1〕裁判要旨认为：

鉴定意见并非当然具备认定案件事实的证据效力，能否作为定案的根据，应当审查其客观性、关联性、合法性，根据在案证据加以综合判断，不能不加甄别、盲目采信。

人民法院案例库入库案例杭州某科技有限公司诉某公司等专利权权属、侵权纠纷案（入库编号：2023－09－2－160－015）〔2〕裁判要旨认为：

鉴定机构和鉴定人员具备鉴定资质，鉴定程序并不违反法律规定，鉴定人员亦出庭接受质询并对鉴定程序和鉴定依据作出说明，相关瑕疵并不影响对技术问题发表鉴定意见并得出结论，对方当事人并未提出足以反驳或者推翻鉴定意见的理由或者证据的，人民法院可以采纳该鉴定意见。

3. 鉴定意见的效力认定标准

合法性原则：鉴定意见必须基于合法的司法鉴定活动，即遵

〔1〕 参见江西省九江市中级人民法院（2019）赣04刑终521号刑事裁定书。
〔2〕 参见最高人民法院（2020）最高法民申4955号民事裁定书。

循国家法律、法规的规定进行。这包括鉴定机构和鉴定人的资质、鉴定程序的正当性，以及鉴定方法的科学性等。合法性是鉴定意见成为有效证据的前提。

证明力：在诉讼中，鉴定意见的证明力一般高于书证、视听资料和证人证言。尤其在民事诉讼中，由法院委托的鉴定意见的证明力更优，因为这类鉴定通常经过双方当事人同意，程序公开公正，意见具有很强的中立性和客观性。

质证与审查：鉴定意见作为证据，必须经过法庭的质证，这意味着其内容、结论及鉴定过程要接受双方当事人及法庭的审查。只有经过查证属实，才能作为定案的根据。

重新鉴定的可能性：如果一方当事人对已有的鉴定意见提出异议，并有足够的证据表明该鉴定存在错误或不准确，可以申请重新鉴定。此时，原鉴定意见的效力可能会受到影响，需要新的鉴定意见来替代或补充。

客观性和关联性：鉴定意见必须具备客观性，即基于事实和科学分析得出结论，同时该结论必须与案件事实有直接关联，这样才能作为认定案件事实的有效证据。

程序的合法性：鉴定程序的合法性直接影响鉴定意见的效力。如果鉴定过程存在程序瑕疵，如未遵循法定程序、鉴定人资质不符等，该鉴定意见的证据效力可能会被质疑或否定。

（四）鉴定意见不能作为定案依据的常见情形

如上文所述，为保证鉴定意见能够客观、真实地反映产品质量情况，诉讼阶段应当严格按照法定程序选择确定有相关鉴定资质的鉴定机构及鉴定人员开展鉴定工作。否则，鉴定意见可能因为证据效力等问题，无法作为定案依据。司法实践中，鉴定意见不能作为定案依据的常见情形主要有以下几种：

1. 鉴定机构不具备相关鉴定资质

鉴定机构具备相关鉴定资质，是确保鉴定意见客观、真实的重要基础，如果鉴定机构不具备相关鉴定资质，那么即便该鉴定机构最终出具了鉴定意见，鉴定意见的有效性也无法令人信服，缺乏证明效力，不能作为查明案件事实的定案依据。

例如，新疆维吾尔自治区高级人民法院审理的某公司与查某建设工程施工合同纠纷案[1]中，新疆维吾尔自治区高级人民法院认为：

由于当事人双方未对工程决算达成一致，一审法院为查明案件事实委托鉴定机构对查某完成的工程造价进行鉴定。前次审理中因鉴定机构不具备法定资质被本院发回重审［（2016）新民终34号］，而此次重审，一审法院委托的某司法鉴定科学技术研究所司法鉴定中心仍不具备工程造价咨询企业资质，鉴定人员不具备国家注册造价工程师资质。《中华人民共和国民事诉讼法》第七十六条规定，当事人可以就查明事实的专门性问题向人民法院申请鉴定。当事人申请鉴定的，由双方当事人协商确定具备资格的鉴定人；协商不成的，由人民法院指定。当事人未申请鉴定，人民法院对专门性问题认为需要鉴定的，应当委托具备资格的鉴定人进行鉴定。一审法院在两次委托鉴定过程中，均未对鉴定机构及鉴定人员是否具备工程造价鉴定资质认真审核，该问题应当引起一审法院的重视。国家住房和城乡建设部《工程造价咨询企业管理办法》第三十八条规定，未取得工程造价咨询企业资质从事工程造价咨询活动或者超越资质等级承接工程造价咨询业务的，出具的工程造价成果文件无效。因此，某司法鉴定科学技术研究所司法鉴定中心做出的309号鉴定意见书违反了上述法律、

[1] 参见新疆维吾尔自治区高级人民法院（2018）新民终467号民事判决书。

法规的相关规定，缺乏证明效力，不能作为认定查某完成的工程造价数额的依据。

2. 鉴定人员不具备相关鉴定资质

根据《司法鉴定程序通则》等相关规定，司法鉴定实行鉴定人负责制度，司法鉴定人应当依法独立、客观、公正地进行鉴定，并对自己作出的鉴定意见负责。必要情况下，鉴定人员需要依法出庭就鉴定意见给予解释或者说明。如果鉴定人员不具备相关鉴定资质，那么鉴定意见的科学性、客观性无法得到保障，鉴定意见将不具备证明效力。

例如，四川省西昌市人民法院审理的成都某某科技有限公司与西昌某某汽车贸易有限公司、成都某某实业有限公司等产品销售者责任纠纷案[1]中，四川省西昌市人民法院认为：

本案系产品销售者责任纠纷。原告主张涉案车辆存在质量问题，对此原告应当承担基础的举证责任。本案中，原告提交的西昌市某某有限责任公司出具《机动车鉴定评估报告书》[西鉴字(2023年) 第173号]，其鉴定机构及鉴定人员均不具备产品质量及物证痕迹类鉴定资质，且该鉴定报告是在案涉车辆发生过两起事故后作出的鉴定意见，故对该鉴定意见本院不予认可。庭审中，被告提交证据证明了案涉车辆系经过国家强制认证的车辆，其技术参数符合要求并经国家工信部进行公告，出厂时是经过检验合格的产品。本案审理过程中，原告也未提交书面申请对案涉车辆本身是否存在质量问题进行鉴定。根据《中华人民共和国民事诉讼法》第六十七条“当事人对自己提出的主张，有责任提供证据”的规定。原告成都某某科技有限公司所举证据不能证明案涉车辆两次发生交通事故系案涉车辆存在产品缺陷造成，应当承

〔1〕 参见四川省西昌市人民法院（2024）川3401民初789号民事判决书。

担举证不能的后果，故对其诉讼请求本院依法不予支持。判决驳回原告成都某某科技有限公司的全部诉讼请求。

3. 鉴定程序不合法

严格按照法律规定程序开展鉴定活动，是确保鉴定意见客观、真实的必要前提。如果鉴定程序不合法，那么鉴定意见的证明效力也将无法得到保证。

例如，内蒙古自治区锡林郭勒盟中级人民法院审理的刘某与刘某某机动车交通事故责任纠纷案[1]中，人民法院认为：

刘某依据某车评报字（2017 年）第 219 号《机动车鉴定评估报告书》要求被申请人刘某某赔偿车辆损失，但《机动车鉴定评估报告书》中的机动车鉴定评估委托书时间在二手车鉴定评估作业表时间之后，即鉴定评估机构在鉴定评估作业时尚未取得车主授权，该份鉴定程序不合法，故对该份证据本院不予采信。

4. 鉴定意见所采用的鉴定方法不科学

人民法院在审核确认鉴定意见的证明效力时，应审查鉴定意见是否采用了科学的鉴定方法，即得出鉴定意见的过程是否科学合理，如不科学合理则不应采纳鉴定意见。

例如，广东省阳江市中级人民法院审理的某财产保险股份有限公司阳江市分公司、黄某财产损失保险合同纠纷案[2]中，法院认为：

本案的争议焦点是本案事故是否存在伪造现场情况，某财产保险股份有限公司阳江分公司对本案车辆损失应否承担保险赔偿责任问题。本案事故发生后，驾驶人叶某及时报警和报险。阳春市公安局交通警察大队接警后派员到事故现场查勘、处理，并对

---

[1] 参见内蒙古自治区锡林郭勒盟中级人民法院（2019）内 25 民再 9 号民事判决书。

[2] 参见广东省阳江市中级人民法院（2019）粤 17 民终 390 号民事判决书。

该次事故作出第599号《道路交通事故认定书（简易程序）》，认定叶某驾驶车辆因操作不当碰撞电杆造成车辆损坏自身发生的交通事故，叶某负事故全部责任。并且，《道路交通事故认定书（简易程序）》作出后，因某财产保险股份有限公司阳江分公司对事故的真实性提出异议，阳春市公安局交通警察大队又再向叶某核实事故具体情况，并没有作出变更或撤销上述《道路交通事故认定书（简易程序）》。《道路交通事故认定书（简易程序）》、《询问笔录》、事故现场及车辆照片形成一条证据链，证明案涉车辆于2017年12月发生交通事故，且《道路交通事故认定书（简易程序）》认定本案交通事故造成案涉车辆损坏。广东某痕迹司法鉴定所作出的《司法鉴定意见书》认定涉案车辆右前部受损痕迹与现场痕迹不吻合，某财产保险股份有限公司阳江分公司以此认定本案事故存在伪造现场的情况。从《道路交通事故认定书（简易程序）》和《司法鉴定意见书》的证明力来看，阳春市公安局交通警察大队作为处理交通事故的法定机构，其在现场检查、勘验及调查事实的基础上对本案事故的发生、经过、事故当事人的过错程度及应承担的事故责任进行认定而作出的《道路交通事故认定书（简易程序）》，本案现有证据未反映《道路交通事故认定书（简易程序）》存在程序不当的情况，该《道路交通事故认定书（简易程序）》具有较强的公信力。《司法鉴定意见书》是广东某痕迹司法鉴定所未经到事故现场查勘，仅依据事故图片和材料而作出的意见，《道路交通事故认定书（简易程序）》的证明力大于《司法鉴定意见书》的证明力。《司法鉴定意见书》不足以推翻《道路交通事故认定书（简易程序）》，故对某财产保险股份有限公司阳江分公司关于本案事故是伪造的主张，本院不予采纳。

5. 鉴定机构以未经当事人质证的证据等作为鉴定依据

根据《最高人民法院关于民事诉讼证据的若干规定》第34

条第1款的规定，“人民法院应当组织当事人对鉴定材料进行质证。未经质证的材料，不得作为鉴定的根据”。即未经当事人质证的证据，不得作为鉴定依据。

例如，最高人民法院审理的某建设集团有限公司、付某等建设工程施工合同纠纷案[1]中，最高人民法院认为：

原审判决据以认定案涉工程造价的《鉴定意见书》相关鉴定材料未经依法质证，属于严重违反法定程序之情形。《鉴定意见书》“二、鉴定依据”第5、7、8、9、10项均是鉴定机构据以确定工程价款的基础性材料，原一审法院没有将上述当事人存在争议的鉴定材料进行质证，就将其移送鉴定机构，原二审法院也未进行补充质证，属违法剥夺当事人辩论权利情形，不符合民事诉讼辩论原则。因相关鉴定材料未经质证，原审法院认定“某硬化路面拆除及恢复工程”和“部门单位院内硬化路面的破除与恢复施工”等相应的工程款造价，依据并不充分，致基本事实不清。此外，原审法院在认定管理费、税费、鉴定费用等问题的法律适用上，亦有不当。依照《中华人民共和国民事诉讼法》第一百七十七条第一款第三项、第四项、第二百一十四条第一款规定，裁定撤销西藏自治区高级人民法院（2021）藏民终3号、西藏自治区那曲市中级人民法院（2019）藏24民初13号民事判决；本案发回西藏自治区那曲市中级人民法院重审。

6. 鉴定人拒不出庭作证

根据《最高人民法院关于民事诉讼证据的若干规定》等的规定，当案件审理需要鉴定人出庭，就鉴定意见进行解释说明的，鉴定人应当出庭说明。《最高人民法院关于民事诉讼证据的若干规定》第81条第1款规定，“鉴定人拒不出庭作证的，鉴定意见

[1] 参见最高人民法院（2021）最高法民再316号民事裁定书。

不得作为认定案件事实的根据。人民法院应当建议有关主管部门或者组织对拒不出庭作证的鉴定人予以处罚”。即鉴定人拒不出庭作证的，鉴定意见证明效力不足，人民法院不得将该鉴定意见作为案件事实认定依据。

例如，最高人民法院审理的某房地产开发有限公司、某信息技术有限公司建设工程施工合同纠纷案[1]，最高人民法院认为：

本院经审查认为，根据一审庭审笔录记载的内容，可以认定，鉴定人只是在庭前的证据交换中回答了当事人提出的问题，但是未出庭作证。民诉法第七十八条规定，当事人对鉴定意见有异议或者人民法院认为鉴定人有必要出庭的，鉴定人应当出庭作证。经人民法院通知，鉴定人拒不出庭作证的，鉴定意见不得作为认定事实的根据；支付鉴定费用的当事人可以要求返还鉴定费用。本案《鉴定意见书》已经庭前质证，在庭前质证中，鉴定人回答了当事人提出的异议。本案当事人对鉴定意见有异议，人民法院应当通知鉴定人出庭作证。但法院并未通知，鉴定人并未出庭作证。一审判决依据仅经过庭前质证的《鉴定意见书》认定工程造价，程序上即有瑕疵。本案虽不符合重新鉴定的条件，但在当事人上诉已经对鉴定人未出庭作证提出异议，认为不能将鉴定意见作为定案依据的情况下，二审亦未能弥补该问题，而是直接依据在庭前质证后作出、作为鉴定意见组成部分的《补充说明》认定了本案的工程造价。原判决属于认定基本事实缺乏证据证明。裁定指令山西省高级人民法院再审本案。

（五）重新鉴定的法律程序

司法实践中，在特殊的法定情形下，还存在重新鉴定的可

〔1〕 参见最高人民法院（2018）最高法民申50号民事裁定书。

能。《最高人民法院关于民事诉讼证据的若干规定》规定，经当事人申请，人民法院审查认为申请理由成立的情况下，可以重新委托进行鉴定。

1. 重新鉴定的法定情形

《最高人民法院关于民事诉讼证据的若干规定》第40条规定，“当事人申请重新鉴定，存在下列情形之一的，人民法院应当准许：（一）鉴定人不具备相应资格的；（二）鉴定程序严重违法的；（三）鉴定意见明显依据不足的；（四）鉴定意见不能作为证据使用的其他情形。存在前款第一项至第三项情形的，鉴定人已经收取的鉴定费用应当退还。拒不退还的，依照本规定第八十一条第二款的规定处理。对鉴定意见的瑕疵，可以通过补正、补充鉴定或者补充质证、重新质证等方法解决的，人民法院不予准许重新鉴定的申请。重新鉴定的，原鉴定意见不得作为认定案件事实的根据”。

也就是说，在存在上述法定情形的情况下，鉴定意见不得作为认定案件事实的根据，人民法院应当根据当事人申请重新鉴定。

2. 重新鉴定的启动程序

重新鉴定的申请主体是当事人，委托人是人民法院。申请人认为鉴定意见存在鉴定资质、鉴定程序等影响证明效力的情形时，应当及时向人民法院提出异议并申请重新鉴定。人民法院收到当事人重新鉴定申请后，根据鉴定意见瑕疵或问题情况，决定是否启动重新鉴定。

（六）案例分析

案例3－1 于某、王某等与某公司产品责任纠纷案[1]

1. 案件主要事实

涉案车辆因严重超速且未与同车道的前方货车保持足以紧急制动的安全距离，导致重大交通事故的发生，两车不同程度损坏。原告于某、王某等认为事故发生时车辆存在失控故障，事故系因车辆失控故障导致，主张被告某公司隐瞒车辆缺陷，应当就车辆质量缺陷承担产品责任。

2. 鉴定环节

本案诉讼阶段，法院未另外进行鉴定。原告将与同一事故相关的另案中的法院委托北京某司法鉴定中心对案涉车辆出具的鉴定意见作为证据提交（以下简称北京鉴定意见）。北京鉴定意见认为，根据案涉车辆的EDR数据，车辆在碰撞前5秒钟内，制动踏板处于Off状态。针对这一情况，鉴定机构给出两种可能的解释：（1）驾驶员在事故发生时确未触动制动踏板；（2）虽然驾驶员在事故发生时踩下制动踏板，但因车辆系统故障导致电子控制单元未能识别并记录制动踏板的工作状态，并基于这一分析，得出鉴定意见为“不能排除车辆存在失控故障的可能性”。

法院依法通知鉴定人出庭阐述鉴定意见和理由，并接受当事人质询。就法庭要求鉴定人具体陈述失控故障的具体内容以及与交通事故的因果关系的问题，鉴定人未具体陈述失控故障，表示只针对案涉车辆本身做鉴定，鉴定内容不包含事故成因，并表示仅对涉案车辆本身进行鉴定，事故成因不是鉴定内容，失控故障

---

[1] 参见天津市滨海新区人民法院（2017）津0116民初83585号民事判决书。

是否与事故具有因果关系不属于鉴定事项。

双方当事人亦各申请1名具有专门知识的人在针对鉴定意见质证环节出庭。

此外，被告自行委托某上海司法鉴定中心对案涉车辆在正常运行时踏板电压数据可以在一段时间内保持相对稳定的数值范围进行鉴定，该鉴定机构的鉴定意见对此予以肯定。被告据此反驳北京鉴定机构依据油门电压所推导出的鉴定意见。

3. 法院认定

法院参考两个鉴定机构就涉案车辆的安全技术状况及与事故的关系的鉴定意见，最终认定原告未能证明涉案车辆存在缺陷，也未能证明该缺陷与事故之间存在直接因果关系。法院强调，原告虽然提到过召回历史，但召回本身并不等同于产品存在缺陷。此外，法院还指出，原告在描述事故发生过程时与交警记录存在差异，且未能证明车辆失控是导致事故的唯一原因，驾驶员操作失误导致事故的可能性远大于原告主张。

4. 案例分析

本案的关键在于举证责任的分配和鉴定意见的可靠性。

就双方的举证责任分配，法院认为，《最高人民法院关于民事诉讼证据的若干规定》第4条[1]之规定并未将产品侵权案件的全部构成要件分配给被告，原告仍应就相关要件进行举证。原告需要提供充分证据来证明车辆存在缺陷，且缺陷与事故之间有直接的因果关系。案涉车辆存在召回的事实并不足以说明该车辆存在质量缺陷，且依北京鉴定意见可知车辆召回所涉及的问题在本次事故中并不存在，因此原告仍应就此承担举证责任。

---

〔1〕 2001年《最高人民法院关于民事诉讼证据的若干规定》第4条规定，“下列侵权诉讼，按照以下规定承担举证责任：……（六）因缺陷产品致人损害的侵权诉讼，由产品的生产者就法律规定的免责事由承担举证责任；……”。

对于鉴定意见的采纳，法院结合案件事实，从鉴定意见的形式、依据、准确性，以及专家证人出庭情况等方面进行综合判断。就两鉴定机构的鉴定意见，法院认为鉴定意见的科学性和权威性对案件的结果至关重要。鉴定意见需要基于技术判断，而非基于主观意见或主观猜测，鉴定人亦需要能够从技术原理上予以阐述说明，否则难以令人信服。若鉴定意见不够明确或具有采用如“不排除”的模糊表述，法院可能不予采纳。此外，鉴定意见亦需要与案件具有关联性，足以证实案涉车辆存在缺陷，以及涉案车辆的缺陷与交通事故的因果关系。就双方所聘请的专家，法院从相关领域的专家资质，其提供的专家意见是否依据相关技术原理、结合案涉车辆情况进行分析，是否对相关事项的论证进行了相关试验等方面判断采纳哪一方的专家意见。

5. 实践启示

在产品责任纠纷中，举证责任分配与鉴定意见的可靠性是决定案件结果的关键因素。

在举证责任分配方面，原告需证明产品存在缺陷、损害事实以及两者之间的因果关系。如果提出产品发生故障或事故的结果，或引用不具备充分技术依据的推测性意见，难以满足举证要求，被告可以通过质疑原告证据或提供相反鉴定意见来实现有效抗辩。

在鉴定意见的可靠性方面，法院对鉴定意见的可靠性和关联性有严格要求，鉴定意见的形式、依据和科学性是决定其能否被采纳的核心要素。首先，鉴定意见必须基于明确的技术依据和分析方法，而非主观推测或含糊表述。其次，鉴定意见需以科学实验或技术数据为支撑，对于缺乏实验验证或技术分析的鉴定意见，法院可能不予采纳。此外，鉴定意见必须与案件的争议焦点高度相关，能够直接证明产品缺陷及其与损害结果之间的因果关系。模糊的表述（如“不排除”或“可能”）通常会削弱鉴定意见的证明力。鉴定意见若未能明确排除技术故障，也仅意味着事故发生的原因尚不明确，不能证明车辆存在质量缺陷或车辆质量缺陷导致交通事故发生。最后，鉴定意见是否被采纳，还取决于专家证人出庭时的表现及其专业性，专家需从技术原理出发，结合案件实际情况进行充分阐述和说理。法院会综合考量专家的资质、技术论证能力以及对案件事实的具体分析，做出判断。

此外，事故调查中涉及的技术性证据（如 EDR 数据和车辆系统的诊断）和鉴定意见的明确性，对产品质量和事故责任的认定往往起到非常关键的作用。

案例 3-2 周某与某公司产品销售者责任纠纷案[1]

1. 案件主要事实

原告周某从被告某公司处购买了涉案车辆，交付时经确认车辆设备齐全、内饰和外观均完整、车辆状况良好。然而，车辆购买后的第三年，车辆后排座椅在使用过程中起火，原告与被告对车辆起火原因产生争议。原告认为车辆自身的质量缺陷是导致起火的直接原因，被告则认为是外部设备引燃而非产品质量问题。原告向法院提起诉讼，要求被告赔偿车辆损失及其他相关费用。

2. 鉴定环节

案件进入司法程序后，法院为查明火灾的具体原因，委托广东省某检验研究院进行技术鉴定。鉴定机构对事故车辆进行了详细检查，包括车辆电气系统、燃烧痕迹以及车内遗留物品的分析。经过多次勘验、分析和模拟，鉴定机构得出结论，起火原因系车辆后排座椅下方区域的火机恰好被后移导轨挤压点燃，属于

---

[1] 参见广东省广州市中级人民法院（2017）粤 01 民终 5013 号民事判决书。

外力或外物所致，而不是由于车辆的设计或制造缺陷引起的。鉴定报告中明确指出，不存在因电气线路故障导致起火的可能性。

3. 法院认定

法院认为，涉案车辆是否存在质量问题并由此导致起火系本案的争议焦点。一审和二审法院均对广东省某检验研究院的鉴定意见进行了审核，对车辆由驾驶员遗留在车内的火机引燃的事实予以确认，被告无需承担产品质量责任。法院认为，鉴定机构和鉴定的专家组成人员均具备相应的鉴定资质，鉴定机构采用的鉴定程序和方法也符合规定，鉴定报告的内容均有科学和事实依据，其结论具有客观性、权威性和公信力。在原告缺乏反驳证据的情况下，法院认为该鉴定意见可信，且应作为本案的主要依据。二审法院最终驳回上诉，维持原判。

4. 案例分析

本案的关键在于如何确定起火的原因及损失责任归属。法院基于司法鉴定意见，确认火灾发生的原因并作出判决。消费者在产品质量纠纷中，应提供证据证明产品存在缺陷，以及缺陷与损害之间存在因果关系。本案中，原告对鉴定报告有异议，但未能提供足够专业且有效的反驳证据支持其主张。这表明，在司法鉴定意见程序无瑕疵且结论权威的情况下，若原告无法提供具有同等或更高专业性和关联性的反驳证据，其主张难以获得法院支持。

5. 实践启示

在汽车相关的产品质量纠纷中，司法鉴定经常起着决定性作用，选择具有相关业务领域资质的鉴定机构非常关键。当事人与法院应当仔细审核鉴定机构的资质，根据案件所涉领域及复杂程度，选定具备专业资质和丰富经验的鉴定机构及鉴定人员，确保鉴定意见的可靠性和权威性。

第四章

常见争议

随着智能网联汽车的普及，车辆的高智能化与自动驾驶功能给道路交通安全和法律责任认定带来了新的挑战：从过去以驾驶人操作与过错为主要考量的责任分配模式，扩展到可能涉及车企、软件供应商、传感器厂商等多方主体的复杂责任体系；从传统的获取目击者证言、录像资料等常规取证方式，转变为如今高度依赖算法日志、传感器数据、OTA 升级记录等数字化记录的分析和取证；从默认驾驶人对车辆的全部控制，到自动驾驶系统与驾驶人之间的“协同决策”或“分配责任”。人机协同驾驶模式的兴起，正推动法律体系在责任划分与取证鉴定方面进行深度调整与探索。

如今，很多争议集中在三个关键点，即责任主体认定、取证与鉴定和技术功能边界。

1. 责任主体认定

当车辆在部分或高度自动驾驶模式下发生事故时，究竟由驾驶人、车辆制造者还是软件提供方承担主要或连带责任，已成为实务中的焦点。此外，实践中还有一种常见争议情形，即驾驶人声称自己当时仅在使用辅助驾驶功能，而企业平台数据显示车辆实际上由驾驶人操控。此时，驾驶人往往质疑企业平台数据的真实性与完整性，认为该企业可能篡改或遗漏了关键记录。由于核心行驶记录和系统日志通常掌握在车企或软件提供方手中，若驾驶人提出质疑，便需进一步调取或鉴定车辆的车载终端原始数据，并尽量结合多方证据（如监控视频、第三方检测、路测记录等）比对验证。在司法实践中，如何认定系统数据的权威性、确保取证过程的客观公正，以及平衡当事人的知情权与车企的商业机密，均是此类纠纷的难点。

2. 取证与鉴定

在智能网联汽车事故处理中，如何高效获取并验证车辆行驶数据、云端记录及感知设备的准确性与完整性，是当前司法部门与鉴定机构面临的重大挑战。一方面，关键电子数据通常分散在车载终端、企业平台以及国家/地方政府平台，且涉及不同的技术接口和加密方式，取证流程复杂且对专业技术要求极高；另一方面，现有司法鉴定机构名录中的多数鉴定机构尚未建立起适应自动驾驶或智能网联场景的技术能力与评估标准，无法对数据完整性、算法逻辑、传感器误差等问题进行全面的技术审查，由此导致当事人或法院虽有鉴定需求，却难以找到具备相应资质与技术储备的专业机构，进一步加剧了此类纠纷的取证难度。此外，厂商也面临着如何在依法配合司法部门提供技术说明及数据对接与保护企业的数据隐私和商业机密之间取得平衡的难题。

3. 技术功能边界

智能网联汽车的驾驶自动化能力虽被划分为不同等级，但在实际应用场景中，车辆所能达到的具体功能水平往往取决于多种因素，包括传感器配置、算法成熟度、道路环境、驾驶人操作等。尽管业内已经发布了若干功能安全、网络安全等方面的国际/国内标准，但尚缺乏统一、完善的“一体化”评测体系，厂商在宣传时难以对所有场景下的车辆性能作出“一刀切”式的精确界定，因而可能出现公众对“自动化程度”的主观认知与车辆实际功能之间存在差异的情况。

为此，厂商在设计研发时往往充分考虑多方风险，并通过产品手册、使用说明、驾驶辅助提示等方式告知驾驶人功能范围与适用场景，在必要时要求驾驶人及时接管车辆。厂商通常也会对软件定期进行更新、收集用户反馈并进行风险评估，以不断完善车辆的安全性能。在实际应用场景中，如果驾驶人的操作方式与厂商建议明显不符，或道路环境超出车辆感知与决策能力范围，都会成为事故发生的重要因素。

因此，在司法实践中，明确车辆功能等级与适用场景、甄别厂商是否充分履行告知义务，以及认定驾驶人是否遵循车辆的操作规范，往往是界定事故责任的核心。随着技术发展与法规完善，对智能网联汽车自动驾驶功能边界的精准评估也将日渐规范化，为各方主体提供更清晰的责任分配和风险管理指引。

一、辅助驾驶的辅助性与驾驶人责任

（一）辅助驾驶与完全自动驾驶的区别

2022 年 3 月 1 日正式实施的国家标准《汽车驾驶自动化分级》（GB/T 40429－2021）将驾驶自动化分为六个等级：0 级应急辅助、1 级部分驾驶辅助、2 级组合驾驶辅助、3 级有条件自动驾驶、4 级高度自动驾驶和 5 级完全自动驾驶，与国际通行的 SAE 分级标准大致相同。

根据该标准，驾驶自动化等级的划分要素具体为：驾驶自动化系统是否持续执行动态驾驶任务中的目标和事件探测与响应；驾驶自动化系统是否持续执行动态驾驶任务中的车辆横向或纵向运动控制；驾驶自动化系统是否同时持续执行动态驾驶任务中的车辆横向和纵向运动控制；驾驶自动化系统是否持续执行全部动态驾驶任务；驾驶自动化系统是否自动执行最小风险策略；驾驶自动化系统是否存在设计运行范围限制。[1]

在这一分级体系中，等级越高，车辆执行动态驾驶任务（如车辆横纵向控制、目标探测、事件响应、最小风险策略等）的范围与频度越大，对驾驶人干预的需求越低。与高级别自动驾驶

[1] 参见《汽车驾驶自动化分级》（GB/T 40429－2021）第 3.2 条。

（尤其是4级、5级）相比，L2级及以下的“辅助驾驶”功能仅能在特定工况下协助驾驶人进行转向、加减速、车道保持等操作，无法脱离驾驶人的持续监控与随时接管。也就是说，“辅助驾驶”仍处在“人机共管”阶段，并不等同于车辆完全自动运行。

从实务层面来看，消费者对“自动驾驶”或“辅助驾驶”概念存在认知误区，导致在使用车辆时可能产生不当操作或过度依赖。实践中，“全自动驾驶”“无人驾驶”等宣传字眼容易让人忽视车辆在复杂路况下仍需人工干预这一关键事实。在道路交通事故或相关民事纠纷中，厘清车辆究竟属于何种“驾驶自动化等级”及其真实功能范围，是认定责任、判断驾驶人注意义务是否履行到位的必要前提。

（二）驾驶人的注意义务与责任

1. 辅助驾驶的法律定位

尽管智能网联汽车在硬件和软件层面不断升级，配备了越来越多的智能辅助系统，但现阶段，辅助驾驶的使用人仍然是汽车运行的控制人，驾驶人的基本责任并没有发生根本变化，辅助驾驶仅提供部分功能辅助，并不能使车辆脱离驾驶人的监管。车辆的主动控制和安全责任仍主要落在驾驶人身上，驾驶人负有对车辆、道路、交通环境进行实时观察和安全判断的义务，依然需要保持足够的注意力和控制权。因此，在现行法律框架下仍继续适用机动车交通事故责任的一般原则。

2. 驾驶人的合理注意义务与谨慎驾驶责任

辅助驾驶与高级别的自动驾驶存在显著差异，其功能常常依赖道路标线清晰、天气良好、车流稳定等条件，但场景变化或突发情况导致超出系统预设范围，如突发恶劣天气、意外遮挡、传感器盲区等，辅助驾驶功能随时可能因无法满足工作条件而自动退出或无法正常工作。此时，驾驶人必须及时接管方向盘或制动踏板，以确保车辆安全行驶。因此，在辅助驾驶模式下，驾驶人仍然需要时刻注意交通状况及道路环境，承担车辆操作和车况监督责任。

在事故处理中，如果驾驶人声称因全程使用辅助驾驶而未及时干预，却无法证明车辆仍具备在该场景下安全行驶的条件，或明知车辆无法安全行驶仍不加以干预，结合行车记录、监控视频、车辆后端数据等证据，发现驾驶人存在在辅助驾驶系统的使用过程中未能履行注意义务或未能适时接管控制，或在非适用场景下滥用辅助功能导致事故发生，驾驶人应承担部分或全部责任。

3. 驾驶人未及时接管控制车辆的情形

在辅助驾驶模式下，驾驶人负有保持警觉和及时接管的义务。在出现某些危险或不确定场景下，车辆会通过警示或发出声光信号等方式向驾驶人发出接管请求。如驾驶人未在合理时间内做出反应，或者忽略了系统接管提醒，导致车辆继续以不安全状态行驶并最终酿成事故，驾驶人可能需要承担相应责任。

在司法实践中，倘若有证据表明驾驶人的注意力出现了明显分散的情况（如查看手机、疲劳驾驶、打瞌睡、分心操作等行为），致使其错过了接管车辆的最佳时机，即便车辆装备了先进的辅助驾驶系统并且在事故发生时处于辅助驾驶模式，也无法成为免除驾驶人责任的理由。

例如，如果驾驶人在长途驾驶期间过度依赖自动跟车功能，甚至在车辆接近障碍物时仍未采取制动或者转向操作，最终引发了追尾事故，此类情况下，法院通常会判定驾驶人未合理履行对车辆状况进行监控以及及时接管车辆的职责。

4. 驾驶人负有熟悉辅助驾驶功能与正确使用的义务

驾驶人在使用车辆的辅助驾驶功能前，有责任确保其对相关功能有全面的了解，包括但不限于辅助驾驶系统的适用条件、软硬件的限制因素以及在何种情况下需要人工介入干预。部分车辆的用户手册或车载信息系统在激活辅助驾驶功能时会弹出提示窗口，要求驾驶人确认他们对这些功能的限制有所了解。

如果驾驶人忽视这些信息或未能仔细阅读，可能会显著增加发生事故的风险。例如，在冰雪路面、暴雨、大雾天气、崎岖山路等不适宜使用辅助驾驶系统的场景中忽视系统发出的警报或完全依赖系统进行车辆操作而放弃自身的观察和控制，都可能导致事故的发生。在这些情况下，驾驶人需要承担责任。

为了确保安全，驾驶人应当定期接受有关辅助驾驶系统的培训，以便更好地理解这些系统的操作和限制。同时，车辆制造商和销售商也应当提供详尽的用户手册和培训材料，帮助驾驶人正确使用辅助驾驶功能。

在智能网联汽车的时代，软件的不断更新和升级已成为确保车辆辅助驾驶系统性能和安全性的核心要素。这些更新和升级可能包括安全补丁、用户界面改进、新功能在线升级的添加、性能优化、修复系统漏洞等。厂商通常会通过 OTA 提供软件更新和升级,[1] 使驾驶人能够在连接网络的情况下直接在车辆中接收并安装新的系统版本、更新应用程序等。

因此，智能网联汽车的驾驶人应当及时关注车辆的软件更新通知，按照厂商的指导进行必要的系统更新，以确保辅助驾驶系统的最新功能和最佳性能，及时修复可能存在的安全漏洞，提高

---

〔1〕《汽车软件升级通用技术要求》（GB 44496 – 2024）第 3. 3 条：在线升级（Over – the – Air update，OTA update），也称远程升级，指通过无线方式而不是使用电缆或其他本地连接方式将升级包传输到车辆的软件升级。

车辆对潜在威胁的防御能力，并且使车辆适应不断变化的交通环境和法规要求，确保车辆始终符合最新的安全标准。

驾驶人应当将软件更新视为车辆维护的重要部分，就像定期检查轮胎压力和更换机油一样。通过保持车辆软件的最新状态，确保软件在提供便利的同时，也确保辅助驾驶系统的性能和安全性。若驾驶人长期不更新系统，或使用了未获得厂商认可的第三方改装软件，因而导致系统异常，驾驶人需对由此产生的不利后果承担相应责任。

5. 车辆所有人有义务确保车辆处于适宜运行状态

车辆所有人有责任确保其车辆始终处于适宜运行的状态。在使用智能网联汽车之前，驾驶人应当检查车辆的性能状态，确认不存在明显不适于使用的情况。此外，驾驶人应熟悉车辆的各项操作，并确保辅助驾驶系统的及时更新和升级。

从运营安全角度来看，驾驶人需确保车辆技术状态适用，这包括对轮胎、制动系统、灯光等常规项目的检查，以及对辅助驾驶功能传感器校准和软件版本的关注。若车辆传感器故障未及时维修而驾驶人仍启用辅助驾驶功能，或未响应制造商发布的安全召回或警示信息，一旦发生事故，驾驶人将承担相应的过错责任。

为降低风险，车辆所有人和驾驶人应定期查看厂商的最新通知，包括软件更新、召回信息和维护指南，以保持车辆最佳性能并遵守交通法规，确保道路安全。

6. 驾驶模式的认定及争议

随着辅助驾驶级别的提高，进入 L3 级别的有条件自动驾驶后，在司法实务中，事故发生时车辆究竟处于人工驾驶模式还是辅助驾驶模式，也将成为责任认定的核心争议点。事故发生后，驾驶人往往主张事发时启用了辅助驾驶功能，以减轻自身责任。

但经调取车辆数据后，发现车辆实际处于驾驶人控制之下。

因此，需要明确事故发生时车辆是完全由驾驶人手动控制，还是在辅助驾驶模式下运行。要知道，辅助驾驶系统虽然具备诸多便利功能，但它的存在本身并不意味着排除了人工驾驶的可能性，驾驶人依然可以随时接管车辆控制。因此，必须判定事故发生时辅助驾驶系统是否处于活跃状态，驾驶人是否在使用过程中主动切换回到人工驾驶模式。如果驾驶人自始至终都未曾启用辅助驾驶模式，又或者在启用后主动接管了车辆的控制权，那么很显然，车辆的操控权属于驾驶人，相应地，事故责任自然也应当由驾驶人承担。

在众多实际案例中，常见驾驶人事后坚称事故发生时处于辅助驾驶模式，但通过调取车辆数据，却发现当时车辆实际处于驾驶人全面控制之下。例如，驾驶人声称在事故发生时启用了自动跟车功能，但车辆后台数据显示"油门、制动踏板均由驾驶人操作"，并未切换至辅助驾驶进行控制。

在这类情况下，车辆数据成为关键证据，车辆数据的保留和鉴定对责任划分尤为重要，不仅涉及技术分析，还关系到法律证据的适用。倘若驾驶人不能提供强有力的反证来反驳车辆数据所呈现出的事实，那么司法机构通常会依据车辆数据来判定实际的驾驶模式，进而对事故责任作出认定。

7. 过度依赖辅助驾驶系统的风险

辅助驾驶系统的设计初衷是提高行车安全性，许多用户将其视为减轻驾驶疲劳的利器。例如，在长途旅程中，驾驶人借助自适应巡航功能，能够在一定程度上解放双脚，不用时刻踩着电门踏板控制车速，让驾驶变得相对轻松。然而，部分驾驶人对辅助驾驶系统产生了不当依赖，错误地将其等同为全自动驾驶或无人驾驶，这种误解往往导致驾驶人在心理上放松了应有的警惕，自然而然地减少了对道路状况的关注，甚至在车辆行驶过程中进行与驾驶无关的活动。例如，驾驶人在开启了辅助驾驶系统后，便盲目地放任车辆自行行驶，全然不顾道路上随时可能出现的各种状况。有的驾驶人在高速公路上开启了智能辅助驾驶功能后便觉得万事大吉，堂而皇之地拿起手机开始刷短视频、回消息，根本不看前方的路况。

一旦遇到突发状况，如前方车辆突然紧急刹车或者行人违规横穿马路，驾驶人因分心无法及时做出准确判断和反应，显著增加了事故发生的风险。在实际的行车过程中，已发生多起因过度依赖辅助驾驶系统而导致的事故被报道。

针对这一现象，相关立法和司法部门已多次强调，当前辅助驾驶系统在 L2 级别与 L3 级别之间仍存在显著差距。例如，L2 级别的辅助驾驶系统虽然能够实现诸如自动跟车、自动保持车道等部分功能，但它依然要求驾驶人时刻保持驾驶状态、保持对车辆的监控，随时准备接管车辆控制权；L3 级别虽然在一定程度上允许驾驶人在特定条件下脱手驾驶，但也有严格的场景限制和法规要求。任何宣称“可完全脱手驾驶”的表述或宣传，若无相应技术和法规的支撑，驾驶人均不可轻信。

驾驶人应充分了解辅助驾驶系统的实际功能和局限性，保持必要的注意力和控制权，确保行车安全。此外，汽车制造商和监管机构亦需加强对辅助驾驶系统功能和使用规范的宣传教育，避免因系统误用导致的安全隐患。只有在驾驶人正确使用辅助驾驶系统的前提下，才能真正发挥其提升行车安全的作用，减少事故发生的风险。

在因过度依赖辅助驾驶系统导致的交通事故中，事故责任的认定通常涉及多个方面，包括驾驶人的操作行为、辅助驾驶系统的性能以及其使用规范等。在司法实践中，法院通常会综合考虑驾驶人的操作行为、辅助驾驶系统的功能表现及其在事故发生时的具体应用情况作出责任认定。

8. 避免混淆辅助驾驶与自动驾驶

辅助驾驶系统与自动驾驶系统存在本质区别，混淆这两者不仅容易导致公众和驾驶人的误解，还可能在事故责任认定中产生重大偏差。有学者指出，辅助驾驶并非自动驾驶，以中国首例某公司“自动驾驶事故”为例，媒体和舆论在热议中常将其称为自动驾驶事故，并以此分析自动驾驶汽车的责任问题，这明显混淆了自动驾驶与辅助驾驶的概念。[1]

术语的误用或对技术能力的夸大，导致在发生事故时出现不合理的责任判断。与此同时，这种混淆还加大了汽车制造商的舆情压力和名誉受损的风险。如果公众普遍认为制造商的车辆具备误导性的自动驾驶功能，并因此导致事故频发，制造商可能会遭遇信任危机，其品牌形象和市场地位可能遭受严重损害。尽管汽车制造商致力于提供创新和安全的驾驶技术，但外界的误解和不当期望可能会对他们的努力造成阻碍。

随着更多高级别辅助驾驶产品进入市场，如何准确区分和宣传辅助驾驶与自动驾驶的功能和限制，将成为立法和公众教育的重要议题。因此，明确区分这两者不仅有助于正确理解和使用相关技术，也为事故责任的公正认定提供了基础。媒体在报道相关技术和事故时，应严格区分辅助驾驶与自动驾驶，避免使用模糊或夸大的术语，确保公众获取准确的信息，减少误解和不合理的责任归属。

综上所述，辅助驾驶与完全自动驾驶在法律责任和技术原理上存在本质区别。在当前技术和法规尚处于发展阶段之际，驾驶

〔1〕 参见郑志峰：《自动驾驶汽车的私法挑战与应对研究》，中国法制出版社2022年版，第139页。

人依然需承担主要的注意义务和操作责任，不能将车辆的辅助功能误认为无人驾驶或全自动驾驶。明确车辆的驾驶自动化等级、了解辅助驾驶功能的适用范围、保持对道路环境的有效监控以及及时接管车辆，是驾驶人应遵循的基本原则。

同时，厂商也负有持续完善技术方案、提供详尽的产品使用说明，并及时发布安全提示或软件更新，以帮助驾驶人正确使用智能网联车辆的重要责任。制造商应确保辅助驾驶系统的设计符合安全标准，并在用户手册中明确说明系统的功能、操作要求及其局限性，避免因信息不对称导致的误用。

随着自动驾驶技术和相关法律制度的进一步成熟，责任划分和认定方式也将迎来更加系统化的调整。这不仅有助于实现事故责任的公正认定，还将促进智能驾驶技术的健康发展，保障行车安全和法律公正。为此，立法机构、监管部门、媒体以及汽车制造商需要紧密合作，确保公众正确理解和使用智能驾驶技术，减少因技术误解引发的安全隐患和法律纠纷。

媒体在传播智能辅助驾驶技术相关信息时，应承担起准确报道和科普教育的责任，避免术语混淆和信息误导，减轻厂商的舆情压力和名誉受损的风险。

通过明确责任分工、加强公众教育和驾驶人培训、优化系统设计以及完善法律法规，可以有效减少因辅助驾驶与自动驾驶混淆而导致的事故风险，提升整体交通安全水平，为智能驾驶技术的未来发展奠定坚实基础。

（三）司法实践中的相关案例

案例4－1 美国 Ms. M et al. v. T. Inc. 产品责任纠纷案[1]

1. 案件事实

一辆某公司生产的小型新能源汽车在加利福尼亚州河滨县高速公路上以65英里（约105公里）时速行驶时发生单车事故，车辆冲出车道撞上了棕榈树。事后，原告M女士及相关方代表向法院提起民事诉讼，声称某公司的自动驾驶辅助系统存在缺陷导致了这起事故的发生。

2. 双方主张

原告认为，在事故发生时，案涉车辆的自动辅助驾驶系统因设计缺陷突然失控，未能充分考虑复杂驾驶条件下的安全风险，缺乏必要的冗余设计和安全措施，导致系统无法及时提醒驾驶员或采取安全规避措施。此外，原告还主张车辆在制造过程中存在偏差，导致系统运行故障，直接引发事故。原告要求被告赔偿经济损失、精神损害赔偿及惩罚性赔偿，认为被告未能充分保证自动辅助驾驶系统的安全性，存在重大过失。

被告某公司否认系统存在任何缺陷，事故发生时系统正常工作。被告指出事故发生时，驾驶人存在酒后驾车和超速行为，这是导致事故发生的主要原因。被告还辩称，无证据证明辅助驾驶系统在事故发生时处于激活状态，强调车辆设计符合安全标准。同时，被告强调，该辅助驾驶系统为L2驾驶辅助系统，公司已明确告知用户，使用辅助驾驶系统时驾驶人不得完全依赖该系

---

〔1〕一审法院 Riverside County Superior Court，案号 RIC2002469，2023年12月6日作出判决；上诉法院 4th Appellate District Division 2，案号 E082987，2024年2月2日驳回上诉，2024年4月5日正式结案。https：//appellatecases. courtinfo. ca. gov，2025年1月8日访问。

统，仍需保持注意力集中，始终手握方向盘，随时准备接管车辆，驾驶人需对车辆操作承担最终责任。

3. **法院认定**

法院在审理过程中分析了驾驶员的监督义务、自动辅助驾驶系统的运行状况，以及双方的专家意见。最终裁定被告的车辆不存在制造缺陷，认为驾驶员应承担最终责任，驳回了原告的全部诉讼请求。法院认定，案涉辅助驾驶系统在事故发生时并未证明存在缺陷，且驾驶员的酒后驾驶行为是导致事故的主要原因。陪审团认为，尽管辅助驾驶系统在事故发生时有一定的辅助作用，但最终责任仍在于驾驶员未能正确操作车辆。

4. **案例启示**

此案的判决对于智能网联汽车行业而言，有着不容忽视的重要意义。法院清晰且明确地界定了在自动驾驶辅助系统启用的情况下，驾驶员依然需要承担主要的驾驶责任，着重强调了人机协作在整个驾驶过程中的关键作用。

该判决也反映出现行法律框架在应对新兴技术时的适应性。尽管智能网联汽车技术迅速发展，法律体系仍需不断完善，以更好地应对技术带来的复杂责任划分问题。该案例促使法律界和汽车行业更加关注自动驾驶技术的安全性和用户责任，推动相关法律法规的进一步完善。

在本案中，为了在满足案件审理需求的同时保护被告的商业机密，法院采取了一系列严格的保密措施，这些措施在平衡数据披露与机密保护方面具有重要的参考价值。

首先，法院对数据的披露范围作出限制性规定。被告披露的数据仅限于案件审理使用，原告及其法律团队被要求签署保密协议，明确禁止将数据用于其他商业或公众用途。保密协议对数据的使用范围、访问权限、销毁要求及违规后果进行了明确规定，以确保数据的合法使用和安全性。对于涉及系统源代码、算法逻辑及传感器设计等高敏感性数据，法院允许被告申请豁免披露，明确这些数据与案件分析无直接关联，无需向对方或公众公开。

其次，法院对数据访问设置了严格的权限控制。高敏感性数据仅允许指定的法律和技术专家在受控环境下访问，且不得复制或存储。这些访问通常限定在特定的法庭场所或第三方数据托管设施中，以确保数据不会因不当存储或传播而泄露。对于其他技术性文件，法院允许被告通过“红线审查”对文件中的敏感内容进行编辑（redaction），由法院审核后决定最终披露内容，进一步减少不必要的商业信息披露。

在技术层面，被告对披露的数据实施了加密处理，并设置追踪机制，以监控数据的访问和使用情况。任何未经授权的访问都会触发警报，相关责任人将受到法律追究。这一技术措施不仅提高了数据管理的安全性，也为事后审查提供了重要依据。

此外，为确保案件审理的公正性与保密性，法院指派了独立的第三方技术专家对被告提交的系统运行记录和相关技术数据进行评估。这些专家需签署独立保密协议，明确不得泄露任何与案件无关的信息，并承担严格的法律责任。这一机制有效避免了双方直接对抗带来的信息失衡问题，同时确保数据分析的客观性与科学性。

最后，在案件审理结束后，法院要求所有披露的数据按照协议进行销毁或归还被告，整个过程由法院监督完成。这一规定不仅能防止数据的后续滥用，也体现了对企业核心利益的高度保护。

这些保密措施从法律规范、技术保障到操作流程都具有相当高的参考价值，通过限制性披露、权限控制、独立审查和数据分类保护等多层次机制，既可满足司法审判对证据透明的需求，又能最大限度地保护企业机密信息，为科技与法律的平衡提供一条可行路径。我国法院在审理涉及高科技企业机密的案件时，类似措施的应用将有助于提升案件审理的公正性和效率，同时营造更加安全的商业和创新环境。

案例4-2 王某、刘某等与郑某等机动车交通事故责任纠纷案[1]

1. 案件主要事实

本案为一起多车交通事故引发的损害赔偿责任争议。事故发生前，被告郑某驾驶一辆小型越野客车并开启了自适应驾驶模式，车速为116公里/小时，在行驶过程中与停在从左侧数第一条车道的于某的小型轿车发生碰撞，导致该车辆再次与靠近中央护栏的另一车辆发生相撞，导致人员伤亡。

另查交警部门记载的询问笔录，被告自述，其认为开启自适应巡航功能的车辆会自动规避前方车辆，在事故发生时“有点走神”“在想事情”。

2. 法院认定

郑某在驾驶过程中，未时刻关注交通状况和道路环境，自适应巡航只是辅助驾驶功能，不是自动驾驶功能，其因疏忽大意误以为开着自适应巡航车辆会自动规避，导致事故发生，存在未注意行车安全、疏忽大意的过错，应承担相应的赔偿责任。最后，法院综合事故各方的车辆性能、造成危险局面的成因、危害回避能力的大小、造成损害后果的原因等具体情况，对被告郑某、于某的赔偿比例进行了判决。

3. 案例分析和启示

本案揭示了辅助驾驶功能的辅助性与驾驶员应尽的注意义

[1] 参见山东省五莲县人民法院（2022）鲁1121民初2301号民事判决书。

务。驾驶员应当正确理解并认识辅助驾驶系统具有的局限性，不应过度依赖辅助驾驶功能，而忽视自己的驾驶职责，驾驶员仍应在驾驶过程中保持对道路和周围环境的监控，始终准备接管控制车辆，以应对潜在的风险和突发状况。在现阶段，辅助驾驶系统仅能够在一定程度上减轻驾驶员的操作负担，但不能完全替代驾驶员，驾驶员的谨慎和专注仍是确保道路安全的关键。

案例 4－3 孙某危险驾驶案

1. 案件主要事实

孙某驾驶一辆小型新能源汽车，开启辅助驾驶功能，行驶于G15 沈海高速时追尾前车，造成本人受伤、车辆及路产受损的道路交通事故。后经司法鉴定，孙某血液中的酒精浓度为 119mg/100ml，符合醉酒驾驶的标准。且孙某未按照操作规范进行安全驾驶、未取得合格驾驶证。

2. 法院判决

检察院对孙某提起公诉后，法院最终以危险驾驶罪判决孙某拘役 3 个月，并且处以罚金 6000 元。

3. 案例分析和启示

辅助驾驶不等同于自动驾驶，过度依赖汽车智能系统，忽视驾驶员的主观能动性在安全驾驶中的作用，是导致上述事故发生的主要原因。

目前，我国对驾驶自动化的分类共有 6 个等级，除部分试点道路外，普遍使用的辅助驾驶系统仍为 L2 级，也就是说，虽然现代智能汽车可能具备自适应巡航控制（ACC）和车道保持辅助（LKA）等功能，但仍然要求驾驶员保持对车辆的掌握和控制，进行外围监控并保持驾驶状态。换言之，辅助驾驶系统虽然能够优化驾驶体验，但并不等同于完全自动化驾驶，仍需驾驶员时刻保持专注，遵循安全操作规范，不能因开启辅助驾驶模式而产生侥幸心理或放松警惕。若驾驶员饮酒后驾驶车辆引发事故，即使车辆在辅助驾驶模式下行驶，仍应视为驾驶员是在醉酒状态下驾驶车辆。因此，孙某的行为属于酒后驾驶，构成刑法规定的危险驾驶罪。

二、数据的真实性、可靠性及其在法庭上的可采性

在智能网联汽车辅助驾驶引发的事故争议中，当事人（包括车辆所有人、驾驶人与车辆制造商）往往对同一份事故数据的解释存在分歧，各执一词，从而引发对数据与实际事故情节间对应性的争议。此种对应性分析的核心在于：如何将客观记录的车辆数据（包括速度、转向角度、传感器识别信息、刹车与加速指令、车辆控制系统日志等）与当时的道路环境、气候条件、驾驶者操作行为、外部交通参与者动作，以及事故发生的具体时点、位置、力度相互映射，从而在法律层面形成对事实本原的清晰还原。

（一）数据在证据链中的地位

在审理涉及智能网联汽车辅助驾驶的案件时，数据的地位和作用类似于传统证据，但其特有的技术性质使其在证据链中的地位尤为重要。具体来说，数据在证据链中的地位体现在以下几个方面。

1. 数据在智能网联汽车事故中的关键作用

在智能网联汽车相关事故中，车辆生成的数据往往是判定案件的核心证据之一，这些数据包括车速、转向角度、传感器识别信息、刹车与加速指令、车辆控制系统日志等，能够详尽记录事故发生时的车辆状态和操作行为。因此，数据在许多情况下可以

作为主要证据，具备高度的法律效力。辅助驾驶数据可以帮助确定事件的基本事实，如事故发生时的速度、位置、驾驶人是否接管控制等，为判定责任归属，尤其是在交通事故中的责任归属，提供了客观的技术证据。例如，车速记录能够直接反映事故发生时车辆的行驶状态，从而辅助判断是否存在超速行为。

在智能网联汽车事故处理中，数据发挥着至关重要的作用。虽然单一的数据源通常不能作为唯一的判定依据，但当与事故的监控视频、行车记录仪数据、目击者证言等其他证据结合使用时，可以共同推断出事故发生的原因和责任。多源数据的交叉验证不仅可以提高证据链的整体可信度，还能有效减少因单一证据可能带来的偏误。

2. 技术解释和专家证人

由于智能网联技术的复杂性，数据通常需要技术专家进行分析和解释。在法庭上，专家证人可以解释数据背后的技术原理和实际意义，帮助法院理解数据是否充分支持案件的主要事实。例如，专家可以解释传感器识别信息的工作机制，分析车辆控制系统日志中的异常情况，从而提供专业的技术支持。此外，相关技术解释或专家证人的意见，亦往往以数据鉴定报告的形式呈现在法庭。

3. 数据链条的完整性

智能网联汽车的数据涉及多个来源和传输环节，确保数据链条的完整性和连续性是关键。任何环节的断裂或篡改都可能影响数据的可信度和法律效力。智能网联汽车的数据通过云平台进行实时分析和存储，确保数据的完整性和不可篡改性，为法律判决提供坚实的证据支持。

4. 数据的时效性

智能网联汽车的数据具有高度的时效性，能够实时反映事故发生前后的车辆状态。这种实时性使数据在重建事故过程、分析事故原因时具有独特的优势。因此，如何高效地采集和处理这些时效性数据，对于事故取证和责任认定具有重要意义。

（二）数据来源与真实性校验

1. 数据一致性比对及真实性校验

确保数据的可信度是数据与事故情节对应的首要前提。如前文所述，智能网联汽车的数据主要来源于三个平台：车载终端、企业平台和政府的公共平台，后者包括国家平台和地方平台，由相关政府部门授权管理和运营。车载终端实时生成的数据，如车辆位置、驱动电机数据等，首先被上传至企业平台，随后企业平台将部分数据上传至公共平台。这些平台通过通信协议进行数据的上传和交换。

根据GB/T 32960《电动汽车远程服务与管理系统技术规范》的建议，车载终端的数据应至少保留7天不被覆盖，而地方性标准如上海市地方标准DB31/T 634－2020《电动乘用车运行安全和维护保障技术规范》要求企业平台数据需存储6年以上。因此，在事故发生后，迅速提取和保存车载终端数据至关重要，以避免数据被覆盖。

鉴于公共平台上存储的数据有限，且通常不对外开放查询调取，企业平台记录的全面数据在事故鉴定和责任认定中显得尤为关键。如果案件当事人对于企业平台数据的真实性存在争议，法院可委托鉴定机构进行鉴定。鉴定机构通过比对车载终端数据和企业平台数据来验证数据的真实性。此外，鉴定机构还可以通过对车载终端数据、企业平台数据和公共平台数据的数据流进行一致性鉴定，来进一步验证数据的真实性。在车载终端数据缺失的情况下，鉴定机构亦可通过比对企业平台数据和公共平台数据、结合对企业平台系统的真实性鉴定（即系统历史记录是否存在篡改）以交叉验证数据的真实性。在某些情况下，也可考虑直接以车载终端数据为分析和鉴定基础以排除各方对企业平台数据真实性的争议。

此外，根据强制性国家标准《汽车事件数据记录系统》（GB 39732－2020）规定的 EDR 汽车事件数据记录系统，在发生“满足触发条件”的碰撞事件时，会触发相关碰撞事件的记录功能。EDR 数据可与车载终端数据、企业平台数据配合，对事故原因的查明起到关键参考作用。

车辆数据也可与其他证据（如事故现场的监控录像、目击者证词、物理证据等）进行比对，以确保数据的真实性。例如，车辆数据记录的速度数据如果与事故现场监控录像中的车辆速度相吻合，则可以进一步确认数据的准确性。

2. 数据解释的专业视角与多方证据结合

对数据与事故情节进行对应性分析，往往需要专业技术人员与交通事故鉴定专家的参与，以技术性解读辅以法律逻辑判断。专家可根据辅助驾驶功能的特定功能逻辑与边界，对数据中某项参数的变化原因、时序逻辑进行解释。同时，与传统事故证据（如目击证人证言、监控视频、路面痕迹、天气报告）相互印证，有效帮助司法人员综合评判数据的解释力度与可信度，从而厘清系统故障、驾驶者不当操作或道路环境异常对事故的贡献度。

当事双方对数据的对应性与解释出现根本分歧时，可通过法庭质证、专家辅助说明、独立鉴定等方式解决。在此过程中，法院可能要求数据提供方详细说明数据来源、传输方式、处理算法，并提供备份、版本信息与元数据以确认数据的完整性和正确性。若分歧仍然存在，法院可委托第三方鉴定机构从技术与专业角度出具鉴定报告。通过程序性的安排与多方参与，为最终认定数据与事故情节的对应关系提供更加公正、客观的基础。

数据与事故情节的对应性分析，其法律意义在于为事故责任认定、产品质量鉴定、驾驶者行为判断及制造商系统可靠性评估提供关键依据。如果数据清晰、可信地还原出事故发生的全过程，并能与外部客观证据相吻合，则可为法院准确划分产品瑕疵、驾驶失误、第三方干扰等因素提供有力支撑，从而在法律层面保障事故责任分配与纠纷处理的公平正义。

3. 数据的完整性与不可篡改性

确保数据的完整性与不可篡改性是数据真实性校验的重要环节。智能网联汽车的数据采用加密技术等手段，确保数据在传输和存储过程中不被篡改，数据链条中的每一环节都应记录详细的车辆日志，以便在需要时追溯数据的来源和变更过程，数据存储亦应采用防篡改的存储介质和备份机制，防止数据因设备故障或人为干预而丢失或被修改。2024 年 8 月 23 日发布、将于 2026 年 1 月 1 日实施的强制性国家标准《汽车整车信息安全技术要求》（GB 44495－2024）对汽车信息安全管理体系作出明确规定，例如，要求“车辆应采取安全访问技术或安全存储技术保护存储的对称密钥和非对称密钥中的私钥，防止其被非授权访问和获取。车辆应采取安全访问技术、加密技术或其他安全技术保护存储在车内的敏感个人信息，防止其被非授权访问和获取”。

4. 数据的法律效力与证据规则

不同国家和地区对电子数据作为法律证据的效力有不同的规定。在我国，《民事诉讼法》和《电子签名法》等法律法规以及《最高人民法院关于民事诉讼证据的若干规定》等司法解释，对电子数据的证明力、取证程序和鉴定要求进行了详细规定。

智能网联汽车产生的数据，作为电子数据的一种，必须遵循这些法律法规的要求，包括确保数据的收集、存储、处理和传输符合法律规定，以及在必要时能够提供充分的证据支持。确保数据在法律程序中的合规性，是其在法庭上被采纳的重要前提，这对事故责任认定、产品质量鉴定、驾驶者行为判断及制造商系统可靠性评估等多个方面都具有重要意义。

（三）数据解读的技术挑战

在智能网联汽车辅助驾驶系统的发展过程中，数据解读面临多方面的技术挑战，主要体现在以下几个方面。

1. 数据的复杂性与多样性

辅助驾驶系统的数据通常非常复杂，种类繁多，来源于不同记录模块，包括但不限于车辆传感器数据（如车速、加速度、转向角度），环境感知数据（如摄像头、雷达、激光雷达采集的道路状况信息），车辆内部状态数据（如电机状态、刹车系统数据）等。不同来源数据因采集频率不同可能无法一一对应，例如，车辆的车速数据和刹车数据的采集频率可能不同，导致两者在时间轴上的对齐存在偏差。需要进一步了解背后的物理和逻辑机制，才能有效还原事故原因。

2. 传感器故障或数据丢失

智能网联汽车高度依赖各种传感器的正常运行。一旦传感器发生故障或者数据传输过程中出现某些数据丢失，可能导致关键数据的缺失或错误。如何判断这些数据缺失或错误对事故分析的影响，也是技术分析中的关键问题。此时可能需要结合其他来源的数据或者证据对于事故查明综合进行查明、补充。

3. 算法透明性与可解释性

随着辅助驾驶技术进入更高阶的自动驾驶阶段，相关功能的许多系统越来越依赖于深度学习和机器学习算法。这些算法通常被视为“黑箱”，其内部工作机制和决策过程难以直观理解。相关机构（如法院）需要对这些算法的可靠性和可解释性有基本的了解，以判断数据和决策过程的合理性。

（四）数据解读的法律挑战

随着智能网联汽车的日益普及，数据解读在法律层面面临诸多挑战。这些挑战不仅涉及证据的基本属性，还涉及数据的处理、专家意见的采纳、数据隐私和法律合规以及法律框架的适应性等。

1. 证据的可接受性

与其他证据一致，数据作为证据应满足基本的真实性、合法性要求。因此，法院在审理案件时，应就数据的来源、采集过程及数据的完整性进行查明，确保数据来源合法，采集过程透明，并且数据在整个流转过程中未被篡改或伪造。具体而言，需要确认数据是否通过合法途径获取，采集过程中是否取得了必要的授权，是否存在侵犯隐私的行为。数据的收集、存储和传输过程需要有明确的记录，包括传感器的校准记录和数据传输的日志等，以保证数据未被篡改。此外，还需采用技术手段如加密技术和数字签名来确保数据的完整性和未篡改性。

2. 专家证人

在智能网联汽车相关事故案件的审理中，法庭可能通常需要依赖技术专家证人的专业知识来解读涉及的复杂技术问题。如何挑选合适的专家，并确保其意见具有法律效力，成为解读数据时的一个关键问题。对于相同的技术数据，不同专家之间可能会存在解读上的差异，法庭如何权衡这些专家证词，辨识和比较各种专业意见，最终作出公正判决，是法律方面的挑战之一。

3. 数据隐私和法律合规

智能网联汽车所生成的数据涉及大量个人数据（如车主的驾

驶行为、路线选择等)，在智能网联汽车事故取证过程中，如何平衡隐私保护与案件审理之间的关系，避免数据泄露或滥用，成为法律界面临的一大难题。数据的收集和使用必须遵循相关的隐私保护法规，涉及个人驾驶行为和位置数据的隐私信息，应在取证过程中严格保护，防止数据滥用和泄露。法院在采纳数据作为证据时，应确保数据的获取和使用符合法律规定，并在必要时对敏感信息进行脱敏处理。

在我国，《个人信息保护法》对个人数据的收集、存储、使用、处理和传输作出了严格的规定。智能网联汽车在处理和获取数据时，必须获得用户的明确同意，并明确告知数据的用途、范围和保存期限。当数据用于法律程序时，应确保符合《个人信息保护法》的相关要求，避免未经授权的数据使用。

《汽车数据安全管理若干规定（试行)》规定，汽车数据处理者在数据采集过程中，应当遵循车内处理原则、默认不收集原则、精度范围适用原则以及脱敏处理原则。同时，汽车数据处理者在处理个人信息和敏感个人信息时，必须符合法律、行政法规和强制性国家标准等要求。

此外，《汽车整车信息安全技术要求》（GB 44495－2024）和《汽车软件升级通用技术要求》（GB 44496－2024）两项强制性国家标准，也对相关技术要求作出了详细规定，以确保智能网联汽车的数据安全和合规性。

4. 数据所有权与责任

在智能网联汽车的数据处理中，由于可能涉及多个利益相关方，数据的所有权和使用权问题尤为复杂。例如，安全气囊的数据可能属于气囊的供应商。车辆制造商需要获得车主的同意，才能访问和使用车辆传感器收集的个人驾驶行为数据。数据提供商和其他服务提供商在处理和分析数据时，也必须在遵守数据保护法规和获得车主授权的前提下，明确自身的权利和义务。

法律框架应明确各方在数据生成、收集、存储和使用过程中的权利和义务，以避免数据使用过程中产生法律纠纷。车主对其个人驾驶行为数据享有隐私权，而车辆制造商和数据提供商在处理这些数据时，必须遵循数据保护法规和车主的授权。在事故发生后，数据处理过程中可能出现的责任问题也需明确划分。若气囊供应商提供的数据因缺陷导致气囊未能正确部署，进而影响事故分析和责任认定，气囊供应商可能需承担相应责任。若数据传输过程中出现错误，致使数据丢失或被篡改，数据提供商或相关服务提供商可能需负责。

5. 跨境数据传输的合规性

在涉及跨境事故的情况下，智能网联汽车的数据可能会涉及跨境传输和存储的问题。在这种情况下，必须严格遵循中国以及相关国家、地区的跨境数据传输法规，确保数据在跨境传输过程中不仅符合数据保护的要求，也满足隐私保护的法律标准。这包括但不限于确保数据的安全性、防止未经授权的访问和数据泄露，以及确保数据在接收国得到适当的保护。

法院在审理涉及跨境事故的案件时，应特别注意数据传输的合法性和合规性。这涉及评估数据是否依法获得了适当的跨境传输授权，是否遵守了数据出口国和进口国的相关法律法规，以及是否获得了数据主体的明确同意。防止因数据传输过程中的不合规操作导致证据被排除，是确保司法公正和效率的关键。此外，法院还需考虑数据在境外的存储地点、存储期限以及数据处理者的责任和义务，确保在整个数据生命周期中，数据的合法权益得到充分保护。

跨境事故案件中的数据管理不仅是技术问题，更是法律问题。它要求法院、车辆制造商、数据服务提供商以及相关监管机构之间进行密切合作，共同确保数据的安全合规跨境流动，以支持事故的准确调查和公正审理。

6. 数据标准化与法律适用

随着智能网联汽车和辅助驾驶技术的迅猛发展，现行的交通法律和保险标准往往未能专门涵盖这些新兴技术，导致在实际应用中面临诸多法律和操作上的挑战。例如，自动驾驶系统的功能边界尚未明确界定，不同厂商和车型之间在自动驾驶功能的实现和表现上存在显著差异，这不仅增加了监管的复杂性，也使法律在评估和责任划分时缺乏统一的标准。此外，自动驾驶算法的标准化问题也亟待解决，当前缺乏统一的算法评估和认证机制，导致不同系统在处理复杂交通情境时的决策逻辑和反应速度不一致，进而影响事故责任的认定和法律适用的公正性。又如，进入L3 级别的有条件自动驾驶，要求驾驶人在系统提示接管时能够及时、安全地恢复对车辆的控制。然而，目前缺乏明确的法律标准来界定“合理的接管时间”如何判断，这使在实际操作中难以评估驾驶员的反应是否符合规范，进而影响事故责任的判定。

这些问题可能需要通过制定新的法律框架或行业规范，明确自动驾驶系统的技术标准和操作规范，包括制定统一的功能划分标准，明确不同自动驾驶级别的责任边界；建立算法评估和认证机制，确保自动驾驶系统在各种交通情境下的决策过程透明且可追溯；制定驾驶员接管行为的法律标准，明确合理接管时间的评估方法和依据。此外，法律和标准的制定应具备前瞻性，能够随着技术的不断进步和演变进行动态调整，以适应未来自动驾驶技术的发展需求。

交通管理部门、技术研发机构、保险公司以及法律专家需要共同参与，通过跨部门和跨行业的协作，确保制定出的标准既具有技术可行性，又能在法律上得到有效实施和执行。

（五）案例分析

案例 4 -4　L4 级别自动驾驶车辆事故调查分析

1. 案件事实

一辆自动驾驶出租车（以下简称自动驾驶车）在美国某市运营期间发生一起交通事故：一名行人因闯红灯被另一辆快速行驶的车辆撞击后抛入自动驾驶车的行驶车道。自动驾驶车的系统触发停车模式，车辆移动约 20 英尺，导致行人被拖拽并受伤。

该自动驾驶车由一家领先的自动驾驶技术公司运营，采用了 SAE Level 4 的自动驾驶技术。这意味着车辆在特定的设计运行范围（ODD）内能够实现完全自动驾驶，无需人为干预。本次事故发生时，车辆处于全自动驾驶状态，车内没有驾驶员。

事故地点为市区一处信号灯控制的十字路口，车流限速 25 英里/小时。现场设有自行车道与机动车道分隔装置，光线条件较弱。

事故发生后，自动驾驶车的运营公司立即启动内部调查，并委托独立的第三方咨询机构进行事故分析和系统评估。[1]

2. 该工程和科学咨询公司对事故的调查过程

（1）数据收集与分析

调查团队收集了大量与事故相关的资料，包括车辆传感器记

[1] Quinn Emmanuel, "REPORT TO THE BOARDS OF DIRECTORS OF CRUISE LLC, GM CRUISE HOLDINGS LLC, AND GENERAL MOTORS HOLDINGS LLC REGARDING THE OCTOBER 2, 2023 ACCIDENT IN SAN FRANCISCO" dated January 24, 2024, https://assets.ctfassets.net/95kuvdv8zn1v/1mb55pLYkkXVn0nXxEXz7w/9fb0e4938a89dc5cc09bf39e86ce5b9c/2024.01.24_Quinn_Emanuel_Report_re_Cruise.pdf，2025 年 1 月 3 日从公司官网跳转：https://www.getcruise.com/news/blog/2024/cruise-releases-third-party-findings-regarding-october-2/。

录、车载摄像头拍摄的视频、系统设计文档和现场勘查记录等，并使用开源数据可视化工具，逐帧重现了事故发生前后自动驾驶车的感知、预测和运动规划数据，对事故进行了技术根本原因分析（Technical Root Cause Analysis）。

（2）事故重建与视频分析

调查团队对车载摄像头捕捉到的外部环境视频进行了详细分析，结合其他传感器数据，重建了事故发生前后的事件序列。调查表明，行人在闯红灯进入路口时被另一辆快速行驶的车辆撞击，随后被抛入自动驾驶车的行驶车道。车辆检测到碰撞后进入停车模式，但因系统未能准确识别行人的具体位置，车辆继续移动了一段距离。

（3）人因工程分析

调查团队还从人因工程学角度评估了此类场景下人类驾驶员的反应能力。结果显示，低光条件与行人的突发行为对任何驾驶模式（人工驾驶或自动驾驶）均构成极大挑战，行人突然被撞击并进入车道的情境尤为复杂。

3. 调查结论和意见

（1）事故原因分析

调查认为，行人闯红灯并被另一车辆撞击抛入自动驾驶车车道是此次事故的直接诱因。由于事件发生极为突然，即便系统能够提前检测到其他车辆与行人之间的碰撞，自动驾驶车与行人发生二次碰撞在当时的条件下几乎无法避免。

（2）后续响应分析

调查显示，自动驾驶车在检测到碰撞后继续移动约 20 英尺，这是因为系统根据检测结果触发了“停车模式”，而非紧急停车。系统未能准确识别行人被撞击后的具体位置，这是导致车辆后续行为不当的原因之一。

（3）系统性能评估

调查未发现自动驾驶车存在硬件或软件缺陷。车辆传感器和算法在事故前的表现符合行业标准，但在极端场景下的决策逻辑仍有优化空间。

4. 案例启示

本案揭示了当前自动驾驶技术在处理极端突发场景时的挑战，指明了未来改进的方向，对行业发展和法律实践具有重要的参考意义。

首先，即使是 SAE Level 4 的自动驾驶系统，其表现仍受到复杂动态场景的限制和影响。例如，本案中行人因违规行为被撞后突然进入车道，属于极端突发事件，任何驾驶模式（包括人工驾驶和自动驾驶）在这种情况下都难以完全规避二次碰撞。尽管自动驾驶车的系统表现符合行业标准，但其决策逻辑在极端场景下仍有优化空间，特别是在碰撞后车辆的响应逻辑中需进一步完善。这表明，未来自动驾驶技术的发展需要重点提升系统在复杂动态场景中的识别与应对能力。

其次，本案凸显了设计运行范围（Operational Design Domain，ODD）的重要性。自动驾驶系统的性能受限于其设计适用的特定场景，如特定的光线条件、道路环境和交通动态状况等。事故发生时的低光环境和多车辆交互场景的复杂性超出了系统的最佳适应范围。这表明未来行业需要在系统开发中更加注重优化运行设计域的边界条件，并通过技术迭代逐步扩大系统适用范围。此外，加强测试流程中极端场景的模拟尤为关键，如行人异常行为、多车辆交互及突发事故情境等，能够帮助提高系统的预测与应对能力。这不仅需要技术层面的进步，也要求基础设施的协同发展。更智能的信号灯系统、清晰的交通标识以及优化的道路设计将为自动驾驶技术的应用提供更好的支持。

本案还反映了企业在事故后的快速反应和改进措施的重要性。运营企业在事故发生后迅速展开调查，并采取积极措施优化系统，体现了对社会责任的重视。未来，行业需进一步完善事故后的信息披露机制，加强透明度和与公众、政府之间的互动。这不仅能增强公众对技术的信任，也为其他企业提供了事故应对的示范。随着行业标准的不断完善，信息披露与改进措施将成为标准化流程的一部分。

本案反映了行人行为和外部环境对道路安全的重大影响。行人闯红灯是事故发生的直接原因，凸显了交通管理和行人教育的重要性。加强交通规则执行、优化信号灯设计和提高公众对道路安全的意识有助于减少此类事故。

此外，行人行为和外部环境因素在道路安全中扮演了重要角色。本案中的事故直接原因是行人违规行为，强调了交通管理和行人教育的重要性。通过加强交通规则执行、优化信号灯设计以及提升公众的交通安全意识，或可有效减少此类事故的发生。同时，城市规划和交通管理部门需与技术企业协作，构建更智能、更安全的交通生态，为自动驾驶技术的发展创造更加理想的条件。未来，随着技术的不断优化、行业标准的完善以及法律框架的明晰，自动驾驶技术将逐步突破现有局限，为社会带来更安全、更高效的出行方式。

三、智能网联汽车附带的其他权益和义务

智能网联汽车的发展不仅提升了车辆的技术水平和用户体验，同时也引入了新的权益和义务。这些权益和义务通常涉及车辆购买或租赁合同中的附加服务和保障条款，涵盖买卖双方在数据服务、软件更新、网络安全等方面的义务和责任，以及解决争议的方式。

（一）智能网联汽车附加服务类型

智能网联汽车的附加服务是指在车辆购买或租赁过程中，除基本交易外，厂商或服务提供方为消费者提供的各种增值服务。这些服务旨在提升用户体验，确保车辆的智能功能正常运行，并保障用户的数据安全。其主要包括但不限于：

1. 软件更新与维护

智能网联汽车依赖于复杂的软件系统来实现自动驾驶、车载娱乐和信息服务等功能。厂商通常承诺在一定期限内提供免费的软件更新和维护服务，以修复漏洞、提升功能和确保系统的稳定性。例如，自动驾驶算法的优化、车载导航系统的更新等。

2. 远程诊断与故障排除

通过车载联网系统，厂商能够实时监控车辆状态，提供远程诊断服务。当车辆出现故障时，技术支持团队可以通过远程连接进行故障排查和初步修复，减少用户的等待时间和维修成本。

3. 数据服务与分析

智能网联汽车生成大量的行驶数据和使用数据，这些数据可用于提供个性化服务，如驾驶行为分析、燃油效率优化和路线推荐。厂商需明确数据的收集、使用和保护方式，确保用户隐私不受侵犯。

4. 网络安全保障

随着车辆联网功能的增加，网络安全成为重要的附加服务内容。厂商需提供完善的网络安全措施，防止车辆系统被黑客攻击或数据泄露。这包括定期的安全评估、漏洞修补和安全培训等。

5. 智能互联服务

智能互联服务包括车载娱乐系统、智能导航、语音控制和物联网集成等，提升用户的驾驶体验和便利性。例如，车辆可以与智能家居设备互联，实现远程控制和信息同步。

6. 道路救援服务

智能网联汽车具备事故自动检测和实时告警功能，当车辆发生事故或出现严重故障时，系统会立即向企业后台发送告警信息。基于这一信息，服务提供方能够迅速启动道路救援程序，包括代为报警、紧急拖车、医疗救援和代步车安排等。这种自动化的救援响应机制显著提高了事故处理的效率和及时性，减少了因等待救援而可能导致的二次伤害。此外，道路救援服务还包括故障诊断和现场应急处理，确保驾驶员和乘客的安全，并尽快恢复车辆的正常运行。

7. 租赁和代步车服务

在智能网联汽车的生态系统中，当车辆出现维修或故障时，系统能够通过实时监控和自动告警功能，迅速通知厂商，厂商及时安排代步车服务，确保用户日常出行不受影响。通过与车辆联网的深度整合，租赁和代步车服务能够高效调度替代车辆，减少因车辆故障带来的出行中断，保障智能网联汽车用户的出行连续性和安全性。

（二）附加服务常见争议

随着智能网联汽车附加服务的多样化，相关争议也日益增多，主要集中在以下几个方面：

1. 服务质量争议

用户可能因附加服务质量不达标而产生纠纷。例如，软件更新后出现新的系统故障，远程诊断未能有效解决问题，均可能引发用户的不满和投诉。

2. 服务时间与响应速度争议

智能网联汽车的附加服务通常承诺一定的响应时间和服务速

度。若厂商未能按时提供软件更新、远程诊断或道路救援服务，用户可能会对服务的及时性提出质疑，要求赔偿或退换服务。

3. 费用透明度与收费争议

附带服务的费用透明度不足，用户可能会遇到额外费用、收费不合理等问题。例如，某些服务可能在未明确告知的情况下附加费用，使用户感到被误导或欺诈。

4. 数据隐私与安全争议

智能网联汽车涉及大量用户数据的收集与使用，若厂商未能妥善保护用户隐私或个人信息数据，将引发法律上的争议。用户可能因个人数据泄露或未经授权的数据使用而对厂商提出诉讼。

5. 软件兼容性与更新问题

软件更新可能导致车辆现有功能失效或与第三方应用程序不兼容，影响用户的驾驶体验和车辆性能。用户可能因此要求厂商提供补救措施或赔偿。

（三）争议解决与法律适用

在智能网联汽车附加服务的争议处理中，合同条款的解释与适用、证据的采纳与审查、法律框架的适用性是关键要点。

1. 合同条款的解释与适用

合同中应明确规定附加服务的内容、服务标准、响应时间和费用结构，避免模糊不清或存在歧义的条款。例如，明确软件更新的频率和内容、远程诊断的响应时间以及数据使用的范围和保护措施。若合同条款不明确，法庭通常会依据公平和诚信原则进行解释，确保双方权益的平衡。

2. 证据的采纳与审查

在争议审理过程中，需依赖详细的服务记录和技术证据。例如，软件更新日志、远程诊断记录、网络安全评估报告等，能够证明厂商是否按照合同约定提供了相应的服务。此外，用户的投诉记录、通信记录（如邮件、电话录音、短信等）可证明厂商与用户之间的沟通与协商情况。第三方技术鉴定报告也能作为重要证据，帮助法庭准确评估服务质量和责任归属。

3. 法律框架与行业标准的适用

智能网联汽车涉及的数据保护、网络安全和消费者权益等多方面的法律法规。厂商需遵守相关法律法规，确保附加服务的合法性和合规性。同时，国家和行业标准以及技术规范也需得到遵循，以提升服务的标准化和专业化水平。

4. 责任分配与赔偿机制

认定责任分配时，需综合考虑厂商的服务承诺、实际服务履行情况以及用户的使用行为。如果厂商未能按合同约定提供高质量的附加服务，需承担相应的法律责任和赔偿义务。同时，若用户的过失行为导致服务问题，责任也需相应划分，确保赔偿机制的公平性和合理性。

四、车辆登记所有权人和实际使用权人的分离

在智能网联汽车时代，一辆车可能同时绑定多个使用权人，涉及租赁、共享、平台使用等多种形式，使所有权与使用权的分离现象更加普遍和复杂。这种分离不仅对法律责任的划分提出了新的要求，而且对现有法律框架的适用性和完善性提出了挑战。

（一）所有权与使用权分离的法律影响

在智能网联汽车时代，车辆所有权与使用权的分离不仅限于租赁和借用，还包括通过共享平台、多用户绑定等新型使用模式。这种分离导致原先因车辆而一体的所有权和使用权被打破，在发生交通事故或车辆故障时，责任的界定变得更加复杂。例

如，在共享出行平台上，一个车辆可能在一天内服务多个用户。这种多用户绑定需要明确每个使用权人的责任范围，同时确保数据的安全和隐私保护。法律需规定如何在多用户场景下管理和分配事故责任，确保每个使用权人的权益得到保障。

根据《民法典》第 1209 条的规定，在机动车交通事故纠纷中，“因租赁、借用等情形机动车所有人、管理人与使用人不是同一人时，发生交通事故造成损害，属于该机动车一方责任的，由机动车使用人承担赔偿责任；机动车所有人、管理人对损害的发生有过错的，承担相应的赔偿责任”。在智能网联汽车的使用场景下，这一规定同样适用。例如，若共享平台上的用户在驾驶智能网联汽车时发生事故，需依据其使用行为是否符合平台规定及其操作是否存在过错来确定责任归属。

此外，《最高人民法院关于审理道路交通事故损害赔偿案件适用法律若干问题的解释》（2020 年修正）第 1 条规定，“机动车发生交通事故造成损害，机动车所有人或者管理人有下列情形之一，人民法院应当认定其对损害的发生有过错，并适用民法典第一千二百零九条的规定确定其相应的赔偿责任：（一）知道或者应当知道机动车存在缺陷，且该缺陷是交通事故发生原因之一的；（二）知道或者应当知道驾驶人无驾驶资格或者未取得相应驾驶资格的；（三）知道或者应当知道驾驶人因饮酒、服用国家管制的精神药品或者麻醉药品，或者患有妨碍安全驾驶机动车的疾病等依法不能驾驶机动车的；（四）其它应当认定机动车所有人或者管理人有过错的”。该规定进一步明确了在特定情形下，机动车所有人或管理人因过错应承担赔偿责任，为智能网联汽车的所有权与使用权分离情况提供了法律依据。例如，在共享出行平台模式下，当机动车交通事故发生时，如果事故是由于机动车所有人或管理方的过错（如软件缺陷）引起的，那么车辆所有人或管理方需要承担相应的赔偿责任。

因此，如果交通事故是由机动车的使用人（如承租人、借用人等）造成，并且使用人是事故的直接责任方，那么由使用人承担赔偿责任；如果机动车的所有人或管理人存在过错（如未能确保车辆的安全性，未对车辆进行必要的检查与维护，或者未告知使用人车辆的缺陷等），导致交通事故的发生，那么所有人或管理人应当承担相应的赔偿责任。

有学者认为，在我国现行法下，为适应向自动驾驶时代过渡过程中的事故责任分配问题，可以将机动车道路交通事故责任的主体从驾驶人扩及机动车保有人，并且要求其承担以机动车风险为基础的责任。引入机动车保有者的危险责任，也有利于驾驶人在车辆由自动系统接管时依乘客身份获得救济。[1]

（二）租赁与借用场景的区别

虽然租赁和借用在责任划分上有很多相似之处，但在智能网联汽车的背景下，两者在具体操作和法律关系上仍存在一些显著区别。

1. 法律关系不同

在租赁场景中，通常涉及的是一个具有法律约束力的合同，租赁人将机动车租给使用人，并收取租金。租赁关系一般较为明确，使用人负有按合同约定使用和维护车辆的义务。例如，共享出行平台上的租赁服务，用户需遵守平台的使用规范，并在租赁期内对车辆进行合理使用和维护。

在借用场景中，通常是基于信任关系，借用人暂时使用他人车辆，往往没有明确的书面合同，且没有租金支付。这种关系较

---

〔1〕 参见冯珏：《自动驾驶汽车致损的民事侵权责任》，载《中国法学》2018年第6期。

为松散，往往不涉及专业的车辆管理或维护义务。例如，亲友之间的临时车辆借用，通常不涉及复杂的法律责任划分。

2. 车辆使用性质不同

在租赁场景中，智能网联汽车可能被用于商业用途，如网约车服务，这使车辆的使用性质发生变化。保险公司在此情况下可能认为该车辆的性质发生了改变，认为其为营运车辆，作为商业用途使用，进而影响保险条款的适用，甚至在发生交通事故后拒绝赔付。

相比之下，借用车辆的性质一般保持不变，因为借用人仅是暂时性使用，且多为个人用途，不涉及营利性质。因此，保险公司通常不会因使用性质变化而调整保险责任，也不能在发生交通事故后拒绝赔付。

第五章

结论与展望

一、智能网联汽车的法律发展

智能网联汽车作为汽车产业革命性突破的产物，在技术特征和运行模式上具有特殊性，不仅改变了传统的汽车技术和产业，也对现行法律体系提出了新的适应性需求。目前我国主要通过政策引导和分散立法推进相关制度建设。考虑到智能网联汽车的技术发展尚处于动态调整期，国家层面暂未制定专门的法律，而是在现有法律框架下，以工业和信息化部等部委发布的行政规范性文件为主要指导，并结合地方立法先行先试的试点经验逐步完善，这种方式为后续的智能网联汽车统一立法，修订相关法律，以及进行政策补充和技术标准更新均留下了灵活调整的空间。

1. 国家层面

2021 年 7 月 30 日，工业和信息化部发布《关于加强智能网联汽车生产企业及产品准入管理的意见》。该意见主要针对智能网联车辆重点问题，对通用性要求作出了相关规定，适用于智能网联汽车生产企业及产品。首先，该意见明确指出了智能网联汽车生产企业的主体责任，即应加强对汽车网络安全、数据安全、功能安全、预期功能安全和软件升级的管理，确保生产一致性和产品质量。其次，该意见规定了网络安全和数据管理能力方面的相关要求。这些要求包括，依法履行数据安全保护义务，建立汽车数据安全管理制度，加强对个人信息与重要数据保护，实行数据分类分级管理；依法依规落实数据安全风险评估、数据安全事件报告等要求，同时构建数据安全保护技术措施，确保数据持续处于有效保护和合法利用的状态。再次，该意见还针对具有在线升级功能的汽车产品企业提出了相应的要求，包括应具有能够配合汽车产品及升级活动的管理能力；在企业对智能网联汽车进行在线升级前，应当确保其汽车产品符合法律法规、技术规范和技术标准中的各项要求。最后，该意见在完善保障措施方面也向智能网联汽车企业提出了相关要求。值得注意的是，该意见在加强产品管理方面作出的相关规定，对自动驾驶车辆的产品准入具有重要的指导意义。

2023 年 11 月，工业和信息化部、公安部、住房和城乡建设部、交通运输部联合发布《关于开展智能网联汽车准入和上路通行试点工作的通知》。该通知明确了智能网联汽车准入和上路通行试点工作的总体要求、试点内容、试点企业和车辆的条件、试点地区的选择以及组织实施等方面的内容，协调了多个部门在智能网联汽车从准入到上路通行这一关键环节的管理规定，使企业在开展相关业务时有了统一的标准和规范，避免了以往可能因部门规定不一致而导致的企业无所适从的情况，具体如下：其一，在准入方面，规定了试点企业应具备的技术能力、安全保障能力等条件，明确了智能网联汽车产品需满足的安全、性能等标准，工业和信息化部负责对车辆的生产一致性进行监督管理，确保投入试点的车辆质量可靠、技术稳定。其二，在上路通行方面，公安部负责制定智能网联汽车上路通行的交通管理规则，包括车辆的行驶速度限制、车道使用规定、交通信号遵守等内容；交通运输部则从运营管理的角度，对智能网联汽车在公共道路上的运输服务规范、从业人员资质等提出要求。

此外，2023 年 11 月 21 日，交通运输部发布《自动驾驶汽车运输安全服务指南（试行）》。2024 年 1 月 15 日，工业和信息化部、公安部、自然资源部、住房和城乡建设部、交通运输部五部委联合发布《关于开展智能网联汽车“车路云一体化”应用试点工作的通知》，对试点城市申报条件作出要求。

2. 技术标准层面

2022 年 2 月 25 日，工业和信息化部办公厅发布《车联网网络安全和数据安全标准体系建设指南》。该指南旨在面向车联网产业安全需求，加强车联网网络安全和数据安全标准工作顶层设计，注重与车联网相关标准体系之间的衔接，增加标准有效供给，强化标准应用实施，加快构建系统、科学、规范的车联网网络安全和数据安全标准体系，充分发挥标准对车联网产业安全健康发展的指导和规范作用。指南明确：到 2023 年年底，初步构建起车联网网络安全和数据安全标准体系。重点研究基础共性、终端与设施网络安全、网联通信安全、数据安全、应用服务安全、安全保障与支撑等标准，完成 50 项以上急需标准的研制。到 2025 年，形成较为完善的车联网网络安全和数据安全标准体系。完成 100 项以上标准的研制，提升标准对细分领域的覆盖程度，加强标准服务能力，提高标准应用水平，支撑车联网产业安全健康发展。

2022 年 3 月 18 日，工业和信息化部印发《2022 年汽车标准化工作要点》，旨在紧贴汽车技术发展趋势和行业实际需求，奋力开创汽车标准化工作新局面，为汽车产业高质量发展提供坚实支撑。该文件包含标准顶层设计、新兴领域标准研制、双碳目标实现、完善整车基础相关标准、深化国际合作等 5 个方面 15 项内容，其中，在“持续完善标准顶层设计、加强各方统筹协调”方面，包括健全完善汽车技术标准体系、统筹推进汽车标准化工作、强化标准全生命周期管理；在“加快新兴领域标准研制，助力产业转型升级”方面，包括新能源汽车领域、智能网联汽车领域、汽车电子领域、汽车芯片领域；在“强化绿色技术标准引领，支撑双碳目标实现”方面，包括能源消耗量领域、碳排放领域；在“完善整车基础相关标准，夯实质量提升基础”方面，包括汽车安全领域、传统整车领域、零部件领域；在“全面深化国际交流合作，提高对外开放水平”方面，包括加强全球技术法规制定协调、深度参与国际技术标准制定、务实推进中外标准交流合作。

2024年3月15日，市场监管总局、国家标准化管理委员会发布了《智能网联汽车运行安全测试技术要求》（GB/T 43766－2024），自2024年10月1日起正式实施。该标准针对术语和定义、测试车辆、测试主体、测试驾驶人或安全员、测试运行管理主体等作出了要求。该标准亮点鲜明：首先，聚焦安全性，围绕安全原则明确测试车辆、测试主体、测试驾驶人或安全员、测试运行管理主体等相关主体的基本及技术要求，提升交通安全水平；其次，注重引领性，通过规范测试验证活动，为智能网联汽车道路运行安全测试的有序开展提供指引，满足安全管理需求，向参与各方提出基本要求；最后，突出可行性，其设定的要求契合现阶段智能网联汽车技术现状，具备可操作性，且在制定时广泛吸纳各方意见，确保标准能在实际中有效应用。

3. 地方层面

2022年6月23日，深圳市通过了《深圳经济特区智能网联汽车管理条例》，自2022年8月1日起正式施行。该条例以规范智能网联汽车应用，保护人身安全，保护公民、法人及其他组织的财产安全和其他合法权益，保障道路交通安全，促进智能网联汽车产业高质量、可持续发展为立法目标。根据相关法律和行政法规的基本原则，结合深圳经济特区的实际，就深圳经济特区范围内智能网联汽车的道路测试和示范应用、准入和登记、使用管理、车路协同基础设施、网络安全和数据保护、交通违法和事故处理、法律责任7个方面进行了规定。该条例是我国第一部智能网联汽车的综合性立法，为后续国家层面以及其他城市的立法工作提供了参考。值得注意的是，该条例在交通违法和事故处理的责任划分问题上区分了有驾驶人和无驾驶人两种情况，对自动驾驶汽车中的争议性问题做出了有益的回应。

2022 年 8 月 23 日，上海市人民政府办公厅印发《上海市加快智能网联汽车创新发展实施方案》。该实施方案以落实国家《智能汽车创新发展战略》，加快培育经济发展新动能，推动智能网联汽车创新发展为目标。从基本原则、发展目标、重点任务和保障措施 4 个方面对加快智能网联汽车创新发展提出了具体要求。具体而言，该实施方案要求坚持创新引领、协同有序、需求牵引、包容开放的基本原则，提出紧盯新技术突破　构建自主配套的智能网联汽车关键技术体系；抢抓新终端布局　抢占智能网联汽车发展先机；加快新生态培育，形成跨界融合的智能网联汽车核心产业体系；打造新空间格局，拓展协同互补的智能网联汽车发展空间；推动新应用落地，布局面向未来的智慧交通场景；夯实新基建配套，超前建设智能网联汽车路网设施；强化新规则保障，营造安全有序、包容创新的制度环境 7 项重点任务，并明确了对应的责任单位；并就此提出了对应的保障组织与具体措施。

2022 年 11 月，《上海市浦东新区促进无驾驶人智能网联汽车创新应用规定》由上海市第十五届人民代表大会常务委员会会议通过，自 2023 年 2 月 1 日起正式施行。该规定为无驾驶人智能网联汽车在上海的创新应用提供了制度依据。规定共计 34 条，从立法目的、适用范围和监管原则、创新应用流程及其具体规定、网络安全和数据安全保护、道路交通安全和应急处置措施、责任认定和保险机制、整改要求等方面对无驾驶人智能网联汽车作出了具体规定。值得注意的是，该规定第 2 条第 2 款明确规定了关于无人驾驶的定义，即“本规定所称的无驾驶人智能网联汽车，是指车内不配备驾驶人和测试安全员的智能网联汽车”。并在第 29 条就无驾驶人智能网联汽车在开展创新应用期间发生交通事故的相关责任认定进行了规定。

2024 年 12 月 31 日北京市人大常委会审议通过《北京市自动驾驶汽车条例》，将于 2025 年 4 月 1 日起实施。该条例明确了自动驾驶汽车产业应坚持创新驱动、市场主导、开放合作、公平竞争原则，鼓励多种技术路线发展及融合，发展与安全并重。推动完善创新链和产业链，支持开展相关基础研究、应用研究，推进关键核心技术攻关；组织制定地方标准、测试评价和认证规范，加强质量检验检测体系建设；鼓励产业链各类参与主体建立数据开发利用合作机制，开发数据服务产品。

此外，地方层面的条例还包括《无锡市车联网发展促进条例》《苏州市智能车联网发展促进条例》《杭州市智能网联车辆测试与应用促进条例》《武汉市智能网联汽车发展促进条例》等，均为全国性立法积累了实践经验。

综上，中国智能网联汽车法律规范形成了由上位法、法规文件、标准行规组成的独特三层级法律体系。其中上位法包括全国人民代表大会及其常务委员会制定的相关法律；法规文件包括行政法规、地方性法规、章程及规范性文件等；标准行规包括国家标准、行业标准、地方标准和团体标准等。为确保技术进步与法律监管的协调发展，需要继续构建科学合理的法律框架，促进技术创新、产业成长和国际竞争力的提升。

二、智能网联汽车的立法完善建议

1. 法律法规制定与修订方面

从立法主体上看，中国智能网联汽车立法呈现地方与中央并行的特点。当前，地方层面上，已有多个城市出台自动驾驶试点示范政策或制定自动驾驶相关地方立法。许多业内专家认为，在国家层面的自动驾驶专门法案尚未正式提上议程之际，地方立法不仅有助于促进自动驾驶及相关产业的协同发展，推动区域内技术应用的良性竞争，还能为其他地区提供丰富的实践经验，从而加速未来国家层面立法的推进。地方政府主要以细化落实中央立法的精神为主，常常充当实验立法的角色，如率先开始自动驾驶汽车高速公路测试、无人驾驶测试、示范应用、地图采集等。

中央层面仍是智能网联汽车立法的主力。早在2020年2月国家发改委、中央网信办、科技部、工业和信息化部、公安部等11个部委就联合发布了《智能汽车创新发展战略》，其中明确提出：发展智能汽车对我国有重要的战略意义；到2025年，中国标准智能汽车的技术创新、产业生态、基础设施、法规标准、产品监管和网络安全体系基本形成。实现有条件自动驾驶的智能汽车达到规模化生产，实现高度自动驾驶的智能汽车在特定环境下市场化应用。具体包括，开展智能汽车“机器驾驶人”认定、责任确认、网络安全、数据管理等法律问题及伦理规范研究，明确相关主体的法律权利、义务和责任等。推动出台规范智能汽车测试、准入、使用、监管等方面的法律法规规范，促进《道路交通安全法》等法律法规修订完善。完善测绘地理信息法律法规。[1]

目前，《道路交通安全法》修订工作已经列入国务院2024年度立法计划以及十四届全国人大常委会立法计划的第一类项目。我们期待新的《道路交通安全法》对智能网联汽车这一新发展的回应性规范。当然，在肯定当前法律法规制定与修订取得成果的同时，也不得不承认我国的智能网联汽车立法还面临着诸多挑战。

（1）法规的相对滞后性与技术超前性的平衡

智能网联汽车技术发展迅速，新的功能、应用场景不断涌

---

〔1〕 参见高岗：《期待自动驾驶立法加速》，载《财经》2022年第24期。

现，但受客观条件所限，相关法律法规的制定与修订往往无法与技术的更新速度完全匹配。如果立法过于超前，可能因时机不成熟而导致实践中难以落实；反之，如果法律滞后于行业发展，许多新问题可能因缺乏明确的法律规定而陷入无法可依的困境，从而影响行业的规范化发展，甚至阻碍技术创新。为此，立法者不仅要具备前瞻性思维，精准预测行业未来趋势，还需深刻把握当前发展现状，确保法律既能有效引导行业发展、鼓励技术革新，又能提供现实可行的规范体系。同时，立法应在安全、创新、社会责任等价值之间取得平衡，既保障公众利益，又为技术进步留足空间，以促进智能网联汽车产业的健康有序发展。

（2）系统性有待进一步深化

智能网联汽车涉及汽车制造、电子信息、通信、交通、数据安全等多个领域，值得肯定的是，目前的法律法规在各领域均有涉及，且具有较强的针对性，结构相对清晰，在行业仍处于快速发展的阶段可以起到实质性的指引作用。但我国目前尚未形成一套中央层面的统一和原则性立法体系，现有的法律框架主要依赖于政策性文件和部门规范性文件，这些文件虽然对智能网联汽车在特定应用场景中的操作提供了一定的指导，但它们缺乏对整个领域发展的宏观指导和法律支撑。而且，由部门出台文件的方式使相关规范只能聚焦于整个产业的某一个环节，而无法对可能涉及的多个环节进行系统规制，这种立法上的不足可能导致智能网联汽车在实际应用中面临法律适用上的不确定性和障碍，整体上缺乏系统性的整合，导致未来不同领域之间可能存在衔接不畅、规定不一致的问题。这种立法模式在将来不仅可能影响法律的适用和执行，还可能给企业和监管机构带来合规挑战。因此，在时机条件成熟时，有必要推动立法体系的统筹协调，加强不同法律法规之间的衔接与配合，形成相互协同、层次分明、适应技术发展的智能网联汽车法律体系，从而提高法律的可操作性，确保行业的规范化、稳定发展。如何在各领域法律法规趋向完善成熟时将其统一起来，也是一个不小的挑战。

（3）创新法律机制的迫切需求

例如，在法律责任方面，传统的侵权责任理论，无论是过错责任还是严格责任，都难以完全解决自动驾驶所带来的复杂法律问题。自动驾驶技术的普及和应用，需要法律机制的协同配合，包括侵权理论的创新、保险体系的完善、损害赔偿救济机制的建立等。为了更好地适应这一新兴技术的发展，需要构建涵盖侵权理论创新、保险体系完善以及损害赔偿救济机制科学建立等多方面的协同法律机制。引入全社会的力量，综合考虑多种因素，制定出合理、公正的归责体系和保障机制。只有这样，才能在保障各方合法权益的同时，推动自动驾驶技术的健康发展，为智能网联汽车的创新实践提供清晰的法律指引。

（4）国际协调方面的挑战

在全球化持续深化的大环境下，智能网联汽车产业展现出强劲的跨国发展势头，带来了广阔的市场机遇和发展空间。不过，各国法律标准的差异客观存在，这在一定程度上给我国与国际接轨的进程带来了一些阻碍。在推动智能网联汽车产业国际化发展的道路上，我们需要思考如何更妥善地协调国内法律与国际法规，尽量减少可能出现的法律冲突，以此助力智能网联汽车领域的国际合作持续深化，为贸易发展创造更有利的条件。例如，车辆认证标准、数据跨境传输规则等方面的协调问题，都是值得我们深入探讨并共同寻求妥善解决方案的重点领域，以便为中国企业开拓国际市场、实现高质量发展扫除障碍。

2. 数据安全与隐私保护方面

欧盟在此领域起步较早，于 2018 年成立了欧洲数据保护委员会，专门监管欧盟《通用数据保护条例》（General Data Protection Regulation，GDPR）的实施，并在 2021 年出台了《车联网个人数据保护指南》这样针对智能网联汽车的专门立法，规定了智能网联汽车数据保护应遵循的基本规则，为产业提供了相对细化的合规指南。[1]

我国近年来业已逐步建立起了以《网络安全法》《数据安全法》《个人信息保护法》和《关键信息基础设施安全保护条例》为基础的数据安全和保护的顶层法律架构，这些法律构成了提示引导智能网联汽车网络、平台的运营和数据处理活动的“三法一条例”基本法律框架。2021 年 8 月，国家互联网信息办公室、国家发展和改革委员会、工业和信息化部、公安部和交通运输部联合发布了《汽车数据安全管理若干规定（试行）》。这是我国第一部关于汽车数据的专门规定，明确在我国境内开展汽车数据处理活动及其安全监管要求，并在当时创造性地提出了汽车领域重要数据的概念和范围、重要数据出境的审批规则、评估制度、年报制度等规定。2024 年 9 月 24 日，国务院发布《网络数据安全管理条例》，从行政法规层级补充了现有立法框架，构建了“法律—行政法规—部门规章”的全位阶法律规范体系。对于监管关注的诸如智能网联汽车的数据分类分级、数据跨境流动、个人信息处理活动等问题，上述法律法规为智能网联汽车的数据治理提供了总体框架和进一步针对性的规制指引，共同构建了一个较为完备的数据与网络安全法律体系。

针对智能网联汽车的通信安全和数据合规问题，为支撑上述法律法规的落地实施，各标准化委员会、行业协会和产业联盟也在积极跟踪和布局。目前已发布了《国家车联网产业标准体系建

---

〔1〕 参见高岗：《期待自动驾驶立法加速》，载《财经》2022 年第 24 期。

设指南（车辆智能管理）》等规范性文件，以及《信息安全技术 汽车数据处理安全要求》（GB/T 41871－2022）、《汽车采集数据处理安全指南》（TC260－001）、《车联网信息服务 用户个人信息保护要求》（YD/T 3746－2020）、《车联网信息服务 数据安全技术要求》（YD/T 3751－2020）、《车联网信息服务平台安全防护技术要求》（YD/T 3752－2020）、《车联网无线通信安全技术指南》（YD/T 3750－2020）、《汽车传输视频及图像脱敏技术要求与方法》（T/CAAMTB 77－2022）、《智能网联汽车数据共享安全要求》（T/TIAA 101－2021）等国家标准、行业标准或团体标准，为我国智能网联汽车产业提供合规指引与实践经验。

但考虑到自动驾驶汽车的数据处理、使用过程牵涉到的主体繁多、种类复杂，且事关交通安全并具有鲜明的公共利益属性，所以，有必要针对自动驾驶汽车所涉及的数据安全和隐私保护创设专门法律法规，并加快细化国家标准和行业标准。这类措施，不仅有望促进自动驾驶产业的发展，还有助于平衡好数据自由流通、数据商业应用、数据的个人与公共利益等问题上微妙和复杂的关系。

一是关注泛隐私保护。近年来，欧盟更加关注数据的公平获取权和平衡数据生态，推动用户与制造商的协同关系。美国亦主张在行业自律框架下，确保制造商利益与创新能力不受过度限制。一方面，可以借鉴欧盟在数据利用方面的经验，对车辆功能数据和用户个人数据进行清晰区分。车辆功能数据涵盖车辆运行数据等，这些数据主要用于汽车功能的优化和性能提升，可将其开发利益赋予企业，以促进数据的有效开发利用。我们也应推动数据分类管理，合理界定车辆功能数据与用户个人数据，以实现数据利用与隐私保护的平衡。通过明确这两类数据的界限，既能保障用户个人隐私不受侵犯，又能充分发挥车辆功能数据的价值。另一方面，推进数据去标识化处理。通过去标识化技术，去除数据中能够直接或间接识别用户身份的信息，使数据在保持可用性的同时，最大限度地保护用户隐私。这样一来，去隐私化的数据能够在更大范围内进行利用，为企业的研发创新和行业的整体发展提供支持。

二是进一步深化落实《中共中央 国务院关于构建数据基础制度更好发挥数据要素作用的意见》；积极促进数据资源开发利用等一系列文件的完善与出台，如《国家数据基础设施建设指引（征求意见稿）》等。明确汽车制造企业的数据权益并确立其在数据资源利用方面的主导地位。制造商作为数据的收集者和使用者，在数据的管理和利用过程中发挥着关键作用。确立制造商在数据资源利用方面的主导地位，不仅有利于推动行业的技术进步和业务发展，还对国家所倡导的数据资源开发利用起到积极的促进作用。

三是合规推进数据共享与跨境传输。联合国已于2020年6月11日发布《数字合作路线图》（Report of the Secretary – General Roadmap for Digital Cooperation），呼吁全球建立数据流动和隐私的统一框架规则。具体到我国，明确数据在何种情况下可以共享，以及共享的范围和方式，将为汽车制造企业创造更广阔的发展空间。建立合理的数据共享机制，推动行业协作，形成技术和商业生态的良性发展。在数据共享和跨境传输过程中，加强对数据安全的监管，确保数据的安全和合规性的同时，还可以考虑建立跨境数据流动与安全管理的法律框架，促进数据合规共享，提升产业竞争力。

3. 事故责任认定及保险方面

高级别自动驾驶技术的持续商业化应用，亟待自动驾驶事故责任认定及保险相关立法的推出。随着自动驾驶技术的迅猛发展，尤其在进入 L3 及以上级别后，自动驾驶交通事故的场景将更为复杂，责任主体也更多，现有的法律体系将无法满足相应挑战。

德国是该领域的先行者，于 2021 年颁布了《自动驾驶法》，率先为 L4 级自动驾驶建立起法律框架，对现有的道路交通法进行了补充。该法特别规定了车主、驾驶员、生产商等对自动驾驶汽车进行日常维护、监测，保证其正常、安全运行的义务。这项规定可谓扩大了车主、驾驶员、生产商等各方遇到交通事故时，可能需要承担的责任。

在国家层面，涉及高级别驾驶责任规范的法律，以及更为细化的、涉及责任分配的法律规定亟待出台，以应对高级别自动驾驶商业化时代的到来。与之相应的还有自动驾驶保险。在现有的法律框架和市场环境下，全球保险业均没有直接可以涵盖自动驾驶所有风险的险种。其中，我国对于自动驾驶交通事故保险的规定仍采取传统的车辆保险规定。其他国家，如英国于 2018 年发布了《自动与电动汽车法案》，对自动驾驶相关的保险范围进行了创新和扩充，规定智能汽车保险不仅应涵盖人类驾驶员导致的损失，还应涵盖智能驾驶系统导致的损失。其中，受害人包含了将驾驶控制权转移给智能驾驶系统的司机。这些受害人也可以从保险公司获得赔付。

中国应该在借鉴域外相关立法的基础上，及时对《保险法》《道路交通安全法》等涵盖机动车责任保险的法律法规进行修改和设计。首先，机动车强制责任保险可考虑将自动驾驶汽车纳入，建立自动驾驶汽车强制责任保险，通过立法明确生产商、车辆保有人等相关主体的投保义务。其次，对于自动驾驶汽车交强险的费率认定标准应当做适当调整。例如，可以对自动驾驶系统操作汽车和人类操作汽车时的保险费率进行区分。具体而言，应综合汽车性能，自动驾驶系统的等级、生产商所执行的安全标准、事故发生频率等多个指标，计算自动驾驶汽车的保险费率。[1]

综上，中国在智能网联汽车立法方面取得了卓越成就，为行业的健康发展奠定了坚实的法律基础。面对技术的快速演进，我国立法体系不断优化，在政策引导、地方立法、行业标准等多个层面持续完善，逐步构建起涵盖道路测试、产品准入、数据治理等多个环节的法律框架。这一体系的建立不仅大幅提升了法律适用的系统性和协调性，也在国际规则接轨、法律适用性等方面取得了长足进展。我国法律体系的响应速度已相当迅速，正在高效构建符合产业发展需求的监管体系，为智能网联汽车产业提供了坚实的法律保障。

智能网联汽车的发展是全球汽车产业的重要方向，也是我国推动汽车产业转型升级的关键举措。在国家战略指引下，中国智能网联汽车产业进入了高速发展阶段，而法律体系的不断健全为行业创新和应用落地提供了有力支撑。《新能源汽车产业发展规划（2021—2035 年）》提出要加快制定道路交通、事故责任、数据使用等相关法规，各级立法机关和相关部门积极推进相关立法进程，推动我国智能网联汽车法律体系从局部探索到系统构建，取得了一系列阶段性成果。

在智能网联汽车立法方面，我国展现出高效的政策执行力，结合国内外行业发展趋势和法律实践经验，推动法规体系逐步成熟。这些法律的出台不仅为智能网联汽车的研发、测试和商业化应用提供了明确的法律依据，也促进了企业的技术创新和产业生态的优化。法律体系的逐步完善，使智能网联汽车在中国的产业

[1] 参见高岗：《期待自动驾驶立法加速》，载《财经》2022 年第 24 期。

发展环境更加稳定，助推我国智能汽车行业迈向全球领先水平。

智能网联汽车产业的发展离不开完善的法律保障。在政府、立法机关、行业协会及科研机构的共同努力下，我国智能网联汽车法律体系的构建已取得重要进展，涵盖了产业发展所需的多个核心领域。与此同时，我国法律体系的不断完善不仅满足了国内产业的发展需求，也在国际合作和规则制定方面取得了突破性进展。近年来，中国积极参与全球智能网联汽车立法交流与合作，推动国内法规与国际标准的协调发展，使我国的法律体系更加开放、包容，并在国际智能网联汽车法规体系中发挥重要作用。

智能网联汽车的技术创新与法律制度建设相辅相成，我国在推动相关立法和司法实践的过程中，不断总结经验，探索新模式，使法律法规在技术发展和商业应用之间保持动态适应。通过立法的持续优化，我国智能网联汽车行业的法律保障体系已逐步完善，不仅涵盖了智能驾驶技术的基础性法律保障，还涉及了汽车产业链上下游的法律支持。立法体系的完善，极大地推动了智能网联汽车产业的快速发展，使我国在全球智能汽车竞争中占据了有利位置。

近年来，我国智能网联汽车的法律体系建设展现出系统性、前瞻性和高效性，各级立法机关和行业主管部门密切配合，形成了良好的政策协同效应。在国家政策的引导下，地方政府也积极行动，结合自身产业发展特点，推动智能网联汽车法律法规的落地与细化，进一步优化了产业发展环境。这样的立法实践，不仅提升了智能网联汽车的法律适用性，也为行业的持续创新奠定了良好的法律基础。

随着我国智能网联汽车产业进入深度发展阶段，法律体系的进一步完善将为行业提供更加稳健的法律保障。未来，我国将持续推进智能网联汽车法律体系的优化，使之更加科学、系统，并不断适应技术发展和市场需求。在全球智能汽车行业竞争日益激烈的背景下，我国的法律建设不仅促进了国内智能网联汽车产业的繁荣，也为全球智能网联汽车法治建设提供了中国方案。

智能网联汽车行业的发展需要法律的引领和保障，而我国近年来的立法成果充分展现了法律体系在推动产业发展中的积极作用。法律体系的逐步完善，使智能网联汽车产业的创新环境更加稳定、监管体系更加科学、市场竞争更加公平。得益于高效的立法推进和实践探索，我国智能网联汽车行业正在稳步迈向智能化、网联化的新高度。

展望未来，我国将在智能网联汽车法律体系的建设上持续发力，推动相关法律法规更加系统化、现代化和国际化，为行业的进一步发展提供更坚实的法律支撑。我国在智能网联汽车法律体系建设上的成就，不仅是产业发展的重要保障，也将成为全球智能网联汽车法治建设的重要参考，为世界智能汽车产业的发展贡献中国智慧。

附录一　智能网联汽车法律法规整理

（一）法　　律

中华人民共和国民法典（节录）

（2020年5月28日第十三届全国人民代表大会第三次会议通过　2020年5月28日中华人民共和国主席令第45号公布　自2021年1月1日起施行）

第七编　侵权责任

第一章　一般规定

第一千一百六十四条　本编调整因侵害民事权益产生的民事关系。

第一千一百六十五条　行为人因过错侵害他人民事权益造成损害的，应当承担侵权责任。

依照法律规定推定行为人有过错，其不能证明自己没有过错的，应当承担侵权责任。

第一千一百六十六条　行为人造成他人民事权益损害，不论行为人有无过错，法律规定应当承担侵权责任的，依照其规定。

第一千一百六十七条　侵权行为危及他人人身、财产安全的，被侵权人有权请求侵权人承担停止侵害、排除妨碍、消除危险等侵权责任。

第一千一百六十八条　二人以上共同实施侵权行为，造成他人损害的，应当承担连带责任。

第一千一百六十九条　教唆、帮助他人实施侵权行为的，应当与行为人承担连带责任。

教唆、帮助无民事行为能力人、限制民事行为能力人实施侵权行为的，应当承担侵权责任；该无民事行为能力人、限制民事行为能力人的监护人未尽到监护职责的，应当承担相应的责任。

第一千一百七十条　二人以上实施危及他人人身、财产安全的行为，其中一人或者数人的行为造成他人损害，能够确定具体侵权人的，由侵权人承担责任;不能确定具体侵权人的,行为人承担连带责任。

第一千一百七十一条 二人以上分别实施侵权行为造成同一损害,每个人的侵权行为都足以造成全部损害的,行为人承担连带责任。

第一千一百七十二条 二人以上分别实施侵权行为造成同一损害,能够确定责任大小的,各自承担相应的责任;难以确定责任大小的,平均承担责任。

第一千一百七十三条 被侵权人对同一损害的发生或者扩大有过错的,可以减轻侵权人的责任。

第一千一百七十四条 损害是因受害人故意造成的,行为人不承担责任。

第一千一百七十五条 损害是因第三人造成的,第三人应当承担侵权责任。

第一千一百七十六条 自愿参加具有一定风险的文体活动,因其他参加者的行为受到损害的,受害人不得请求其他参加者承担侵权责任;但是,其他参加者对损害的发生有故意或者重大过失的除外。

活动组织者的责任适用本法第一千一百九十八条至第一千二百零一条的规定。

第一千一百七十七条 合法权益受到侵害,情况紧迫且不能及时获得国家机关保护,不立即采取措施将使其合法权益受到难以弥补的损害的,受害人可以在保护自己合法权益的必要范围内采取扣留侵权人的财物等合理措施;但是,应当立即请求有关国家机关处理。

受害人采取的措施不当造成他人损害的,应当承担侵权责任。

第一千一百七十八条 本法和其他法律对不承担责任或者减轻责任的情形另有规定的,依照其规定。

第二章 损害赔偿

第一千一百七十九条 侵害他人造成人身损害的,应当赔偿医疗费、护理费、交通费、营养费、住院伙食补助费等为治疗和康复支出的合理费用,以及因误工减少的收入。造成残疾的,还应当赔偿辅助器具费和残疾赔偿金;造成死亡的,还应当赔偿丧葬费和死亡赔偿金。

第一千一百八十条 因同一侵权行为造成多人死亡的,可以以相同数额确定死亡赔偿金。

第一千一百八十一条 被侵权人死亡的,其近亲属有权请求侵权人承担侵权责任。被侵权人为组织,该组织分立、合并的,承继权利的组织有权请求侵权人承担侵权责任。

被侵权人死亡的,支付被侵权人医疗费、丧葬费等合理费用的人有权请求侵权人赔偿费用,但是侵权人已经支付该费用的除外。

第一千一百八十二条 侵害他人人身权益造成财产损失的,按照被侵权人因此受到的损失或者侵权人因此获得的利益赔偿；被侵权人因此受到的损失以及侵权人因此获得的利益难以确定，被侵权人和侵权人就赔偿数额协商不一致，向人民法院提起诉讼的，由人民法院根据实际情况确定赔偿数额。

第一千一百八十三条　侵害自然人人身权益造成严重精神损害的，被侵权人有权请求精神损害赔偿。

因故意或者重大过失侵害自然人具有人身意义的特定物造成严重精神损害的，被侵权人有权请求精神损害赔偿。

第一千一百八十四条　侵害他人财产的，财产损失按照损失发生时的市场价格或者其他合理方式计算。

第一千一百八十五条　故意侵害他人知识产权，情节严重的，被侵权人有权请求相应的惩罚性赔偿。

第一千一百八十六条　受害人和行为人对损害的发生都没有过错的，依照法律的规定由双方分担损失。

第一千一百八十七条　损害发生后，当事人可以协商赔偿费用的支付方式。协商不一致的，赔偿费用应当一次性支付；一次性支付确有困难的，可以分期支付，但是被侵权人有权请求提供相应的担保。

第三章　责任主体的特殊规定

第一千一百八十八条　无民事行为能力人、限制民事行为能力人造成他人损害的，由监护人承担侵权责任。监护人尽到监护职责的，可以减轻其侵权责任。

有财产的无民事行为能力人、限制民事行为能力人造成他人损害的，从本人财产中支付赔偿费用；不足部分，由监护人赔偿。

第一千一百八十九条　无民事行为能力人、限制民事行为能力人造成他人损害，监护人将监护职责委托给他人的，监护人应当承担侵权责任；受托人有过错的，承担相应的责任。

第一千一百九十条　完全民事行为能力人对自己的行为暂时没有意识或者失去控制造成他人损害有过错的，应当承担侵权责任；没有过错的，根据行为人的经济状况对受害人适当补偿。

完全民事行为能力人因醉酒、滥用麻醉药品或者精神药品对自己的行为暂时没有意识或者失去控制造成他人损害的，应当承担侵权责任。

第一千一百九十一条　用人单位的工作人员因执行工作任务造成他人损害的，由用人单位承担侵权责任。用人单位承担侵权责任后，可以向有故意或者重大过失的工作人员追偿。

劳务派遣期间，被派遣的工作人员因执行工作任务造成他人损害的，由接受劳务派遣的用工单位承担侵权责任；劳务派遣单位有过错的，承担相应的责任。

第一千一百九十二条 个人之间形成劳务关系，提供劳务一方因劳务造成他人损害的，由接受劳务一方承担侵权责任。接受劳务一方承担侵权责任后，可以向有故意或者重大过失的提供劳务一方追偿。提供劳务一方因劳务受到损害的，根据双方各自的过错承担相应的责任。

提供劳务期间，因第三人的行为造成提供劳务一方损害的，提供劳务一方有权请求第三人承担侵权责任，也有权请求接受劳务一方给予补偿。接受劳务一方补偿后，可以向第三人追偿。

第一千一百九十三条 承揽人在完成工作过程中造成第三人损害或者自己损害的，定作人不承担侵权责任。但是，定作人对定作、指示或者选任有过错的，应当承担相应的责任。

第一千一百九十四条 网络用户、网络服务提供者利用网络侵害他人民事权益的，应当承担侵权责任。法律另有规定的，依照其规定。

第一千一百九十五条 网络用户利用网络服务实施侵权行为的，权利人有权通知网络服务提供者采取删除、屏蔽、断开链接等必要措施。通知应当包括构成侵权的初步证据及权利人的真实身份信息。

网络服务提供者接到通知后，应当及时将该通知转送相关网络用户，并根据构成侵权的初步证据和服务类型采取必要措施；未及时采取必要措施的，对损害的扩大部分与该网络用户承担连带责任。

权利人因错误通知造成网络用户或者网络服务提供者损害的，应当承担侵权责任。法律另有规定的，依照其规定。

第一千一百九十六条 网络用户接到转送的通知后，可以向网络服务提供者提交不存在侵权行为的声明。声明应当包括不存在侵权行为的初步证据及网络用户的真实身份信息。

网络服务提供者接到声明后，应当将该声明转送发出通知的权利人，并告知其可以向有关部门投诉或者向人民法院提起诉讼。网络服务提供者在转送声明到达权利人后的合理期限内，未收到权利人已经投诉或者提起诉讼通知的，应当及时终止所采取的措施。

第一千一百九十七条 网络服务提供者知道或者应当知道网络用户利用其网络服务侵害他人民事权益，未采取必要措施的，与该网络用户承担连带责任。

第一千一百九十八条 宾馆、商场、银行、车站、机场、体育场馆、娱乐场所等经营场所、公共场所的经营者、管理者或者群众性活动的组织者，未尽到安全保障义务，造成他人损害的，应当承担侵权责任。

因第三人的行为造成他人损害的，由第三人承担侵权责任；经营者、管理者或者组织者未尽到安全保障义务的，承担相应的补充责任。经营者、管理者或者组织者承担补充责任后，可以向第三人追偿。

第一千一百九十九条 无民事行为能力人在幼儿园、学校或者其他教育机构学习、生活期间受到人身损害的，幼儿园、学校或者其他教育机构应当承担侵权责任；但是，能够证明尽到教育、管理职责的，不承担侵权责任。

第一千二百条 限制民事行为能力人在学校或者其他教育机构学习、生活期间受到人身损害，学校或者其他教育机构未尽到教育、管理职责的，应当承担侵权责任。

第一千二百零一条 无民事行为能力人或者限制民事行为能力人在幼儿园、学校或者其他教育机构学习、生活期间，受到幼儿园、学校或者其他教育机构以外的第三人人身损害的，由第三人承担侵权责任；幼儿园、学校或者其他教育机构未尽到管理职责的，承担相应的补充责任。幼儿园、学校或者其他教育机构承担补充责任后，可以向第三人追偿。

第四章 产品责任

第一千二百零二条 因产品存在缺陷造成他人损害的，生产者应当承担侵权责任。

第一千二百零三条 因产品存在缺陷造成他人损害的，被侵权人可以向产品的生产者请求赔偿，也可以向产品的销售者请求赔偿。

产品缺陷由生产者造成的，销售者赔偿后，有权向生产者追偿。因销售者的过错使产品存在缺陷的，生产者赔偿后，有权向销售者追偿。

第一千二百零四条 因运输者、仓储者等第三人的过错使产品存在缺陷，造成他人损害的，产品的生产者、销售者赔偿后，有权向第三人追偿。

第一千二百零五条 因产品缺陷危及他人人身、财产安全的，被侵权人有权请求生产者、销售者承担停止侵害、排除妨碍、消除危险等侵权责任。

第一千二百零六条 产品投入流通后发现存在缺陷的，生产者、销售者应当及时采取停止销售、警示、召回等补救措施；未及时采取补救措施或者补救措施不力造成损害扩大的，对扩大的损害也应当承担侵权责任。

依据前款规定采取召回措施的，生产者、销售者应当负担被侵权人因此支出的必要费用。

第一千二百零七条 明知产品存在缺陷仍然生产、销售，或者没有依据前条规定采取有效补救措施，造成他人死亡或者健康严重损害的，被侵权人有权请求相应的惩罚性赔偿。

第五章 机动车交通事故责任

第一千二百零八条 机动车发生交通事故造成损害的，依照道路交通安全法律和本法的有关规定承担赔偿责任。

第一千二百零九条 因租赁、借用等情形机动车所有人、管理人与使用人不是同一人时，发生交通事故造成损害，属于该机动车一方责任的，由机动车使用人承担赔偿责任；机动车所有人、管理人对损害的发生有过错的，承担相应的赔偿责任。

第一千二百一十条 当事人之间已经以买卖或者其他方式转让并交付机动车但是未办理登记，发生交通事故造成损害，属于该机动车一方责任的，由受让人承担赔偿责任。

第一千二百一十一条 以挂靠形式从事道路运输经营活动的机动车，发生交通事故造成损害，属于该机动车一方责任的，由挂靠人和被挂靠人承担连带责任。

第一千二百一十二条 未经允许驾驶他人机动车，发生交通事故造成损害，属于该机动车一方责任的，由机动车使用人承担赔偿责任；机动车所有人、管理人对损害的发生有过错的，承担相应的赔偿责任，但是本章另有规定的除外。

第一千二百一十三条 机动车发生交通事故造成损害，属于该机动车一方责任的，先由承保机动车强制保险的保险人在强制保险责任限额范围内予以赔偿；不足部分，由承保机动车商业保险的保险人按照保险合同的约定予以赔偿；仍然不足或者没有投保机动车商业保险的，由侵权人赔偿。

第一千二百一十四条 以买卖或者其他方式转让拼装或者已经达到报废标准的机动车，发生交通事故造成损害的，由转让人和受让人承担连带责任。

第一千二百一十五条 盗窃、抢劫或者抢夺的机动车发生交通事故造成损害的，由盗窃人、抢劫人或者抢夺人承担赔偿责任。盗窃人、抢劫人或者抢夺人与机动车使用人不是同一人，发生交通事故造成损害，属于该机动车一方责任的，由盗窃人、抢劫人或者抢夺人与机动车使用人承担连带责任。

保险人在机动车强制保险责任限额范围内垫付抢救费用的，有权向交通事故责任人追偿。

第一千二百一十六条 机动车驾驶人发生交通事故后逃逸，该机动车参加强制保险的，由保险人在机动车强制保险责任限额范围内予以赔偿；机动车不明、该机动车未参加强制保险或者抢救费用超过机动车强制保险责任限额，需要支付被侵权人人身伤亡的抢救、丧葬等费用的，由道路交通事故社会救助基金垫付。道路交通事故社会救助基金垫付后，其管理机构有权向交通事故责任人追偿。

第一千二百一十七条 非营运机动车发生交通事故造成无偿搭乘人损害，属于该机动车一方责任的，应当减轻其赔偿责任，但是机动车使用人有故意或者重大过失的除外。

第六章　医疗损害责任

第一千二百一十八条 患者在诊疗活动中受到损害，医疗机构或者其医务人员有过错的，由医疗机构承担赔偿责任。

第一千二百一十九条　医务人员在诊疗活动中应当向患者说明病情和医疗措施。需要实施手术、特殊检查、特殊治疗的，医务人员应当及时向患者具体说明医疗风险、替代医疗方案等情况，并取得其明确同意；不能或者不宜向患者说明的，应当向患者的近亲属说明，并取得其明确同意。

医务人员未尽到前款义务，造成患者损害的，医疗机构应当承担赔偿责任。

第一千二百二十条　因抢救生命垂危的患者等紧急情况，不能取得患者或者其近亲属意见的，经医疗机构负责人或者授权的负责人批准，可以立即实施相应的医疗措施。

第一千二百二十一条　医务人员在诊疗活动中未尽到与当时的医疗水平相应的诊疗义务，造成患者损害的，医疗机构应当承担赔偿责任。

第一千二百二十二条　患者在诊疗活动中受到损害，有下列情形之一的，推定医疗机构有过错：

（一）违反法律、行政法规、规章以及其他有关诊疗规范的规定；

（二）隐匿或者拒绝提供与纠纷有关的病历资料；

（三）遗失、伪造、篡改或者违法销毁病历资料。

第一千二百二十三条　因药品、消毒产品、医疗器械的缺陷，或者输入不合格的血液造成患者损害的，患者可以向药品上市许可持有人、生产者、血液提供机构请求赔偿，也可以向医疗机构请求赔偿。患者向医疗机构请求赔偿的，医疗机构赔偿后，有权向负有责任的药品上市许可持有人、生产者、血液提供机构追偿。

第一千二百二十四条　患者在诊疗活动中受到损害，有下列情形之一的，医疗机构不承担赔偿责任：

（一）患者或者其近亲属不配合医疗机构进行符合诊疗规范的诊疗；

（二）医务人员在抢救生命垂危的患者等紧急情况下已经尽到合理诊疗义务；

（三）限于当时的医疗水平难以诊疗。

前款第一项情形中，医疗机构或者其医务人员也有过错的，应当承担相应的赔偿责任。

第一千二百二十五条　医疗机构及其医务人员应当按照规定填写并妥善保管住院志、医嘱单、检验报告、手术及麻醉记录、病理资料、护理记录等病历资料。

患者要求查阅、复制前款规定的病历资料的，医疗机构应当及时提供。

第一千二百二十六条　医疗机构及其医务人员应当对患者的隐私和个人信息保密。泄露患者的隐私和个人信息，或者未经患者同意公开其病历资料的，应当承担侵权责任。

第一千二百二十七条 医疗机构及其医务人员不得违反诊疗规范实施不必要的检查。

第一千二百二十八条 医疗机构及其医务人员的合法权益受法律保护。

干扰医疗秩序，妨碍医务人员工作、生活，侵害医务人员合法权益的，应当依法承担法律责任。

第七章 环境污染和生态破坏责任

第一千二百二十九条 因污染环境、破坏生态造成他人损害的，侵权人应当承担侵权责任。

第一千二百三十条 因污染环境、破坏生态发生纠纷，行为人应当就法律规定的不承担责任或者减轻责任的情形及其行为与损害之间不存在因果关系承担举证责任。

第一千二百三十一条 两个以上侵权人污染环境、破坏生态的，承担责任的大小，根据污染物的种类、浓度、排放量，破坏生态的方式、范围、程度，以及行为对损害后果所起的作用等因素确定。

第一千二百三十二条 侵权人违反法律规定故意污染环境、破坏生态造成严重后果的，被侵权人有权请求相应的惩罚性赔偿。

第一千二百三十三条 因第三人的过错污染环境、破坏生态的，被侵权人可以向侵权人请求赔偿，也可以向第三人请求赔偿。侵权人赔偿后，有权向第三人追偿。

第一千二百三十四条 违反国家规定造成生态环境损害，生态环境能够修复的，国家规定的机关或者法律规定的组织有权请求侵权人在合理期限内承担修复责任。侵权人在期限内未修复的，国家规定的机关或者法律规定的组织可以自行或者委托他人进行修复，所需费用由侵权人负担。

第一千二百三十五条 违反国家规定造成生态环境损害的，国家规定的机关或者法律规定的组织有权请求侵权人赔偿下列损失和费用：

（一）生态环境受到损害至修复完成期间服务功能丧失导致的损失；

（二）生态环境功能永久性损害造成的损失；

（三）生态环境损害调查、鉴定评估等费用；

（四）清除污染、修复生态环境费用；

（五）防止损害的发生和扩大所支出的合理费用。

第八章 高度危险责任

第一千二百三十六条 从事高度危险作业造成他人损害的，应当承担侵权责任。

第一千二百三十七条 民用核设施或者运入运出核设施的核材料发生核事故造成他人损害的，民用核设施的营运单位应当承担侵权责任；但是，能够证明损害是因战争、武装冲突、暴乱等情形或者受害人故意造成的，不承担责任。

第一千二百三十八条 民用航空器造成他人损害的，民用航空器的经营者应当承担侵权责任；但是，能够证明损害是因受害人故意造成的，不承担责任。

第一千二百三十九条 占有或者使用易燃、易爆、剧毒、高放射性、强腐蚀性、高致病性等高度危险物造成他人损害的，占有人或者使用人应当承担侵权责任；但是，能够证明损害是因受害人故意或者不可抗力造成的，不承担责任。被侵权人对损害的发生有重大过失的，可以减轻占有人或者使用人的责任。

第一千二百四十条 从事高空、高压、地下挖掘活动或者使用高速轨道运输工具造成他人损害的，经营者应当承担侵权责任；但是，能够证明损害是因受害人故意或者不可抗力造成的，不承担责任。被侵权人对损害的发生有重大过失的，可以减轻经营者的责任。

第一千二百四十一条 遗失、抛弃高度危险物造成他人损害的，由所有人承担侵权责任。所有人将高度危险物交由他人管理的，由管理人承担侵权责任；所有人有过错的，与管理人承担连带责任。

第一千二百四十二条 非法占有高度危险物造成他人损害的，由非法占有人承担侵权责任。所有人、管理人不能证明对防止非法占有尽到高度注意义务的，与非法占有人承担连带责任。

第一千二百四十三条 未经许可进入高度危险活动区域或者高度危险物存放区域受到损害，管理人能够证明已经采取足够安全措施并尽到充分警示义务的，可以减轻或者不承担责任。

第一千二百四十四条 承担高度危险责任，法律规定赔偿限额的，依照其规定，但是行为人有故意或者重大过失的除外。

第九章 饲养动物损害责任

第一千二百四十五条 饲养的动物造成他人损害的，动物饲养人或者管理人应当承担侵权责任；但是，能够证明损害是因被侵权人故意或者重大过失造成的，可以不承担或者减轻责任。

第一千二百四十六条 违反管理规定，未对动物采取安全措施造成他人损害的，动物饲养人或者管理人应当承担侵权责任；但是，能够证明损害是因被侵权人故意造成的，可以减轻责任。

第一千二百四十七条 禁止饲养的烈性犬等危险动物造成他人损害的，动物饲养人或者管理人应当承担侵权责任。

第一千二百四十八条 动物园的动物造成他人损害的，动物园应当承担侵权责任；但是，能够证明尽到管理职责的，不承担侵权责任。

第一千二百四十九条 遗弃、逃逸的动物在遗弃、逃逸期间造成他人损害的，由动物原饲养人或者管理人承担侵权责任。

第一千二百五十条 因第三人的过错致使动物造成他人损害的，被侵权人可以向动物饲养人或者管理人请求赔偿，也可以向第三人请求赔偿。动物饲养人或者管理人赔偿后，有权向第三人追偿。

第一千二百五十一条 饲养动物应当遵守法律法规，尊重社会公德，不得妨碍他人生活。

第十章 建筑物和物件损害责任

第一千二百五十二条 建筑物、构筑物或者其他设施倒塌、塌陷造成他人损害的，由建设单位与施工单位承担连带责任，但是建设单位与施工单位能够证明不存在质量缺陷的除外。建设单位、施工单位赔偿后，有其他责任人的，有权向其他责任人追偿。

因所有人、管理人、使用人或者第三人的原因，建筑物、构筑物或者其他设施倒塌、塌陷造成他人损害的，由所有人、管理人、使用人或者第三人承担侵权责任。

第一千二百五十三条 建筑物、构筑物或者其他设施及其搁置物、悬挂物发生脱落、坠落造成他人损害，所有人、管理人或者使用人不能证明自己没有过错的，应当承担侵权责任。所有人、管理人或者使用人赔偿后，有其他责任人的，有权向其他责任人追偿。

第一千二百五十四条 禁止从建筑物中抛掷物品。从建筑物中抛掷物品或者从建筑物上坠落的物品造成他人损害的，由侵权人依法承担侵权责任；经调查难以确定具体侵权人的，除能够证明自己不是侵权人的外，由可能加害的建筑物使用人给予补偿。可能加害的建筑物使用人补偿后，有权向侵权人追偿。

物业服务企业等建筑物管理人应当采取必要的安全保障措施防止前款规定情形的发生；未采取必要的安全保障措施的，应当依法承担未履行安全保障义务的侵权责任。

发生本条第一款规定的情形的，公安等机关应当依法及时调查，查清责任人。

第一千二百五十五条 堆放物倒塌、滚落或者滑落造成他人损害，堆放人不能证明自己没有过错的，应当承担侵权责任。

第一千二百五十六条 在公共道路上堆放、倾倒、遗撒妨碍通行的物品造成他人损害的，由行为人承担侵权责任。公共道路管理人不能证明已经尽到清理、防护、警示等义务的，应当承担相应的责任。

第一千二百五十七条 因林木折断、倾倒或者果实坠落等造成他人损害，林木的所有人或者管理人不能证明自己没有过错的，应当承担侵权责任。

第一千二百五十八条 在公共场所或者道路上挖掘、修缮安装地下设施等造成他人损害，施工人不能证明已经设置明显标志和采取安全措施的，应当承担侵权责任。

窨井等地下设施造成他人损害，管理人不能证明尽到管理职责的，应当承担侵权责任。

中华人民共和国产品质量法

（1993年2月22日第七届全国人民代表大会常务委员会第三十次会议通过 根据2000年7月8日第九届全国人民代表大会常务委员会第十六次会议《关于修改〈中华人民共和国产品质量法〉的决定》第一次修正 根据2009年8月27日第十一届全国人民代表大会常务委员会第十次会议《关于修改部分法律的决定》第二次修正 根据2018年12月29日第十三届全国人民代表大会常务委员会第七次会议《关于修改〈中华人民共和国产品质量法〉等五部法律的决定》第三次修正）

目　　录

第一章 总　　则

第一条 为了加强对产品质量的监督管理，提高产品质量水平，明确产品质量责任，保护消费者的合法权益，维护社会经济秩序，制定本法。

第二条 在中华人民共和国境内从事产品生产、销售活动，必须遵守本法。

本法所称产品是指经过加工、制作，用于销售的产品。

建设工程不适用本法规定；但是，建设工程使用的建筑材料、建筑构配件和设备，属于前款规定的产品范围的，适用本法规定。

第三条 生产者、销售者应当建立健全内部产品质量管理制度，严格实施岗位质量规范、质量责任以及相应的考核办法。

第四条 生产者、销售者依照本法规定承担产品质量责任。

第五条 禁止伪造或者冒用认证标志等质量标志；禁止伪造产品的产地，伪造或者冒用他人的厂名、厂址；禁止在生产、销售的产品中掺杂、掺假，以假充真，以次充好。

第六条 国家鼓励推行科学的质量管理方法，采用先进的科学技术，鼓励企业产品质量达到并且超过行业标准、国家标准和国际标准。

对产品质量管理先进和产品质量达到国际先进水平、成绩显著的单位和个人，给予奖励。

第七条 各级人民政府应当把提高产品质量纳入国民经济和社会发展规划，加强对产品质量工作的统筹规划和组织领导，引导、督促生产者、销售者加强产品质量管理，提高产品质量，组织各有关部门依法采取措施，制止产品生产、销售中违反本法规定的行为，保障本法的施行。

第八条 国务院市场监督管理部门主管全国产品质量监督工作。国务院有关部门在各自的职责范围内负责产品质量监督工作。

县级以上地方市场监督管理部门主管本行政区域内的产品质量监督工作。县级以上地方人民政府有关部门在各自的职责范围内负责产品质量监督工作。

法律对产品质量的监督部门另有规定的，依照有关法律的规定执行。

第九条 各级人民政府工作人员和其他国家机关工作人员不得滥用职权、玩忽职守或者徇私舞弊，包庇、放纵本地区、本系统发生的产品生产、销售中违反本法规定的行为，或者阻挠、干预依法对产品生产、销售中违反本法规定的行为进行查处。

各级地方人民政府和其他国家机关有包庇、放纵产品生产、销售中违反本法规定的行为的，依法追究其主要负责人的法律责任。

第十条 任何单位和个人有权对违反本法规定的行为，向市场监督管理部门或者其他有关部门检举。

市场监督管理部门和有关部门应当为检举人保密，并按照省、自治区、直辖市人民政府的规定给予奖励。

第十一条 任何单位和个人不得排斥非本地区或者非本系统企业生产的质量合格产品进入本地区、本系统。

第二章　产品质量的监督

第十二条　产品质量应当检验合格，不得以不合格产品冒充合格产品。

第十三条　可能危及人体健康和人身、财产安全的工业产品，必须符合保障人体健康和人身、财产安全的国家标准、行业标准；未制定国家标准、行业标准的，必须符合保障人体健康和人身、财产安全的要求。

禁止生产、销售不符合保障人体健康和人身、财产安全的标准和要求的工业产品。具体管理办法由国务院规定。

第十四条　国家根据国际通用的质量管理标准，推行企业质量体系认证制度。企业根据自愿原则可以向国务院市场监督管理部门认可的或者国务院市场监督管理部门授权的部门认可的认证机构申请企业质量体系认证。经认证合格的，由认证机构颁发企业质量体系认证证书。

国家参照国际先进的产品标准和技术要求，推行产品质量认证制度。企业根据自愿原则可以向国务院市场监督管理部门认可的或者国务院市场监督管理部门授权的部门认可的认证机构申请产品质量认证。经认证合格的，由认证机构颁发产品质量认证证书，准许企业在产品或者其包装上使用产品质量认证标志。

第十五条　国家对产品质量实行以抽查为主要方式的监督检查制度，对可能危及人体健康和人身、财产安全的产品，影响国计民生的重要工业产品以及消费者、有关组织反映有质量问题的产品进行抽查。抽查的样品应当在市场上或者企业成品仓库内的待销产品中随机抽取。监督抽查工作由国务院市场监督管理部门规划和组织。县级以上地方市场监督管理部门在本行政区域内也可以组织监督抽查。法律对产品质量的监督检查另有规定的，依照有关法律的规定执行。

国家监督抽查的产品，地方不得另行重复抽查；上级监督抽查的产品，下级不得另行重复抽查。

根据监督抽查的需要，可以对产品进行检验。检验抽取样品的数量不得超过检验的合理需要，并不得向被检查人收取检验费用。监督抽查所需检验费用按照国务院规定列支。

生产者、销售者对抽查检验的结果有异议的，可以自收到检验结果之日起十五日内向实施监督抽查的市场监督管理部门或者其上级市场监督管理部门申请复检，由受理复检的市场监督管理部门作出复检结论。

第十六条　对依法进行的产品质量监督检查，生产者、销售者不得拒绝。

第十七条　依照本法规定进行监督抽查的产品质量不合格的，由实施监督抽查的市场监督管理部门责令其生产者、销售者限期改正。逾期不改正的，由省级以上人民政府市场监督管理部门予以公告；公告后经复查仍不合格的，责令停业，限期整顿；整顿期满后经复查产品质量仍不合格的，吊销营业执照。

监督抽查的产品有严重质量问题的，依照本法第五章的有关规定处罚。

第十八条 县级以上市场监督管理部门根据已经取得的违法嫌疑证据或者举报，对涉嫌违反本法规定的行为进行查处时，可以行使下列职权：

（一）对当事人涉嫌从事违反本法的生产、销售活动的场所实施现场检查；

（二）向当事人的法定代表人、主要负责人和其他有关人员调查、了解与涉嫌从事违反本法的生产、销售活动有关的情况；

（三）查阅、复制当事人有关的合同、发票、帐簿以及其他有关资料；

（四）对有根据认为不符合保障人体健康和人身、财产安全的国家标准、行业标准的产品或者有其他严重质量问题的产品，以及直接用于生产、销售该项产品的原辅材料、包装物、生产工具，予以查封或者扣押。

第十九条 产品质量检验机构必须具备相应的检测条件和能力，经省级以上人民政府市场监督管理部门或者其授权的部门考核合格后，方可承担产品质量检验工作。法律、行政法规对产品质量检验机构另有规定的，依照有关法律、行政法规的规定执行。

第二十条 从事产品质量检验、认证的社会中介机构必须依法设立，不得与行政机关和其他国家机关存在隶属关系或者其他利益关系。

第二十一条 产品质量检验机构、认证机构必须依法按照有关标准，客观、公正地出具检验结果或者认证证明。

产品质量认证机构应当依照国家规定对准许使用认证标志的产品进行认证后的跟踪检查；对不符合认证标准而使用认证标志的，要求其改正；情节严重的，取消其使用认证标志的资格。

第二十二条 消费者有权就产品质量问题，向产品的生产者、销售者查询；向市场监督管理部门及有关部门申诉，接受申诉的部门应当负责处理。

第二十三条 保护消费者权益的社会组织可以就消费者反映的产品质量问题建议有关部门负责处理，支持消费者对因产品质量造成的损害向人民法院起诉。

第二十四条 国务院和省、自治区、直辖市人民政府的市场监督管理部门应当定期发布其监督抽查的产品的质量状况公告。

第二十五条 市场监督管理部门或者其他国家机关以及产品质量检验机构不得向社会推荐生产者的产品；不得以对产品进行监制、监销等方式参与产品经营活动。

第三章 生产者、销售者的产品质量责任和义务

第一节 生产者的产品质量责任和义务

第二十六条 生产者应当对其生产的产品质量负责。

产品质量应当符合下列要求：

（一）不存在危及人身、财产安全的不合理的危险，有保障人体健康和人身、财产安全的国家标准、行业标准的，应当符合该标准；

（二）具备产品应当具备的使用性能，但是，对产品存在使用性能的瑕疵作出说明的除外；

（三）符合在产品或者其包装上注明采用的产品标准，符合以产品说明、实物样品等方式表明的质量状况。

第二十七条　产品或者其包装上的标识必须真实，并符合下列要求：

（一）有产品质量检验合格证明；

（二）有中文标明的产品名称、生产厂厂名和厂址；

（三）根据产品的特点和使用要求，需要标明产品规格、等级、所含主要成份的名称和含量的，用中文相应予以标明；需要事先让消费者知晓的，应当在外包装上标明，或者预先向消费者提供有关资料；

（四）限期使用的产品，应当在显著位置清晰地标明生产日期和安全使用期或者失效日期；

（五）使用不当，容易造成产品本身损坏或者可能危及人身、财产安全的产品，应当有警示标志或者中文警示说明。

裸装的食品和其他根据产品的特点难以附加标识的裸装产品，可以不附加产品标识。

第二十八条　易碎、易燃、易爆、有毒、有腐蚀性、有放射性等危险物品以及储运中不能倒置和其他有特殊要求的产品，其包装质量必须符合相应要求，依照国家有关规定作出警示标志或者中文警示说明，标明储运注意事项。

第二十九条　生产者不得生产国家明令淘汰的产品。

第三十条　生产者不得伪造产地，不得伪造或者冒用他人的厂名、厂址。

第三十一条　生产者不得伪造或者冒用认证标志等质量标志。

第三十二条　生产者生产产品，不得掺杂、掺假，不得以假充真、以次充好，不得以不合格产品冒充合格产品。

第二节　销售者的产品质量责任和义务

第三十三条　销售者应当建立并执行进货检查验收制度，验明产品合格证明和其他标识。

第三十四条　销售者应当采取措施，保持销售产品的质量。

第三十五条　销售者不得销售国家明令淘汰并停止销售的产品和失效、变质的产品。

第三十六条　销售者销售的产品的标识应当符合本法第二十七条的规定。

第三十七条 销售者不得伪造产地，不得伪造或者冒用他人的厂名、厂址。

第三十八条 销售者不得伪造或者冒用认证标志等质量标志。

第三十九条 销售者销售产品，不得掺杂、掺假，不得以假充真、以次充好，不得以不合格产品冒充合格产品。

第四章 损害赔偿

第四十条 售出的产品有下列情形之一的，销售者应当负责修理、更换、退货；给购买产品的消费者造成损失的，销售者应当赔偿损失：

（一）不具备产品应当具备的使用性能而事先未作说明的；

（二）不符合在产品或者其包装上注明采用的产品标准的；

（三）不符合以产品说明、实物样品等方式表明的质量状况的。

销售者依照前款规定负责修理、更换、退货、赔偿损失后，属于生产者的责任或者属于向销售者提供产品的其他销售者（以下简称供货者）的责任的，销售者有权向生产者、供货者追偿。

销售者未按照第一款规定给予修理、更换、退货或者赔偿损失的，由市场监督管理部门责令改正。

生产者之间，销售者之间，生产者与销售者之间订立的买卖合同、承揽合同有不同约定的，合同当事人按照合同约定执行。

第四十一条 因产品存在缺陷造成人身、缺陷产品以外的其他财产（以下简称他人财产）损害的，生产者应当承担赔偿责任。

生产者能够证明有下列情形之一的，不承担赔偿责任：

（一）未将产品投入流通的；

（二）产品投入流通时，引起损害的缺陷尚不存在的；

（三）将产品投入流通时的科学技术水平尚不能发现缺陷的存在的。

第四十二条 由于销售者的过错使产品存在缺陷，造成人身、他人财产损害的，销售者应当承担赔偿责任。

销售者不能指明缺陷产品的生产者也不能指明缺陷产品的供货者的，销售者应当承担赔偿责任。

第四十三条 因产品存在缺陷造成人身、他人财产损害的，受害人可以向产品的生产者要求赔偿，也可以向产品的销售者要求赔偿。属于产品的生产者的责任，产品的销售者赔偿的，产品的销售者有权向产品的生产者追偿。属于产品的销售者的责任，产品的生产者赔偿的，产品的生产者有权向产品的销售者追偿。

第四十四条 因产品存在缺陷造成受害人人身伤害的，侵害人应当赔偿医疗费、治疗期间的护理费、因误工减少的收入等费用；造成残疾的，还应当支付残疾者生活自助具费、生活补助费、残疾赔偿金以及由其扶养的人所必需的生活费等费用；造成受害人死亡的，并应当支付丧葬费、死亡赔偿金以及由死者生前扶养的人所必需的生活费等费用。

因产品存在缺陷造成受害人财产损失的，侵害人应当恢复原状或者折价赔偿。受害人因此遭受其他重大损失的，侵害人应当赔偿损失。

第四十五条　因产品存在缺陷造成损害要求赔偿的诉讼时效期间为二年，自当事人知道或者应当知道其权益受到损害时起计算。

因产品存在缺陷造成损害要求赔偿的请求权，在造成损害的缺陷产品交付最初消费者满十年丧失；但是，尚未超过明示的安全使用期的除外。

第四十六条　本法所称缺陷，是指产品存在危及人身、他人财产安全的不合理的危险；产品有保障人体健康和人身、财产安全的国家标准、行业标准的，是指不符合该标准。

第四十七条　因产品质量发生民事纠纷时，当事人可以通过协商或者调解解决。当事人不愿通过协商、调解解决或者协商、调解不成的，可以根据当事人各方的协议向仲裁机构申请仲裁；当事人各方没有达成仲裁协议或者仲裁协议无效的，可以直接向人民法院起诉。

第四十八条　仲裁机构或者人民法院可以委托本法第十九条规定的产品质量检验机构，对有关产品质量进行检验。

第五章　罚　　则

第四十九条　生产、销售不符合保障人体健康和人身、财产安全的国家标准、行业标准的产品的，责令停止生产、销售，没收违法生产、销售的产品，并处违法生产、销售产品（包括已售出和未售出的产品，下同）货值金额等值以上三倍以下的罚款；有违法所得的，并处没收违法所得；情节严重的，吊销营业执照；构成犯罪的，依法追究刑事责任。

第五十条　在产品中掺杂、掺假，以假充真，以次充好，或者以不合格产品冒充合格产品的，责令停止生产、销售，没收违法生产、销售的产品，并处违法生产、销售产品货值金额百分之五十以上三倍以下的罚款；有违法所得的，并处没收违法所得；情节严重的，吊销营业执照；构成犯罪的，依法追究刑事责任。

第五十一条　生产国家明令淘汰的产品的，销售国家明令淘汰并停止销售的产品的，责令停止生产、销售，没收违法生产、销售的产品，并处违法生产、销售产品货值金额等值以下的罚款；有违法所得的，并处没收违法所得；情节严重的，吊销营业执照。

第五十二条　销售失效、变质的产品的，责令停止销售，没收违法销售的产品，并处违法销售产品货值金额二倍以下的罚款；有违法所得的，并处没收违法所得;情节严重的,吊销营业执照;构成犯罪的,依法追究刑事责任。

第五十三条 伪造产品产地的,伪造或者冒用他人厂名、厂址的,伪造或者冒用认证标志等质量标志的,责令改正,没收违法生产、销售的产品,并处违法生产、销售产品货值金额等值以下的罚款;有违法所得的,并处没收违法所得;情节严重的,吊销营业执照。

第五十四条 产品标识不符合本法第二十七条规定的,责令改正;有包装的产品标识不符合本法第二十七条第(四)项、第(五)项规定,情节严重的,责令停止生产、销售,并处违法生产、销售产品货值金额百分之三十以下的罚款;有违法所得的,并处没收违法所得。

第五十五条 销售者销售本法第四十九条至第五十三条规定禁止销售的产品,有充分证据证明其不知道该产品为禁止销售的产品并如实说明其进货来源的,可以从轻或者减轻处罚。

第五十六条 拒绝接受依法进行的产品质量监督检查的,给予警告,责令改正;拒不改正的,责令停业整顿;情节特别严重的,吊销营业执照。

第五十七条 产品质量检验机构、认证机构伪造检验结果或者出具虚假证明的,责令改正,对单位处五万元以上十万元以下的罚款,对直接负责的主管人员和其他直接责任人员处一万元以上五万元以下的罚款;有违法所得的,并处没收违法所得;情节严重的,取消其检验资格、认证资格;构成犯罪的,依法追究刑事责任。

产品质量检验机构、认证机构出具的检验结果或者证明不实,造成损失的,应当承担相应的赔偿责任;造成重大损失的,撤销其检验资格、认证资格。

产品质量认证机构违反本法第二十一条第二款的规定,对不符合认证标准而使用认证标志的产品,未依法要求其改正或者取消其使用认证标志资格的,对因产品不符合认证标准给消费者造成的损失,与产品的生产者、销售者承担连带责任;情节严重的,撤销其认证资格。

第五十八条 社会团体、社会中介机构对产品质量作出承诺、保证,而该产品又不符合其承诺、保证的质量要求,给消费者造成损失的,与产品的生产者、销售者承担连带责任。

第五十九条 在广告中对产品质量作虚假宣传,欺骗和误导消费者的,依照《中华人民共和国广告法》的规定追究法律责任。

第六十条 对生产者专门用于生产本法第四十九条、第五十一条所列的产品或者以假充真的产品的原辅材料、包装物、生产工具,应当予以没收。

第六十一条 知道或者应当知道属于本法规定禁止生产、销售的产品而为其提供运输、保管、仓储等便利条件的,或者为以假充真的产品提供制假生产技术的,没收全部运输、保管、仓储或者提供制假生产技术的收入,并处违法收入百分之五十以上三倍以下的罚款;构成犯罪的,依法追究刑事责任。

第六十二条　服务业的经营者将本法第四十九条至第五十二条规定禁止销售的产品用于经营性服务的，责令停止使用；对知道或者应当知道所使用的产品属于本法规定禁止销售的产品的，按照违法使用的产品（包括已使用和尚未使用的产品）的货值金额，依照本法对销售者的处罚规定处罚。

第六十三条　隐匿、转移、变卖、损毁被市场监督管理部门查封、扣押的物品的，处被隐匿、转移、变卖、损毁物品货值金额等值以上三倍以下的罚款；有违法所得的，并处没收违法所得。

第六十四条　违反本法规定，应当承担民事赔偿责任和缴纳罚款、罚金，其财产不足以同时支付时，先承担民事赔偿责任。

第六十五条　各级人民政府工作人员和其他国家机关工作人员有下列情形之一的，依法给予行政处分；构成犯罪的，依法追究刑事责任：

（一）包庇、放纵产品生产、销售中违反本法规定行为的；

（二）向从事违反本法规定的生产、销售活动的当事人通风报信，帮助其逃避查处的；

（三）阻挠、干预市场监督管理部门依法对产品生产、销售中违反本法规定的行为进行查处，造成严重后果的。

第六十六条　市场监督管理部门在产品质量监督抽查中超过规定的数量索取样品或者向被检查人收取检验费用的，由上级市场监督管理部门或者监察机关责令退还；情节严重的，对直接负责的主管人员和其他直接责任人员依法给予行政处分。

第六十七条　市场监督管理部门或者其他国家机关违反本法第二十五条的规定，向社会推荐生产者的产品或者以监制、监销等方式参与产品经营活动的，由其上级机关或者监察机关责令改正，消除影响，有违法收入的予以没收；情节严重的，对直接负责的主管人员和其他直接责任人员依法给予行政处分。

产品质量检验机构有前款所列违法行为的，由市场监督管理部门责令改正，消除影响，有违法收入的予以没收，可以并处违法收入一倍以下的罚款；情节严重的，撤销其质量检验资格。

第六十八条　市场监督管理部门的工作人员滥用职权、玩忽职守、徇私舞弊，构成犯罪的，依法追究刑事责任；尚不构成犯罪的，依法给予行政处分。

第六十九条　以暴力、威胁方法阻碍市场监督管理部门的工作人员依法执行职务的，依法追究刑事责任；拒绝、阻碍未使用暴力、威胁方法的，由公安机关依照治安管理处罚法的规定处罚。

第七十条　本法第四十九条至第五十七条、第六十条至第六十三条规定的行政处罚由市场监督管理部门决定。法律、行政法规对行使行政处罚权的机关另有规定的，依照有关法律、行政法规的规定执行。

第七十一条　对依照本法规定没收的产品，依照国家有关规定进行销毁或者采取其他方式处理。

第七十二条 本法第四十九条至第五十四条、第六十二条、第六十三条所规定的货值金额以违法生产、销售产品的标价计算；没有标价的，按照同类产品的市场价格计算。

第六章 附 则

第七十三条 军工产品质量监督管理办法，由国务院、中央军事委员会另行制定。

因核设施、核产品造成损害的赔偿责任，法律、行政法规另有规定的，依照其规定。

第七十四条 本法自1993年9月1日起施行。

中华人民共和国消费者权益保护法

（1993年10月31日第八届全国人民代表大会常务委员会第四次会议通过 根据2009年8月27日第十一届全国人民代表大会常务委员会第十次会议《关于修改部分法律的决定》第一次修正 根据2013年10月25日第十二届全国人民代表大会常务委员会第五次会议《关于修改〈中华人民共和国消费者权益保护法〉的决定》第二次修正）

目 录

第一章 总 则

第一条 为保护消费者的合法权益，维护社会经济秩序，促进社会主义市场经济健康发展，制定本法。

第二条　消费者为生活消费需要购买、使用商品或者接受服务，其权益受本法保护；本法未作规定的，受其他有关法律、法规保护。

第三条　经营者为消费者提供其生产、销售的商品或者提供服务，应当遵守本法；本法未作规定的，应当遵守其他有关法律、法规。

第四条　经营者与消费者进行交易，应当遵循自愿、平等、公平、诚实信用的原则。

第五条　国家保护消费者的合法权益不受侵害。

国家采取措施，保障消费者依法行使权利，维护消费者的合法权益。

国家倡导文明、健康、节约资源和保护环境的消费方式，反对浪费。

第六条　保护消费者的合法权益是全社会的共同责任。

国家鼓励、支持一切组织和个人对损害消费者合法权益的行为进行社会监督。

大众传播媒介应当做好维护消费者合法权益的宣传，对损害消费者合法权益的行为进行舆论监督。

第二章　消费者的权利

第七条　消费者在购买、使用商品和接受服务时享有人身、财产安全不受损害的权利。

消费者有权要求经营者提供的商品和服务，符合保障人身、财产安全的要求。

第八条　消费者享有知悉其购买、使用的商品或者接受的服务的真实情况的权利。

消费者有权根据商品或者服务的不同情况，要求经营者提供商品的价格、产地、生产者、用途、性能、规格、等级、主要成份、生产日期、有效期限、检验合格证明、使用方法说明书、售后服务，或者服务的内容、规格、费用等有关情况。

第九条　消费者享有自主选择商品或者服务的权利。

消费者有权自主选择提供商品或者服务的经营者，自主选择商品品种或者服务方式，自主决定购买或者不购买任何一种商品、接受或者不接受任何一项服务。

消费者在自主选择商品或者服务时，有权进行比较、鉴别和挑选。

第十条　消费者享有公平交易的权利。

消费者在购买商品或者接受服务时，有权获得质量保障、价格合理、计量正确等公平交易条件，有权拒绝经营者的强制交易行为。

第十一条　消费者因购买、使用商品或者接受服务受到人身、财产损害的，享有依法获得赔偿的权利。

第十二条　消费者享有依法成立维护自身合法权益的社会组织的权利。

第十三条 消费者享有获得有关消费和消费者权益保护方面的知识的权利。

消费者应当努力掌握所需商品或者服务的知识和使用技能,正确使用商品,提高自我保护意识。

第十四条 消费者在购买、使用商品和接受服务时,享有人格尊严、民族风俗习惯得到尊重的权利,享有个人信息依法得到保护的权利。

第十五条 消费者享有对商品和服务以及保护消费者权益工作进行监督的权利。

消费者有权检举、控告侵害消费者权益的行为和国家机关及其工作人员在保护消费者权益工作中的违法失职行为,有权对保护消费者权益工作提出批评、建议。

第三章　经营者的义务

第十六条 经营者向消费者提供商品或者服务,应当依照本法和其他有关法律、法规的规定履行义务。

经营者和消费者有约定的,应当按照约定履行义务,但双方的约定不得违背法律、法规的规定。

经营者向消费者提供商品或者服务,应当恪守社会公德,诚信经营,保障消费者的合法权益;不得设定不公平、不合理的交易条件,不得强制交易。

第十七条 经营者应当听取消费者对其提供的商品或者服务的意见,接受消费者的监督。

第十八条 经营者应当保证其提供的商品或者服务符合保障人身、财产安全的要求。对可能危及人身、财产安全的商品和服务,应当向消费者作出真实的说明和明确的警示,并说明和标明正确使用商品或者接受服务的方法以及防止危害发生的方法。

宾馆、商场、餐馆、银行、机场、车站、港口、影剧院等经营场所的经营者,应当对消费者尽到安全保障义务。

第十九条 经营者发现其提供的商品或者服务存在缺陷,有危及人身、财产安全危险的,应当立即向有关行政部门报告和告知消费者,并采取停止销售、警示、召回、无害化处理、销毁、停止生产或者服务等措施。采取召回措施的,经营者应当承担消费者因商品被召回支出的必要费用。

第二十条 经营者向消费者提供有关商品或者服务的质量、性能、用途、有效期限等信息,应当真实、全面,不得作虚假或者引人误解的宣传。

经营者对消费者就其提供的商品或者服务的质量和使用方法等问题提出的询问,应当作出真实、明确的答复。

经营者提供商品或者服务应当明码标价。

第二十一条　经营者应当标明其真实名称和标记。

租赁他人柜台或者场地的经营者,应当标明其真实名称和标记。

第二十二条　经营者提供商品或者服务,应当按照国家有关规定或者商业惯例向消费者出具发票等购货凭证或者服务单据;消费者索要发票等购货凭证或者服务单据的,经营者必须出具。

第二十三条　经营者应当保证在正常使用商品或者接受服务的情况下其提供的商品或者服务应当具有的质量、性能、用途和有效期限;但消费者在购买该商品或者接受该服务前已经知道其存在瑕疵,且存在该瑕疵不违反法律强制性规定的除外。

经营者以广告、产品说明、实物样品或者其他方式表明商品或者服务的质量状况的,应当保证其提供的商品或者服务的实际质量与表明的质量状况相符。

经营者提供的机动车、计算机、电视机、电冰箱、空调器、洗衣机等耐用商品或者装饰装修等服务,消费者自接受商品或者服务之日起六个月内发现瑕疵,发生争议的,由经营者承担有关瑕疵的举证责任。

第二十四条　经营者提供的商品或者服务不符合质量要求的,消费者可以依照国家规定、当事人约定退货,或者要求经营者履行更换、修理等义务。没有国家规定和当事人约定的,消费者可以自收到商品之日起七日内退货;七日后符合法定解除合同条件的,消费者可以及时退货,不符合法定解除合同条件的,可以要求经营者履行更换、修理等义务。

依照前款规定进行退货、更换、修理的,经营者应当承担运输等必要费用。

第二十五条　经营者采用网络、电视、电话、邮购等方式销售商品,消费者有权自收到商品之日起七日内退货,且无需说明理由,但下列商品除外:

(一)消费者定作的;

(二)鲜活易腐的;

(三)在线下载或者消费者拆封的音像制品、计算机软件等数字化商品;

(四)交付的报纸、期刊。

除前款所列商品外,其他根据商品性质并经消费者在购买时确认不宜退货的商品,不适用无理由退货。

消费者退货的商品应当完好。经营者应当自收到退回商品之日起七日内返还消费者支付的商品价款。退回商品的运费由消费者承担;经营者和消费者另有约定的,按照约定。

第二十六条　经营者在经营活动中使用格式条款的,应当以显著方式提请消费者注意商品或者服务的数量和质量、价款或者费用、履行期限和方式、安全注意事项和风险警示、售后服务、民事责任等与消费者有重大利害关系的内容,并按照消费者的要求予以说明。

经营者不得以格式条款、通知、声明、店堂告示等方式，作出排除或者限制消费者权利、减轻或者免除经营者责任、加重消费者责任等对消费者不公平、不合理的规定，不得利用格式条款并借助技术手段强制交易。

格式条款、通知、声明、店堂告示等含有前款所列内容的，其内容无效。

第二十七条 经营者不得对消费者进行侮辱、诽谤，不得搜查消费者的身体及其携带的物品，不得侵犯消费者的人身自由。

第二十八条 采用网络、电视、电话、邮购等方式提供商品或者服务的经营者，以及提供证券、保险、银行等金融服务的经营者，应当向消费者提供经营地址、联系方式、商品或者服务的数量和质量、价款或者费用、履行期限和方式、安全注意事项和风险警示、售后服务、民事责任等信息。

第二十九条 经营者收集、使用消费者个人信息，应当遵循合法、正当、必要的原则，明示收集、使用信息的目的、方式和范围，并经消费者同意。经营者收集、使用消费者个人信息，应当公开其收集、使用规则，不得违反法律、法规的规定和双方的约定收集、使用信息。

经营者及其工作人员对收集的消费者个人信息必须严格保密，不得泄露、出售或者非法向他人提供。经营者应当采取技术措施和其他必要措施，确保信息安全，防止消费者个人信息泄露、丢失。在发生或者可能发生信息泄露、丢失的情况时，应当立即采取补救措施。

经营者未经消费者同意或者请求，或者消费者明确表示拒绝的，不得向其发送商业性信息。

第四章 国家对消费者合法权益的保护

第三十条 国家制定有关消费者权益的法律、法规、规章和强制性标准，应当听取消费者和消费者协会等组织的意见。

第三十一条 各级人民政府应当加强领导，组织、协调、督促有关行政部门做好保护消费者合法权益的工作，落实保护消费者合法权益的职责。

各级人民政府应当加强监督，预防危害消费者人身、财产安全行为的发生，及时制止危害消费者人身、财产安全的行为。

第三十二条 各级人民政府工商行政管理部门和其他有关行政部门应当依照法律、法规的规定，在各自的职责范围内，采取措施，保护消费者的合法权益。

有关行政部门应当听取消费者和消费者协会等组织对经营者交易行为、商品和服务质量问题的意见，及时调查处理。

第三十三条 有关行政部门在各自的职责范围内，应当定期或者不定期对经营者提供的商品和服务进行抽查检验，并及时向社会公布抽查检验结果。

有关行政部门发现并认定经营者提供的商品或者服务存在缺陷，有危及人身、财产安全危险的，应当立即责令经营者采取停止销售、警示、召回、无害化处理、销毁、停止生产或者服务等措施。

第三十四条　有关国家机关应当依照法律、法规的规定，惩处经营者在提供商品和服务中侵害消费者合法权益的违法犯罪行为。

第三十五条　人民法院应当采取措施，方便消费者提起诉讼。对符合《中华人民共和国民事诉讼法》起诉条件的消费者权益争议，必须受理，及时审理。

第五章　消费者组织

第三十六条　消费者协会和其他消费者组织是依法成立的对商品和服务进行社会监督的保护消费者合法权益的社会组织。

第三十七条　消费者协会履行下列公益性职责：

（一）向消费者提供消费信息和咨询服务，提高消费者维护自身合法权益的能力，引导文明、健康、节约资源和保护环境的消费方式；

（二）参与制定有关消费者权益的法律、法规、规章和强制性标准；

（三）参与有关行政部门对商品和服务的监督、检查；

（四）就有关消费者合法权益的问题，向有关部门反映、查询，提出建议；

（五）受理消费者的投诉，并对投诉事项进行调查、调解；

（六）投诉事项涉及商品和服务质量问题的，可以委托具备资格的鉴定人鉴定，鉴定人应当告知鉴定意见；

（七）就损害消费者合法权益的行为，支持受损害的消费者提起诉讼或者依照本法提起诉讼；

（八）对损害消费者合法权益的行为，通过大众传播媒介予以揭露、批评。

各级人民政府对消费者协会履行职责应当予以必要的经费等支持。

消费者协会应当认真履行保护消费者合法权益的职责，听取消费者的意见和建议，接受社会监督。

依法成立的其他消费者组织依照法律、法规及其章程的规定，开展保护消费者合法权益的活动。

第三十八条　消费者组织不得从事商品经营和营利性服务，不得以收取费用或者其他牟取利益的方式向消费者推荐商品和服务。

第六章　争议的解决

第三十九条　消费者和经营者发生消费者权益争议的，可以通过下列途径解决：

（一）与经营者协商和解；

（二）请求消费者协会或者依法成立的其他调解组织调解；

（三）向有关行政部门投诉；

（四）根据与经营者达成的仲裁协议提请仲裁机构仲裁；

（五）向人民法院提起诉讼。

第四十条 消费者在购买、使用商品时，其合法权益受到损害的，可以向销售者要求赔偿。销售者赔偿后，属于生产者的责任或者属于向销售者提供商品的其他销售者的责任的，销售者有权向生产者或者其他销售者追偿。

消费者或者其他受害人因商品缺陷造成人身、财产损害的，可以向销售者要求赔偿，也可以向生产者要求赔偿。属于生产者责任的，销售者赔偿后，有权向生产者追偿。属于销售者责任的，生产者赔偿后，有权向销售者追偿。

消费者在接受服务时，其合法权益受到损害的，可以向服务者要求赔偿。

第四十一条 消费者在购买、使用商品或者接受服务时，其合法权益受到损害，因原企业分立、合并的，可以向变更后承受其权利义务的企业要求赔偿。

第四十二条 使用他人营业执照的违法经营者提供商品或者服务，损害消费者合法权益的，消费者可以向其要求赔偿，也可以向营业执照的持有人要求赔偿。

第四十三条 消费者在展销会、租赁柜台购买商品或者接受服务，其合法权益受到损害的，可以向销售者或者服务者要求赔偿。展销会结束或者柜台租赁期满后，也可以向展销会的举办者、柜台的出租者要求赔偿。展销会的举办者、柜台的出租者赔偿后，有权向销售者或者服务者追偿。

第四十四条 消费者通过网络交易平台购买商品或者接受服务，其合法权益受到损害的，可以向销售者或者服务者要求赔偿。网络交易平台提供者不能提供销售者或者服务者的真实名称、地址和有效联系方式的，消费者也可以向网络交易平台提供者要求赔偿；网络交易平台提供者作出更有利于消费者的承诺的，应当履行承诺。网络交易平台提供者赔偿后，有权向销售者或者服务者追偿。

网络交易平台提供者明知或者应知销售者或者服务者利用其平台侵害消费者合法权益，未采取必要措施的，依法与该销售者或者服务者承担连带责任。

第四十五条 消费者因经营者利用虚假广告或者其他虚假宣传方式提供商品或者服务，其合法权益受到损害的，可以向经营者要求赔偿。广告经营者、发布者发布虚假广告的，消费者可以请求行政主管部门予以惩处。广告经营者、发布者不能提供经营者的真实名称、地址和有效联系方式的，应当承担赔偿责任。

广告经营者、发布者设计、制作、发布关系消费者生命健康商品或者服务的虚假广告，造成消费者损害的，应当与提供该商品或者服务的经营者承担连带责任。

社会团体或者其他组织、个人在关系消费者生命健康商品或者服务的虚假广告或者其他虚假宣传中向消费者推荐商品或者服务，造成消费者损害的，应当与提供该商品或者服务的经营者承担连带责任。

第四十六条　消费者向有关行政部门投诉的，该部门应当自收到投诉之日起七个工作日内，予以处理并告知消费者。

第四十七条　对侵害众多消费者合法权益的行为，中国消费者协会以及在省、自治区、直辖市设立的消费者协会，可以向人民法院提起诉讼。

第七章　法律责任

第四十八条　经营者提供商品或者服务有下列情形之一的，除本法另有规定外，应当依照其他有关法律、法规的规定，承担民事责任：

（一）商品或者服务存在缺陷的；

（二）不具备商品应当具备的使用性能而出售时未作说明的；

（三）不符合在商品或者其包装上注明采用的商品标准的；

（四）不符合商品说明、实物样品等方式表明的质量状况的；

（五）生产国家明令淘汰的商品或者销售失效、变质的商品的；

（六）销售的商品数量不足的；

（七）服务的内容和费用违反约定的；

（八）对消费者提出的修理、重作、更换、退货、补足商品数量、退还货款和服务费用或者赔偿损失的要求，故意拖延或者无理拒绝的；

（九）法律、法规规定的其他损害消费者权益的情形。

经营者对消费者未尽到安全保障义务，造成消费者损害的，应当承担侵权责任。

第四十九条　经营者提供商品或者服务，造成消费者或者其他受害人人身伤害的，应当赔偿医疗费、护理费、交通费等为治疗和康复支出的合理费用，以及因误工减少的收入。造成残疾的，还应当赔偿残疾生活辅助具费和残疾赔偿金。造成死亡的，还应当赔偿丧葬费和死亡赔偿金。

第五十条　经营者侵害消费者的人格尊严、侵犯消费者人身自由或者侵害消费者个人信息依法得到保护的权利的，应当停止侵害、恢复名誉、消除影响、赔礼道歉，并赔偿损失。

第五十一条　经营者有侮辱诽谤、搜查身体、侵犯人身自由等侵害消费者或者其他受害人人身权益的行为，造成严重精神损害的，受害人可以要求精神损害赔偿。

第五十二条　经营者提供商品或者服务，造成消费者财产损害的，应当依照法律规定或者当事人约定承担修理、重作、更换、退货、补足商品数量、退还货款和服务费用或者赔偿损失等民事责任。

第五十三条　经营者以预收款方式提供商品或者服务的，应当按照约定提供。未按照约定提供的，应当按照消费者的要求履行约定或者退回预付款；并应当承担预付款的利息、消费者必须支付的合理费用。

第五十四条 依法经有关行政部门认定为不合格的商品，消费者要求退货的，经营者应当负责退货。

第五十五条 经营者提供商品或者服务有欺诈行为的，应当按照消费者的要求增加赔偿其受到的损失，增加赔偿的金额为消费者购买商品的价款或者接受服务的费用的三倍；增加赔偿的金额不足五百元的，为五百元。法律另有规定的，依照其规定。

经营者明知商品或者服务存在缺陷，仍然向消费者提供，造成消费者或者其他受害人死亡或者健康严重损害的，受害人有权要求经营者依照本法第四十九条、第五十一条等法律规定赔偿损失，并有权要求所受损失二倍以下的惩罚性赔偿。

第五十六条 经营者有下列情形之一，除承担相应的民事责任外，其他有关法律、法规对处罚机关和处罚方式有规定的，依照法律、法规的规定执行；法律、法规未作规定的，由工商行政管理部门或者其他有关行政部门责令改正，可以根据情节单处或者并处警告、没收违法所得、处以违法所得一倍以上十倍以下的罚款，没有违法所得的，处以五十万元以下的罚款；情节严重的，责令停业整顿、吊销营业执照：

（一）提供的商品或者服务不符合保障人身、财产安全要求的；

（二）在商品中掺杂、掺假，以假充真，以次充好，或者以不合格商品冒充合格商品的；

（三）生产国家明令淘汰的商品或者销售失效、变质的商品的；

（四）伪造商品的产地，伪造或者冒用他人的厂名、厂址，篡改生产日期，伪造或者冒用认证标志等质量标志的；

（五）销售的商品应当检验、检疫而未检验、检疫或者伪造检验、检疫结果的；

（六）对商品或者服务作虚假或者引人误解的宣传的；

（七）拒绝或者拖延有关行政部门责令对缺陷商品或者服务采取停止销售、警示、召回、无害化处理、销毁、停止生产或者服务等措施的；

（八）对消费者提出的修理、重作、更换、退货、补足商品数量、退还货款和服务费用或者赔偿损失的要求，故意拖延或者无理拒绝的；

（九）侵害消费者人格尊严、侵犯消费者人身自由或者侵害消费者个人信息依法得到保护的权利的；

（十）法律、法规规定的对损害消费者权益应当予以处罚的其他情形。

经营者有前款规定情形的，除依照法律、法规规定予以处罚外，处罚机关应当记入信用档案，向社会公布。

第五十七条　经营者违反本法规定提供商品或者服务，侵害消费者合法权益，构成犯罪的，依法追究刑事责任。

第五十八条　经营者违反本法规定，应当承担民事赔偿责任和缴纳罚款、罚金，其财产不足以同时支付的，先承担民事赔偿责任。

第五十九条　经营者对行政处罚决定不服的，可以依法申请行政复议或者提起行政诉讼。

第六十条　以暴力、威胁等方法阻碍有关行政部门工作人员依法执行职务的，依法追究刑事责任；拒绝、阻碍有关行政部门工作人员依法执行职务，未使用暴力、威胁方法的，由公安机关依照《中华人民共和国治安管理处罚法》的规定处罚。

第六十一条　国家机关工作人员玩忽职守或者包庇经营者侵害消费者合法权益的行为的，由其所在单位或者上级机关给予行政处分；情节严重，构成犯罪的，依法追究刑事责任。

第八章　附　　则

第六十二条　农民购买、使用直接用于农业生产的生产资料，参照本法执行。

第六十三条　本法自1994年1月1日起施行。

中华人民共和国个人信息保护法

（2021年8月20日第十三届全国人民代表大会常务委员会第三十次会议通过　2021年8月20日中华人民共和国主席令第91号公布　自2021年11月1日起施行）

目　　录

第六章　履行个人信息保护职责的部门
第七章　法律责任
第八章　附　　则

第一章　总　　则

第一条　为了保护个人信息权益，规范个人信息处理活动，促进个人信息合理利用，根据宪法，制定本法。

第二条　自然人的个人信息受法律保护，任何组织、个人不得侵害自然人的个人信息权益。

第三条　在中华人民共和国境内处理自然人个人信息的活动，适用本法。

在中华人民共和国境外处理中华人民共和国境内自然人个人信息的活动，有下列情形之一的，也适用本法：

（一）以向境内自然人提供产品或者服务为目的；

（二）分析、评估境内自然人的行为；

（三）法律、行政法规规定的其他情形。

第四条　个人信息是以电子或者其他方式记录的与已识别或者可识别的自然人有关的各种信息，不包括匿名化处理后的信息。

个人信息的处理包括个人信息的收集、存储、使用、加工、传输、提供、公开、删除等。

第五条　处理个人信息应当遵循合法、正当、必要和诚信原则，不得通过误导、欺诈、胁迫等方式处理个人信息。

第六条　处理个人信息应当具有明确、合理的目的，并应当与处理目的直接相关，采取对个人权益影响最小的方式。

收集个人信息，应当限于实现处理目的的最小范围，不得过度收集个人信息。

第七条　处理个人信息应当遵循公开、透明原则，公开个人信息处理规则，明示处理的目的、方式和范围。

第八条　处理个人信息应当保证个人信息的质量，避免因个人信息不准确、不完整对个人权益造成不利影响。

第九条　个人信息处理者应当对其个人信息处理活动负责，并采取必要措施保障所处理的个人信息的安全。

第十条　任何组织、个人不得非法收集、使用、加工、传输他人个人信息，不得非法买卖、提供或者公开他人个人信息；不得从事危害国家安全、公共利益的个人信息处理活动。

第十一条　国家建立健全个人信息保护制度，预防和惩治侵害个人信息权益的行为，加强个人信息保护宣传教育，推动形成政府、企业、相关社会组织、公众共同参与个人信息保护的良好环境。

第十二条　国家积极参与个人信息保护国际规则的制定，促进个人信息保护方面的国际交流与合作，推动与其他国家、地区、国际组织之间的个人信息保护规则、标准等互认。

第二章　个人信息处理规则

第一节　一般规定

第十三条　符合下列情形之一的，个人信息处理者方可处理个人信息：

（一）取得个人的同意；

（二）为订立、履行个人作为一方当事人的合同所必需，或者按照依法制定的劳动规章制度和依法签订的集体合同实施人力资源管理所必需；

（三）为履行法定职责或者法定义务所必需；

（四）为应对突发公共卫生事件，或者紧急情况下为保护自然人的生命健康和财产安全所必需；

（五）为公共利益实施新闻报道、舆论监督等行为，在合理的范围内处理个人信息；

（六）依照本法规定在合理的范围内处理个人自行公开或者其他已经合法公开的个人信息；

（七）法律、行政法规规定的其他情形。

依照本法其他有关规定，处理个人信息应当取得个人同意，但是有前款第二项至第七项规定情形的，不需取得个人同意。

第十四条　基于个人同意处理个人信息的，该同意应当由个人在充分知情的前提下自愿、明确作出。法律、行政法规规定处理个人信息应当取得个人单独同意或者书面同意的，从其规定。

个人信息的处理目的、处理方式和处理的个人信息种类发生变更的，应当重新取得个人同意。

第十五条　基于个人同意处理个人信息的，个人有权撤回其同意。个人信息处理者应当提供便捷的撤回同意的方式。

个人撤回同意，不影响撤回前基于个人同意已进行的个人信息处理活动的效力。

第十六条　个人信息处理者不得以个人不同意处理其个人信息或者撤回同意为由，拒绝提供产品或者服务；处理个人信息属于提供产品或者服务所必需的除外。

第十七条　个人信息处理者在处理个人信息前，应当以显著方式、清晰易懂的语言真实、准确、完整地向个人告知下列事项：

（一）个人信息处理者的名称或者姓名和联系方式；

（二）个人信息的处理目的、处理方式，处理的个人信息种类、保存期限；

（三）个人行使本法规定权利的方式和程序；

（四）法律、行政法规规定应当告知的其他事项。

前款规定事项发生变更的，应当将变更部分告知个人。

个人信息处理者通过制定个人信息处理规则的方式告知第一款规定事项的，处理规则应当公开，并且便于查阅和保存。

第十八条 个人信息处理者处理个人信息，有法律、行政法规规定应当保密或者不需要告知的情形的，可以不向个人告知前条第一款规定的事项。

紧急情况下为保护自然人的生命健康和财产安全无法及时向个人告知的，个人信息处理者应当在紧急情况消除后及时告知。

第十九条 除法律、行政法规另有规定外，个人信息的保存期限应当为实现处理目的所必要的最短时间。

第二十条 两个以上的个人信息处理者共同决定个人信息的处理目的和处理方式的，应当约定各自的权利和义务。但是，该约定不影响个人向其中任何一个个人信息处理者要求行使本法规定的权利。

个人信息处理者共同处理个人信息，侵害个人信息权益造成损害的，应当依法承担连带责任。

第二十一条 个人信息处理者委托处理个人信息的，应当与受托人约定委托处理的目的、期限、处理方式、个人信息的种类、保护措施以及双方的权利和义务等，并对受托人的个人信息处理活动进行监督。

受托人应当按照约定处理个人信息，不得超出约定的处理目的、处理方式等处理个人信息；委托合同不生效、无效、被撤销或者终止的，受托人应当将个人信息返还个人信息处理者或者予以删除，不得保留。

未经个人信息处理者同意，受托人不得转委托他人处理个人信息。

第二十二条 个人信息处理者因合并、分立、解散、被宣告破产等原因需要转移个人信息的，应当向个人告知接收方的名称或者姓名和联系方式。接收方应当继续履行个人信息处理者的义务。接收方变更原先的处理目的、处理方式的，应当依照本法规定重新取得个人同意。

第二十三条 个人信息处理者向其他个人信息处理者提供其处理的个人信息的，应当向个人告知接收方的名称或者姓名、联系方式、处理目的、处理方式和个人信息的种类，并取得个人的单独同意。接收方应当在上述处理目的、处理方式和个人信息的种类等范围内处理个人信息。接收方变更原先的处理目的、处理方式的，应当依照本法规定重新取得个人同意。

第二十四条 个人信息处理者利用个人信息进行自动化决策，应当保证决策的透明度和结果公平、公正，不得对个人在交易价格等交易条件上实行不合理的差别待遇。

通过自动化决策方式向个人进行信息推送、商业营销，应当同时提供不针对其个人特征的选项，或者向个人提供便捷的拒绝方式。

通过自动化决策方式作出对个人权益有重大影响的决定，个人有权要求个人信息处理者予以说明，并有权拒绝个人信息处理者仅通过自动化决策的方式作出决定。

第二十五条　个人信息处理者不得公开其处理的个人信息，取得个人单独同意的除外。

第二十六条　在公共场所安装图像采集、个人身份识别设备，应当为维护公共安全所必需，遵守国家有关规定，并设置显著的提示标识。所收集的个人图像、身份识别信息只能用于维护公共安全的目的，不得用于其他目的；取得个人单独同意的除外。

第二十七条　个人信息处理者可以在合理的范围内处理个人自行公开或者其他已经合法公开的个人信息；个人明确拒绝的除外。个人信息处理者处理已公开的个人信息，对个人权益有重大影响的，应当依照本法规定取得个人同意。

第二节　敏感个人信息的处理规则

第二十八条　敏感个人信息是一旦泄露或者非法使用，容易导致自然人的人格尊严受到侵害或者人身、财产安全受到危害的个人信息，包括生物识别、宗教信仰、特定身份、医疗健康、金融账户、行踪轨迹等信息，以及不满十四周岁未成年人的个人信息。

只有在具有特定的目的和充分的必要性，并采取严格保护措施的情形下，个人信息处理者方可处理敏感个人信息。

第二十九条　处理敏感个人信息应当取得个人的单独同意；法律、行政法规规定处理敏感个人信息应当取得书面同意的，从其规定。

第三十条　个人信息处理者处理敏感个人信息的，除本法第十七条第一款规定的事项外，还应当向个人告知处理敏感个人信息的必要性以及对个人权益的影响；依照本法规定可以不向个人告知的除外。

第三十一条　个人信息处理者处理不满十四周岁未成年人个人信息的，应当取得未成年人的父母或者其他监护人的同意。

个人信息处理者处理不满十四周岁未成年人个人信息的，应当制定专门的个人信息处理规则。

第三十二条　法律、行政法规对处理敏感个人信息规定应当取得相关行政许可或者作出其他限制的，从其规定。

第三节　国家机关处理个人信息的特别规定

第三十三条　国家机关处理个人信息的活动，适用本法；本节有特别规定的，适用本节规定。

第三十四条 国家机关为履行法定职责处理个人信息，应当依照法律、行政法规规定的权限、程序进行，不得超出履行法定职责所必需的范围和限度。

第三十五条 国家机关为履行法定职责处理个人信息，应当依照本法规定履行告知义务；有本法第十八条第一款规定的情形，或者告知将妨碍国家机关履行法定职责的除外。

第三十六条 国家机关处理的个人信息应当在中华人民共和国境内存储；确需向境外提供的，应当进行安全评估。安全评估可以要求有关部门提供支持与协助。

第三十七条 法律、法规授权的具有管理公共事务职能的组织为履行法定职责处理个人信息，适用本法关于国家机关处理个人信息的规定。

第三章 个人信息跨境提供的规则

第三十八条 个人信息处理者因业务等需要，确需向中华人民共和国境外提供个人信息的，应当具备下列条件之一：

（一）依照本法第四十条的规定通过国家网信部门组织的安全评估；

（二）按照国家网信部门的规定经专业机构进行个人信息保护认证；

（三）按照国家网信部门制定的标准合同与境外接收方订立合同，约定双方的权利和义务；

（四）法律、行政法规或者国家网信部门规定的其他条件。

中华人民共和国缔结或者参加的国际条约、协定对向中华人民共和国境外提供个人信息的条件等有规定的，可以按照其规定执行。

个人信息处理者应当采取必要措施，保障境外接收方处理个人信息的活动达到本法规定的个人信息保护标准。

第三十九条 个人信息处理者向中华人民共和国境外提供个人信息的，应当向个人告知境外接收方的名称或者姓名、联系方式、处理目的、处理方式、个人信息的种类以及个人向境外接收方行使本法规定权利的方式和程序等事项，并取得个人的单独同意。

第四十条 关键信息基础设施运营者和处理个人信息达到国家网信部门规定数量的个人信息处理者，应当将在中华人民共和国境内收集和产生的个人信息存储在境内。确需向境外提供的，应当通过国家网信部门组织的安全评估；法律、行政法规和国家网信部门规定可以不进行安全评估的，从其规定。

第四十一条 中华人民共和国主管机关根据有关法律和中华人民共和国缔结或者参加的国际条约、协定，或者按照平等互惠原则，处理外国司法或者执法机构关于提供存储于境内个人信息的请求。非经中华人民共和国主管机关批准，个人信息处理者不得向外国司法或者执法机构提供存储于中华人民共和国境内的个人信息。

第四十二条　境外的组织、个人从事侵害中华人民共和国公民的个人信息权益，或者危害中华人民共和国国家安全、公共利益的个人信息处理活动的，国家网信部门可以将其列入限制或者禁止个人信息提供清单，予以公告，并采取限制或者禁止向其提供个人信息等措施。

第四十三条　任何国家或者地区在个人信息保护方面对中华人民共和国采取歧视性的禁止、限制或者其他类似措施的，中华人民共和国可以根据实际情况对该国家或者地区对等采取措施。

第四章　个人在个人信息处理活动中的权利

第四十四条　个人对其个人信息的处理享有知情权、决定权，有权限制或者拒绝他人对其个人信息进行处理；法律、行政法规另有规定的除外。

第四十五条　个人有权向个人信息处理者查阅、复制其个人信息；有本法第十八条第一款、第三十五条规定情形的除外。

个人请求查阅、复制其个人信息的，个人信息处理者应当及时提供。

个人请求将个人信息转移至其指定的个人信息处理者，符合国家网信部门规定条件的，个人信息处理者应当提供转移的途径。

第四十六条　个人发现其个人信息不准确或者不完整的，有权请求个人信息处理者更正、补充。

个人请求更正、补充其个人信息的，个人信息处理者应当对其个人信息予以核实，并及时更正、补充。

第四十七条　有下列情形之一的，个人信息处理者应当主动删除个人信息；个人信息处理者未删除的，个人有权请求删除：

（一）处理目的已实现、无法实现或者为实现处理目的不再必要；

（二）个人信息处理者停止提供产品或者服务，或者保存期限已届满；

（三）个人撤回同意；

（四）个人信息处理者违反法律、行政法规或者违反约定处理个人信息；

（五）法律、行政法规规定的其他情形。

法律、行政法规规定的保存期限未届满，或者删除个人信息从技术上难以实现的，个人信息处理者应当停止除存储和采取必要的安全保护措施之外的处理。

第四十八条　个人有权要求个人信息处理者对其个人信息处理规则进行解释说明。

第四十九条　自然人死亡的，其近亲属为了自身的合法、正当利益，可以对死者的相关个人信息行使本章规定的查阅、复制、更正、删除等权利；死者生前另有安排的除外。

第五十条 个人信息处理者应当建立便捷的个人行使权利的申请受理和处理机制。拒绝个人行使权利的请求的,应当说明理由。

个人信息处理者拒绝个人行使权利的请求的,个人可以依法向人民法院提起诉讼。

第五章 个人信息处理者的义务

第五十一条 个人信息处理者应当根据个人信息的处理目的、处理方式、个人信息的种类以及对个人权益的影响、可能存在的安全风险等,采取下列措施确保个人信息处理活动符合法律、行政法规的规定,并防止未经授权的访问以及个人信息泄露、篡改、丢失:

(一)制定内部管理制度和操作规程;

(二)对个人信息实行分类管理;

(三)采取相应的加密、去标识化等安全技术措施;

(四)合理确定个人信息处理的操作权限,并定期对从业人员进行安全教育和培训;

(五)制定并组织实施个人信息安全事件应急预案;

(六)法律、行政法规规定的其他措施。

第五十二条 处理个人信息达到国家网信部门规定数量的个人信息处理者应当指定个人信息保护负责人,负责对个人信息处理活动以及采取的保护措施等进行监督。

个人信息处理者应当公开个人信息保护负责人的联系方式,并将个人信息保护负责人的姓名、联系方式等报送履行个人信息保护职责的部门。

第五十三条 本法第三条第二款规定的中华人民共和国境外的个人信息处理者,应当在中华人民共和国境内设立专门机构或者指定代表,负责处理个人信息保护相关事务,并将有关机构的名称或者代表的姓名、联系方式等报送履行个人信息保护职责的部门。

第五十四条 个人信息处理者应当定期对其处理个人信息遵守法律、行政法规的情况进行合规审计。

第五十五条 有下列情形之一的,个人信息处理者应当事前进行个人信息保护影响评估,并对处理情况进行记录:

(一)处理敏感个人信息;

(二)利用个人信息进行自动化决策;

(三)委托处理个人信息、向其他个人信息处理者提供个人信息、公开个人信息;

(四)向境外提供个人信息;

(五)其他对个人权益有重大影响的个人信息处理活动。

第五十六条　个人信息保护影响评估应当包括下列内容：

（一）个人信息的处理目的、处理方式等是否合法、正当、必要；

（二）对个人权益的影响及安全风险；

（三）所采取的保护措施是否合法、有效并与风险程度相适应。

个人信息保护影响评估报告和处理情况记录应当至少保存三年。

第五十七条　发生或者可能发生个人信息泄露、篡改、丢失的，个人信息处理者应当立即采取补救措施，并通知履行个人信息保护职责的部门和个人。通知应当包括下列事项：

（一）发生或者可能发生个人信息泄露、篡改、丢失的信息种类、原因和可能造成的危害；

（二）个人信息处理者采取的补救措施和个人可以采取的减轻危害的措施；

（三）个人信息处理者的联系方式。

个人信息处理者采取措施能够有效避免信息泄露、篡改、丢失造成危害的，个人信息处理者可以不通知个人；履行个人信息保护职责的部门认为可能造成危害的，有权要求个人信息处理者通知个人。

第五十八条　提供重要互联网平台服务、用户数量巨大、业务类型复杂的个人信息处理者，应当履行下列义务：

（一）按照国家规定建立健全个人信息保护合规制度体系，成立主要由外部成员组成的独立机构对个人信息保护情况进行监督；

（二）遵循公开、公平、公正的原则，制定平台规则，明确平台内产品或者服务提供者处理个人信息的规范和保护个人信息的义务；

（三）对严重违反法律、行政法规处理个人信息的平台内的产品或者服务提供者，停止提供服务；

（四）定期发布个人信息保护社会责任报告，接受社会监督。

第五十九条　接受委托处理个人信息的受托人，应当依照本法和有关法律、行政法规的规定，采取必要措施保障所处理的个人信息的安全，并协助个人信息处理者履行本法规定的义务。

第六章　履行个人信息保护职责的部门

第六十条　国家网信部门负责统筹协调个人信息保护工作和相关监督管理工作。国务院有关部门依照本法和有关法律、行政法规的规定，在各自职责范围内负责个人信息保护和监督管理工作。

县级以上地方人民政府有关部门的个人信息保护和监督管理职责，按照国家有关规定确定。

前两款规定的部门统称为履行个人信息保护职责的部门。

第六十一条 履行个人信息保护职责的部门履行下列个人信息保护职责：

（一）开展个人信息保护宣传教育，指导、监督个人信息处理者开展个人信息保护工作；

（二）接受、处理与个人信息保护有关的投诉、举报；

（三）组织对应用程序等个人信息保护情况进行测评，并公布测评结果；

（四）调查、处理违法个人信息处理活动；

（五）法律、行政法规规定的其他职责。

第六十二条 国家网信部门统筹协调有关部门依据本法推进下列个人信息保护工作：

（一）制定个人信息保护具体规则、标准；

（二）针对小型个人信息处理者、处理敏感个人信息以及人脸识别、人工智能等新技术、新应用，制定专门的个人信息保护规则、标准；

（三）支持研究开发和推广应用安全、方便的电子身份认证技术，推进网络身份认证公共服务建设；

（四）推进个人信息保护社会化服务体系建设，支持有关机构开展个人信息保护评估、认证服务；

（五）完善个人信息保护投诉、举报工作机制。

第六十三条 履行个人信息保护职责的部门履行个人信息保护职责，可以采取下列措施：

（一）询问有关当事人，调查与个人信息处理活动有关的情况；

（二）查阅、复制当事人与个人信息处理活动有关的合同、记录、账簿以及其他有关资料；

（三）实施现场检查，对涉嫌违法的个人信息处理活动进行调查；

（四）检查与个人信息处理活动有关的设备、物品；对有证据证明是用于违法个人信息处理活动的设备、物品，向本部门主要负责人书面报告并经批准，可以查封或者扣押。

履行个人信息保护职责的部门依法履行职责，当事人应当予以协助、配合，不得拒绝、阻挠。

第六十四条 履行个人信息保护职责的部门在履行职责中，发现个人信息处理活动存在较大风险或者发生个人信息安全事件的，可以按照规定的权限和程序对该个人信息处理者的法定代表人或者主要负责人进行约谈，或者要求个人信息处理者委托专业机构对其个人信息处理活动进行合规审计。个人信息处理者应当按照要求采取措施，进行整改，消除隐患。

履行个人信息保护职责的部门在履行职责中，发现违法处理个人信息涉嫌犯罪的，应当及时移送公安机关依法处理。

第六十五条　任何组织、个人有权对违法个人信息处理活动向履行个人信息保护职责的部门进行投诉、举报。收到投诉、举报的部门应当依法及时处理，并将处理结果告知投诉、举报人。

履行个人信息保护职责的部门应当公布接受投诉、举报的联系方式。

第七章　法律责任

第六十六条　违反本法规定处理个人信息，或者处理个人信息未履行本法规定的个人信息保护义务的，由履行个人信息保护职责的部门责令改正，给予警告，没收违法所得，对违法处理个人信息的应用程序，责令暂停或者终止提供服务；拒不改正的，并处一百万元以下罚款；对直接负责的主管人员和其他直接责任人员处一万元以上十万元以下罚款。

有前款规定的违法行为，情节严重的，由省级以上履行个人信息保护职责的部门责令改正，没收违法所得，并处五千万元以下或者上一年度营业额百分之五以下罚款，并可以责令暂停相关业务或者停业整顿、通报有关主管部门吊销相关业务许可或者吊销营业执照；对直接负责的主管人员和其他直接责任人员处十万元以上一百万元以下罚款，并可以决定禁止其在一定期限内担任相关企业的董事、监事、高级管理人员和个人信息保护负责人。

第六十七条　有本法规定的违法行为的，依照有关法律、行政法规的规定记入信用档案，并予以公示。

第六十八条　国家机关不履行本法规定的个人信息保护义务的，由其上级机关或者履行个人信息保护职责的部门责令改正；对直接负责的主管人员和其他直接责任人员依法给予处分。

履行个人信息保护职责的部门的工作人员玩忽职守、滥用职权、徇私舞弊，尚不构成犯罪的，依法给予处分。

第六十九条　处理个人信息侵害个人信息权益造成损害，个人信息处理者不能证明自己没有过错的，应当承担损害赔偿等侵权责任。

前款规定的损害赔偿责任按照个人因此受到的损失或者个人信息处理者因此获得的利益确定；个人因此受到的损失和个人信息处理者因此获得的利益难以确定的，根据实际情况确定赔偿数额。

第七十条　个人信息处理者违反本法规定处理个人信息，侵害众多个人的权益的，人民检察院、法律规定的消费者组织和由国家网信部门确定的组织可以依法向人民法院提起诉讼。

第七十一条　违反本法规定，构成违反治安管理行为的，依法给予治安管理处罚；构成犯罪的，依法追究刑事责任。

第八章　附　　则

第七十二条　自然人因个人或者家庭事务处理个人信息的，不适用本法。

法律对各级人民政府及其有关部门组织实施的统计、档案管理活动中的个人信息处理有规定的,适用其规定。

第七十三条 本法下列用语的含义:

(一)个人信息处理者,是指在个人信息处理活动中自主决定处理目的、处理方式的组织、个人。

(二)自动化决策,是指通过计算机程序自动分析、评估个人的行为习惯、兴趣爱好或者经济、健康、信用状况等,并进行决策的活动。

(三)去标识化,是指个人信息经过处理,使其在不借助额外信息的情况下无法识别特定自然人的过程。

(四)匿名化,是指个人信息经过处理无法识别特定自然人且不能复原的过程。

第七十四条 本法自2021年11月1日起施行。

(二)政策性文件

中国制造2025

(2015年5月8日 国发〔2015〕28号)

制造业是国民经济的主体,是立国之本、兴国之器、强国之基。十八世纪中叶开启工业文明以来,世界强国的兴衰史和中华民族的奋斗史一再证明,没有强大的制造业,就没有国家和民族的强盛。打造具有国际竞争力的制造业,是我国提升综合国力、保障国家安全、建设世界强国的必由之路。

新中国成立尤其是改革开放以来,我国制造业持续快速发展,建成了门类齐全、独立完整的产业体系,有力推动工业化和现代化进程,显著增强综合国力,支撑我世界大国地位。然而,与世界先进水平相比,我国制造业仍然大而不强,在自主创新能力、资源利用效率、产业结构水平、信息化程度、质量效益等方面差距明显,转型升级和跨越发展的任务紧迫而艰巨。

当前,新一轮科技革命和产业变革与我国加快转变经济发展方式形成历史性交汇,国际产业分工格局正在重塑。必须紧紧抓住这一重大历史机遇,按照“四个全面”战略布局要求,实施制造强国战略,加强统筹规划和前瞻部署,力争通过三个十年的努力,到新中国成立一百年时,把我国建设成为引领世界制造业发展的制造强国,为实现中华民族伟大复兴的中国梦打下坚实基础。

《中国制造2025》,是我国实施制造强国战略第一个十年的行动纲领。

一、发展形势和环境

（一）全球制造业格局面临重大调整。

新一代信息技术与制造业深度融合，正在引发影响深远的产业变革，形成新的生产方式、产业形态、商业模式和经济增长点。各国都在加大科技创新力度，推动三维（3D）打印、移动互联网、云计算、大数据、生物工程、新能源、新材料等领域取得新突破。基于信息物理系统的智能装备、智能工厂等智能制造正在引领制造方式变革；网络众包、协同设计、大规模个性化定制、精准供应链管理、全生命周期管理、电子商务等正在重塑产业价值链体系；可穿戴智能产品、智能家电、智能汽车等智能终端产品不断拓展制造业新领域。我国制造业转型升级、创新发展迎来重大机遇。

全球产业竞争格局正在发生重大调整，我国在新一轮发展中面临巨大挑战。国际金融危机发生后，发达国家纷纷实施"再工业化"战略，重塑制造业竞争新优势，加速推进新一轮全球贸易投资新格局。一些发展中国家也在加快谋划和布局，积极参与全球产业再分工，承接产业及资本转移，拓展国际市场空间。我国制造业面临发达国家和其他发展中国家"双向挤压"的严峻挑战，必须放眼全球，加紧战略部署，着眼建设制造强国，固本培元，化挑战为机遇，抢占制造业新一轮竞争制高点。

（二）我国经济发展环境发生重大变化。

随着新型工业化、信息化、城镇化、农业现代化同步推进，超大规模内需潜力不断释放，为我国制造业发展提供了广阔空间。各行业新的装备需求、人民群众新的消费需求、社会管理和公共服务新的民生需求、国防建设新的安全需求，都要求制造业在重大技术装备创新、消费品质量和安全、公共服务设施设备供给和国防装备保障等方面迅速提升水平和能力。全面深化改革和进一步扩大开放，将不断激发制造业发展活力和创造力，促进制造业转型升级。

我国经济发展进入新常态，制造业发展面临新挑战。资源和环境约束不断强化，劳动力等生产要素成本不断上升，投资和出口增速明显放缓，主要依靠资源要素投入、规模扩张的粗放发展模式难以为继，调整结构、转型升级、提质增效刻不容缓。形成经济增长新动力，塑造国际竞争新优势，重点在制造业，难点在制造业，出路也在制造业。

（三）建设制造强国任务艰巨而紧迫。

经过几十年的快速发展，我国制造业规模跃居世界第一位，建立起门类齐全、独立完整的制造体系，成为支撑我国经济社会发展的重要基石和促进世界经济发展的重要力量。持续的技术创新，大大提高了我国制造业的综合竞争力。载人航天、载人深潜、大型飞机、北斗卫星导航、超级计算机、高铁装备、百万千瓦级发电装备、万米深海石油钻探设备等一批重大技术装备取得突破，形成了若干具有国际竞争力的优势产业和骨干企业，我国已具备了建设工业强国的基础和条件。

但我国仍处于工业化进程中,与先进国家相比还有较大差距。制造业大而不强,自主创新能力弱,关键核心技术与高端装备对外依存度高,以企业为主体的制造业创新体系不完善;产品档次不高,缺乏世界知名品牌;资源能源利用效率低,环境污染问题较为突出;产业结构不合理,高端装备制造业和生产性服务业发展滞后;信息化水平不高,与工业化融合深度不够;产业国际化程度不高,企业全球化经营能力不足。推进制造强国建设,必须着力解决以上问题。

建设制造强国,必须紧紧抓住当前难得的战略机遇,积极应对挑战,加强统筹规划,突出创新驱动,制定特殊政策,发挥制度优势,动员全社会力量奋力拼搏,更多依靠中国装备、依托中国品牌,实现中国制造向中国创造的转变,中国速度向中国质量的转变,中国产品向中国品牌的转变,完成中国制造由大变强的战略任务。

二、战略方针和目标

(一)指导思想。

全面贯彻党的十八大和十八届二中、三中、四中全会精神,坚持走中国特色新型工业化道路,以促进制造业创新发展为主题,以提质增效为中心,以加快新一代信息技术与制造业深度融合为主线,以推进智能制造为主攻方向,以满足经济社会发展和国防建设对重大技术装备的需求为目标,强化工业基础能力,提高综合集成水平,完善多层次多类型人才培养体系,促进产业转型升级,培育有中国特色的制造文化,实现制造业由大变强的历史跨越。基本方针是:

——创新驱动。坚持把创新摆在制造业发展全局的核心位置,完善有利于创新的制度环境,推动跨领域跨行业协同创新,突破一批重点领域关键共性技术,促进制造业数字化网络化智能化,走创新驱动的发展道路。

——质量为先。坚持把质量作为建设制造强国的生命线,强化企业质量主体责任,加强质量技术攻关、自主品牌培育。建设法规标准体系、质量监管体系、先进质量文化,营造诚信经营的市场环境,走以质取胜的发展道路。

——绿色发展。坚持把可持续发展作为建设制造强国的重要着力点,加强节能环保技术、工艺、装备推广应用,全面推行清洁生产。发展循环经济,提高资源回收利用效率,构建绿色制造体系,走生态文明的发展道路。

——结构优化。坚持把结构调整作为建设制造强国的关键环节,大力发展先进制造业,改造提升传统产业,推动生产型制造向服务型制造转变。优化产业空间布局,培育一批具有核心竞争力的产业集群和企业群体,走提质增效的发展道路。

——人才为本。坚持把人才作为建设制造强国的根本,建立健全科学合理的选人、用人、育人机制，加快培养制造业发展急需的专业技术人才、经营管理人才、技能人才。营造大众创业、万众创新的氛围，建设一支素质优良、结构合理的制造业人才队伍，走人才引领的发展道路。

（二）基本原则。

市场主导，政府引导。全面深化改革，充分发挥市场在资源配置中的决定性作用，强化企业主体地位，激发企业活力和创造力。积极转变政府职能，加强战略研究和规划引导，完善相关支持政策，为企业发展创造良好环境。

立足当前，着眼长远。针对制约制造业发展的瓶颈和薄弱环节，加快转型升级和提质增效，切实提高制造业的核心竞争力和可持续发展能力。准确把握新一轮科技革命和产业变革趋势，加强战略谋划和前瞻部署，扎扎实实打基础，在未来竞争中占据制高点。

整体推进，重点突破。坚持制造业发展全国一盘棋和分类指导相结合，统筹规划，合理布局，明确创新发展方向，促进军民融合深度发展，加快推动制造业整体水平提升。围绕经济社会发展和国家安全重大需求，整合资源，突出重点，实施若干重大工程，实现率先突破。

自主发展，开放合作。在关系国计民生和产业安全的基础性、战略性、全局性领域，着力掌握关键核心技术，完善产业链条，形成自主发展能力。继续扩大开放，积极利用全球资源和市场，加强产业全球布局和国际交流合作，形成新的比较优势，提升制造业开放发展水平。

（三）战略目标。

立足国情，立足现实，力争通过“三步走”实现制造强国的战略目标。

第一步：力争用十年时间，迈入制造强国行列。

到 2020 年，基本实现工业化，制造业大国地位进一步巩固，制造业信息化水平大幅提升。掌握一批重点领域关键核心技术，优势领域竞争力进一步增强，产品质量有较大提高。制造业数字化、网络化、智能化取得明显进展。重点行业单位工业增加值能耗、物耗及污染物排放明显下降。

到 2025 年，制造业整体素质大幅提升，创新能力显著增强，全员劳动生产率明显提高，两化（工业化和信息化）融合迈上新台阶。重点行业单位工业增加值能耗、物耗及污染物排放达到世界先进水平。形成一批具有较强国际竞争力的跨国公司和产业集群，在全球产业分工和价值链中的地位明显提升。

第二步：到 2035 年，我国制造业整体达到世界制造强国阵营中等水平。创新能力大幅提升，重点领域发展取得重大突破，整体竞争力明显增强，优势行业形成全球创新引领能力，全面实现工业化。

第三步：新中国成立一百年时，制造业大国地位更加巩固，综合实力进入世界制造强国前列。制造业主要领域具有创新引领能力和明显竞争优势，建成全球领先的技术体系和产业体系。

2020 年和 2025 年制造业主要指标

类别	指标	2013 年	2015 年	2020 年	2025 年
创新能力	规模以上制造业研发经费内部支出占主营业务收入比重(%)	0.88	0.95	1.26	1.68
	规模以上制造业每亿元主营业务收入有效发明专利数(件)[1]	0.36	0.44	0.70	1.10
质量效益	制造业质量竞争力指数[2]	83.1	83.5	84.5	85.5
	制造业增加值率提高	–	–	比 2015 年提高 2 个百分点	比 2015 年提高 4 个百分点
	制造业全员劳动生产率增速(%)	–	–	7.5 左右(“十三五”期间年均增速)	6.5 左右(“十四五”期间年均增速)
两化融合	宽带普及率(%)[3]	37	50	70	82
	数字化研发设计工具普及率[4](%)	52	58	72	84
	关键工序数控化率[5](%)	27	33	50	64
绿色发展	规模以上单位工业增加值能耗下降幅度	–	–	比 2015 年下降 18%	比 2015 年下降 34%
	单位工业增加值二氧化碳排放量下降幅度	–	–	比 2015 年下降 22%	比 2015 年下降 40%
	单位工业增加值用水量下降幅度	–	–	比 2015 年下降 23%	比 2015 年下降 41%
	工业固体废物综合利用率(%)	62	65	73	79

1 规模以上制造业每亿元主营业务收入有效发明专利数 = 规模以上制造企业有效发明专利数/规模以上制造企业主营业务收入。

2 制造业质量竞争力指数是反映我国制造业质量整体水平的经济技术综合指标，由质量水平和发展能力两个方面共计 12 项具体指标计算得出。

3 宽带普及率用固定宽带家庭普及率代表，固定宽带家庭普及率 = 固定宽带家庭用户数/家庭户数。

4 数字化研发设计工具普及率 = 应用数字化研发设计工具的规模以上企业数量/规模以上企业总数量(相关数据来源于 3 万家样本企业，下同)。

5 关键工序数控化率为规模以上工业企业关键工序数控化率的平均值。

三、战略任务和重点

实现制造强国的战略目标，必须坚持问题导向，统筹谋划，突出重点；必须凝聚全社会共识，加快制造业转型升级，全面提高发展质量和核心竞争力。

（一）提高国家制造业创新能力。

完善以企业为主体、市场为导向、政产学研用相结合的制造业创新体系。围绕产业链部署创新链，围绕创新链配置资源链，加强关键核心技术攻关，加速科技成果产业化，提高关键环节和重点领域的创新能力。

加强关键核心技术研发。强化企业技术创新主体地位，支持企业提升创新能力，推进国家技术创新示范企业和企业技术中心建设，充分吸纳企业参与国家科技计划的决策和实施。瞄准国家重大战略需求和未来产业发展制高点，定期研究制定发布制造业重点领域技术创新路线图。继续抓紧实施国家科技重大专项，通过国家科技计划（专项、基金等）支持关键核心技术研发。发挥行业骨干企业的主导作用和高等院校、科研院所的基础作用，建立一批产业创新联盟，开展政产学研用协同创新，攻克一批对产业竞争力整体提升具有全局性影响、带动性强的关键共性技术，加快成果转化。

提高创新设计能力。在传统制造业、战略性新兴产业、现代服务业等重点领域开展创新设计示范，全面推广应用以绿色、智能、协同为特征的先进设计技术。加强设计领域共性关键技术研发，攻克信息化设计、过程集成设计、复杂过程和系统设计等共性技术，开发一批具有自主知识产权的关键设计工具软件，建设完善创新设计生态系统。建设若干具有世界影响力的创新设计集群，培育一批专业化、开放型的工业设计企业，鼓励代工企业建立研究设计中心，向代设计和出口自主品牌产品转变。发展各类创新设计教育，设立国家工业设计奖，激发全社会创新设计的积极性和主动性。

推进科技成果产业化。完善科技成果转化运行机制，研究制定促进科技成果转化和产业化的指导意见，建立完善科技成果信息发布和共享平台，健全以技术交易市场为核心的技术转移和产业化服务体系。完善科技成果转化激励机制，推动事业单位科技成果使用、处置和收益管理改革，健全科技成果科学评估和市场定价机制。完善科技成果转化协同推进机制，引导政产学研用按照市场规律和创新规律加强合作，鼓励企业和社会资本建立一批从事技术集成、熟化和工程化的中试基地。加快国防科技成果转化和产业化进程，推进军民技术双向转移转化。

完善国家制造业创新体系。加强顶层设计，加快建立以创新中心为核心载体、以公共服务平台和工程数据中心为重要支撑的制造业创新网络，建立市场化的创新方向选择机制和鼓励创新的风险分担、利益共享机制。充分利用现有科技资源，围绕制造业重大共性需求，采取政府与社会合作、政产学研用产业创新战略联盟等新机制新模式，形成一批制造业创新中心（工业技术研究基地），开展关键共性重大技术研究和产业化应用示范。建设一批促进制造业协同创新的公共服务平台，规范服务标准，开展技术研发、检验检测、技术评价、技术交易、质量认证、人才培训等专业化服务，促进科技成果转化和推广应用。建设重点领域制造业工程数据中心，为企业提供创新知识和工程数据的开放共享服务。面向制造业关键共性技术，建设一批重大科学研究和实验设施，提高核心企业系统集成能力，促进向价值链高端延伸。

专栏1　制造业创新中心（工业技术研究基地）建设工程
围绕重点行业转型升级和新一代信息技术、智能制造、增材制造、新材料、生物医药等领域创新发展的重大共性需求，形成一批制造业创新中心（工业技术研究基地），重点开展行业基础和共性关键技术研发、成果产业化、人才培训等工作。制定完善制造业创新中心遴选、考核、管理的标准和程序。到2020年，重点形成15家左右制造业创新中心（工业技术研究基地），力争到2025年形成40家左右制造业创新中心（工业技术研究基地）。

加强标准体系建设。改革标准体系和标准化管理体制，组织实施制造业标准化提升计划，在智能制造等重点领域开展综合标准化工作。发挥企业在标准制定中的重要作用，支持组建重点领域标准推进联盟，建设标准创新研究基地，协同推进产品研发与标准制定。制定满足市场和创新需要的团体标准，建立企业产品和服务标准自我声明公开和监督制度。鼓励和支持企业、科研院所、行业组织等参与国际标准制定，加快我国标准国际化进程。大力推动国防装备采用先进的民用标准，推动军用技术标准向民用领域的转化和应用。做好标准的宣传贯彻，大力推动标准实施。

强化知识产权运用。加强制造业重点领域关键核心技术知识产权储备，构建产业化导向的专利组合和战略布局。鼓励和支持企业运用知识产权参与市场竞争，培育一批具备知识产权综合实力的优势企业，支持组建知识产权联盟，推动市场主体开展知识产权协同运用。稳妥推进国防知识产权解密和市场化应用。建立健全知识产权评议机制，鼓励和支持行业骨干企业与专业机构在重点领域合作开展专利评估、收购、运营、风险预警与应对。构建知识产权综合运用公共服务平台。鼓励开展跨国知识产权许可。研究制定降低中小企业知识产权申请、保护及维权成本的政策措施。

（二）推进信息化与工业化深度融合。

加快推动新一代信息技术与制造技术融合发展，把智能制造作为两化深度融合的主攻方向；着力发展智能装备和智能产品，推进生产过程智能化，培育新型生产方式，全面提升企业研发、生产、管理和服务的智能化水平。

研究制定智能制造发展战略。编制智能制造发展规划，明确发展目标、重点任务和重大布局。加快制定智能制造技术标准，建立完善智能制造和两化融合管理标准体系。强化应用牵引，建立智能制造产业联盟，协同推动智能装备和产品研发、系统集成创新与产业化。促进工业互联网、云计算、大数据在企业研发设计、生产制造、经营管理、销售服务等全流程和全产业链的综合集成应用。加强智能制造工业控制系统网络安全保障能力建设，健全综合保障体系。

加快发展智能制造装备和产品。组织研发具有深度感知、智慧决策、自动执行功能的高档数控机床、工业机器人、增材制造装备等智能制造装备以及智能化生产线，突破新型传感器、智能测量仪表、工业控制系统、伺服电机及驱动器和减速器等智能核心装置，推进工程化和产业化。加快机械、航空、船舶、汽车、轻工、纺织、食品、电子等行业生产设备的智能化改造，提高精准制造、敏捷制造能力。统筹布局和推动智能交通工具、智能工程机械、服务机器人、智能家电、智能照明电器、可穿戴设备等产品研发和产业化。

推进制造过程智能化。在重点领域试点建设智能工厂/数字化车间，加快人机智能交互、工业机器人、智能物流管理、增材制造等技术和装备在生产过程中的应用，促进制造工艺的仿真优化、数字化控制、状态信息实时监测和自适应控制。加快产品全生命周期管理、客户关系管理、供应链管理系统的推广应用，促进集团管控、设计与制造、产供销一体、业务和财务衔接等关键环节集成，实现智能管控。加快民用爆炸物品、危险化学品、食品、印染、稀土、农药等重点行业智能检测监管体系建设，提高智能化水平。

深化互联网在制造领域的应用。制定互联网与制造业融合发展的路线图，明确发展方向、目标和路径。发展基于互联网的个性化定制、众包设计、云制造等新型制造模式，推动形成基于消费需求动态感知的研发、制造和产业组织方式。建立优势互补、合作共赢的开放型产业生态体系。加快开展物联网技术研发和应用示范，培育智能监测、远程诊断管理、全产业链追溯等工业互联网新应用。实施工业云及工业大数据创新应用试点，建设一批高质量的工业云服务和工业大数据平台，推动软件与服务、设计与制造资源、关键技术与标准的开放共享。

加强互联网基础设施建设。加强工业互联网基础设施建设规划与布局，建设低时延、高可靠、广覆盖的工业互联网。加快制造业集聚区光纤网、移动通信网和无线局域网的部署和建设，实现信息网络宽带升级，提高企业宽带接入能力。针对信息物理系统网络研发及应用需求，组织开发智能控制系统、工业应用软件、故障诊断软件和相关工具、传感和通信系统协议，实现人、设备与产品的实时联通、精确识别、有效交互与智能控制。

专栏2　智能制造工程
紧密围绕重点制造领域关键环节，开展新一代信息技术与制造装备融合的集成创新和工程应用。支持政产学研用联合攻关，开发智能产品和自主可控的智能装置并实现产业化。依托优势企业，紧扣关键工序智能化、关键岗位机器人替代、生产过程智能优化控制、供应链优化，建设重点领域智能工厂/数字化车间。在基础条件好、需求迫切的重点地区、行业和企业中，分类实施流程制造、离散制造、智能装备和产品、新业态新模式、智能化管理、智能化服务等试点示范及应用推广。建立智能制造标准体系和信息安全保障系统，搭建智能制造网络系统平台。到2020年，制造业重点领域智能化水平显著提升，试点示范项目运营成本降低30%，产品生产周期缩短30%，不良品率降低30%。到2025年，制造业重点领域全面实现智能化，试点示范项目运营成本降低50%，产品生产周期缩短50%，不良品率降低50%。

（三）强化工业基础能力。

核心基础零部件（元器件）、先进基础工艺、关键基础材料和产业技术基础（以下统称“四基”）等工业基础能力薄弱，是制约我国制造业创新发展和质量提升的症结所在。要坚持问题导向、产需结合、协同创新、重点突破的原则，着力破解制约重点产业发展的瓶颈。

统筹推进“四基”发展。制定工业强基实施方案，明确重点方向、主要目标和实施路径。制定工业“四基”发展指导目录，发布工业强基发展报告，组织实施工业强基工程。统筹军民两方面资源，开展军民两用技术联合攻关，支持军民技术相互有效利用，促进基础领域融合发展。强化基础领域标准、计量体系建设，加快实施对标达标，提升基础产品的质量、可靠性和寿命。建立多部门协调推进机制，引导各类要素向基础领域集聚。

加强“四基”创新能力建设。强化前瞻性基础研究，着力解决影响核心基础零部件（元器件）产品性能和稳定性的关键共性技术。建立基础工艺创新体系，利用现有资源建立关键共性基础工艺研究机构，开展先进成型、加工等关键制造工艺联合攻关；支持企业开展工艺创新，培养工艺专业人才。加大基础专用材料研发力度，提高专用材料自给保障能力和制备技术水平。建立国家工业基础数据库，加强企业试验检测数据和计量数据的采集、管理、应用和积累。加大对“四基”领域技术研发的支持力度，引导产业投资基金和创业投资基金投向“四基”领域重点项目。

推动整机企业和“四基”企业协同发展。注重需求侧激励，产用结合，协同攻关。依托国家科技计划（专项、基金等）和相关工程等，在数控机床、轨道交通装备、航空航天、发电设备等重点领域，引导整机企业和“四基”企业、高校、科研院所产需对接，建立产业联盟，形成协同创新、产用结合、以市场促基础产业发展的新模式，提升重大装备自主可控水平。开展工业强基示范应用，完善首台（套）、首批次政策，支持核心基础零部件（元器件）、先进基础工艺、关键基础材料推广应用。

专栏3　工业强基工程
开展示范应用,建立奖励和风险补偿机制,支持核心基础零部件(元器件)、先进基础工艺、关键基础材料的首批次或跨领域应用。组织重点突破,针对重大工程和重点装备的关键技术和产品急需,支持优势企业开展政产学研用联合攻关,突破关键基础材料、核心基础零部件的工程化、产业化瓶颈。强化平台支撑,布局和组建一批"四基"研究中心,创建一批公共服务平台,完善重点产业技术基础体系。到2020年,40%的核心基础零部件、关键基础材料实现自主保障,受制于人的局面逐步缓解,航天装备、通信装备、发电与输变电设备、工程机械、轨道交通装备、家用电器等产业急需的核心基础零部件(元器件)和关键基础材料的先进制造工艺得到推广应用。到2025年,70%的核心基础零部件、关键基础材料实现自主保障,80种标志性先进工艺得到推广应用,部分达到国际领先水平,建成较为完善的产业技术基础服务体系,逐步形成整机牵引和基础支撑协调互动的产业创新发展格局。

(四)加强质量品牌建设。

提升质量控制技术,完善质量管理机制,夯实质量发展基础,优化质量发展环境,努力实现制造业质量大幅提升。鼓励企业追求卓越品质,形成具有自主知识产权的名牌产品,不断提升企业品牌价值和中国制造整体形象。

推广先进质量管理技术和方法。建设重点产品标准符合性认定平台,推动重点产品技术、安全标准全面达到国际先进水平。开展质量标杆和领先企业示范活动,普及卓越绩效、六西格玛、精益生产、质量诊断、质量持续改进等先进生产管理模式和方法。支持企业提高质量在线监测、在线控制和产品全生命周期质量追溯能力。组织开展重点行业工艺优化行动,提升关键工艺过程控制水平。开展质量管理小组、现场改进等群众性质量管理活动示范推广。加强中小企业质量管理,开展质量安全培训、诊断和辅导活动。

加快提升产品质量。实施工业产品质量提升行动计划,针对汽车、高档数控机床、轨道交通装备、大型成套技术装备、工程机械、特种设备、关键原材料、基础零部件、电子元器件等重点行业,组织攻克一批长期困扰产品质量提升的关键共性质量技术,加强可靠性设计、试验与验证技术开发应用,推广采用先进成型和加工方法、在线检测装置、智能化生产和物流系统及检测设备等,使重点实物产品的性能稳定性、质量可靠性、环境适应性、使用寿命等指标达到国际同类产品先进水平。在食品、药品、婴童用品、家电等领域实施覆盖产品全生命周期的质量管理、质量自我声明和质量追溯制度,保障重点消费品质量安全。大力提高国防装备质量可靠性,增强国防装备实战能力。

完善质量监管体系。健全产品质量标准体系、政策规划体系和质量管理法律法规。加强关系民生和安全等重点领域的行业准入与市场退出管理。建立消费品生产经营企业产品事故强制报告制度,健全质量信用信息收集和发布制度,强化企业质量主体责任。将质量违法违规记录作为企业诚信评级的重要内容,建立质量黑名单制度,加大对质量违法和假冒品牌行为的打击和惩处力度。建立区域和行业质量安全预警制度,防范化解产品质量安全风险。

严格实施产品“三包”、产品召回等制度。强化监管检查和责任追究，切实保护消费者权益。

夯实质量发展基础。制定和实施与国际先进水平接轨的制造业质量、安全、卫生、环保及节能标准。加强计量科技基础及前沿技术研究，建立一批制造业发展急需的高准确度、高稳定性计量基标准，提升与制造业相关的国家量传溯源能力。加强国家产业计量测试中心建设，构建国家计量科技创新体系。完善检验检测技术保障体系，建设一批高水平的工业产品质量控制和技术评价实验室、产品质量监督检验中心，鼓励建立专业检测技术联盟。完善认证认可管理模式，提高强制性产品认证的有效性，推动自愿性产品认证健康发展，提升管理体系认证水平，稳步推进国际互认。支持行业组织发布自律规范或公约，开展质量信誉承诺活动。

推进制造业品牌建设。引导企业制定品牌管理体系，围绕研发创新、生产制造、质量管理和营销服务全过程，提升内在素质，夯实品牌发展基础。扶持一批品牌培育和运营专业服务机构，开展品牌管理咨询、市场推广等服务。健全集体商标、证明商标注册管理制度。打造一批特色鲜明、竞争力强、市场信誉好的产业集群区域品牌。建设品牌文化，引导企业增强以质量和信誉为核心的品牌意识，树立品牌消费理念，提升品牌附加值和软实力。加速我国品牌价值评价国际化进程，充分发挥各类媒体作用，加大中国品牌宣传推广力度，树立中国制造品牌良好形象。

（五）全面推行绿色制造。

加大先进节能环保技术、工艺和装备的研发力度，加快制造业绿色改造升级；积极推行低碳化、循环化和集约化，提高制造业资源利用效率；强化产品全生命周期绿色管理，努力构建高效、清洁、低碳、循环的绿色制造体系。

加快制造业绿色改造升级。全面推进钢铁、有色、化工、建材、轻工、印染等传统制造业绿色改造，大力研发推广余热余压回收、水循环利用、重金属污染减量化、有毒有害原料替代、废渣资源化、脱硫脱硝除尘等绿色工艺技术装备，加快应用清洁高效铸造、锻压、焊接、表面处理、切削等加工工艺，实现绿色生产。加强绿色产品研发应用，推广轻量化、低功耗、易回收等技术工艺，持续提升电机、锅炉、内燃机及电器等终端用能产品能效水平，加快淘汰落后机电产品和技术。积极引领新兴产业高起点绿色发展，大幅降低电子信息产品生产、使用能耗及限用物质含量，建设绿色数据中心和绿色基站，大力促进新材料、新能源、高端装备、生物产业绿色低碳发展。

推进资源高效循环利用。支持企业强化技术创新和管理，增强绿色精益制造能力，大幅降低能耗、物耗和水耗水平。持续提高绿色低碳能源使用比率，开展工业园区和企业分布式绿色智能微电网建设，控制和削减化石能源消费量。全面推行循环生产方式，促进企业、园区、行业间链接共生、原料互供、资源共享。推进资源再生利用产业规范化、规模化发展，强化技术装备支撑，提高大宗工业固体废弃物、废旧金属、废弃电器电子产品等综合利用水平。大力发展再制造产业，实施高端再制造、智能再制造、在役再制造，推进产品认定，促进再制造产业持续健康发展。

积极构建绿色制造体系。支持企业开发绿色产品，推行生态设计，显著提升产品节能环保低碳水平，引导绿色生产和绿色消费。建设绿色工厂，实现厂房集约化、原料无害化、生产洁净化、废物资源化、能源低碳化。发展绿色园区，推进工业园区产业耦合，实现近零排放。打造绿色供应链，加快建立以资源节约、环境友好为导向的采购、生产、营销、回收及物流体系，落实生产者责任延伸制度。壮大绿色企业，支持企业实施绿色战略、绿色标准、绿色管理和绿色生产。强化绿色监管，健全节能环保法规、标准体系，加强节能环保监察，推行企业社会责任报告制度，开展绿色评价。

专栏4　绿色制造工程
组织实施传统制造业能效提升、清洁生产、节水治污、循环利用等专项技术改造。开展重大节能环保、资源综合利用、再制造、低碳技术产业化示范。实施重点区域、流域、行业清洁生产水平提升计划，扎实推进大气、水、土壤污染源头防治专项。制定绿色产品、绿色工厂、绿色园区、绿色企业标准体系，开展绿色评价。到2020年，建成千家绿色示范工厂和百家绿色示范园区，部分重化工行业能源资源消耗出现拐点，重点行业主要污染物排放强度下降20%。到2025年，制造业绿色发展和主要产品单耗达到世界先进水平，绿色制造体系基本建立。

（六）大力推动重点领域突破发展。

瞄准新一代信息技术、高端装备、新材料、生物医药等战略重点，引导社会各类资源集聚，推动优势和战略产业快速发展。

1. 新一代信息技术产业。

集成电路及专用装备。着力提升集成电路设计水平，不断丰富知识产权（IP）核和设计工具，突破关系国家信息与网络安全及电子整机产业发展的核心通用芯片，提升国产芯片的应用适配能力。掌握高密度封装及三维（3D）微组装技术，提升封装产业和测试的自主发展能力。形成关键制造装备供货能力。

信息通信设备。掌握新型计算、高速互联、先进存储、体系化安全保障等核心技术，全面突破第五代移动通信（5G）技术、核心路由交换技术、超高速大容量智能光传输技术、"未来网络"核心技术和体系架构，积极推动量子计算、神经网络等发展。研发高端服务器、大容量存储、新型路由交换、新型智能终端、新一代基站、网络安全等设备，推动核心信息通信设备体系化发展与规模化应用。

操作系统及工业软件。开发安全领域操作系统等工业基础软件。突破智能设计与仿真及其工具、制造物联与服务、工业大数据处理等高端工业软件核心技术，开发自主可控的高端工业平台软件和重点领域应用软件，建立完善工业软件集成标准与安全测评体系。推进自主工业软件体系化发展和产业化应用。

2. 高档数控机床和机器人。

高档数控机床。开发一批精密、高速、高效、柔性数控机床与基础制造装备及集成制造系统。加快高档数控机床、增材制造等前沿技术和装备的研发。以提升可靠性、精度保持性为重点，开发高档数控系统、伺服电机、轴承、光栅等主要功能部件及关键应用软件，加快实现产业化。加强用户工艺验证能力建设。

机器人。围绕汽车、机械、电子、危险品制造、国防军工、化工、轻工等工业机器人、特种机器人，以及医疗健康、家庭服务、教育娱乐等服务机器人应用需求，积极研发新产品，促进机器人标准化、模块化发展，扩大市场应用。突破机器人本体、减速器、伺服电机、控制器、传感器与驱动器等关键零部件及系统集成设计制造等技术瓶颈。

3. 航空航天装备。

航空装备。加快大型飞机研制，适时启动宽体客机研制，鼓励国际合作研制重型直升机；推进干支线飞机、直升机、无人机和通用飞机产业化。突破高推重比、先进涡桨（轴）发动机及大涵道比涡扇发动机技术，建立发动机自主发展工业体系。开发先进机载设备及系统，形成自主完整的航空产业链。

航天装备。发展新一代运载火箭、重型运载器，提升进入空间能力。加快推进国家民用空间基础设施建设，发展新型卫星等空间平台与有效载荷、空天地宽带互联网系统，形成长期持续稳定的卫星遥感、通信、导航等空间信息服务能力。推动载人航天、月球探测工程，适度发展深空探测。推进航天技术转化与空间技术应用。

4. 海洋工程装备及高技术船舶。大力发展深海探测、资源开发利用、海上作业保障装备及其关键系统和专用设备。推动深海空间站、大型浮式结构物的开发和工程化。形成海洋工程装备综合试验、检测与鉴定能力，提高海洋开发利用水平。突破豪华邮轮设计建造技术，全面提升液化天然气船等高技术船舶国际竞争力，掌握重点配套设备集成化、智能化、模块化设计制造核心技术。

5. 先进轨道交通装备。加快新材料、新技术和新工艺的应用，重点突破体系化安全保障、节能环保、数字化智能化网络化技术，研制先进可靠适用的产品和轻量化、模块化、谱系化产品。研发新一代绿色智能、高速重载轨道交通装备系统，围绕系统全寿命周期，向用户提供整体解决方案，建立世界领先的现代轨道交通产业体系。

6. 节能与新能源汽车。继续支持电动汽车、燃料电池汽车发展，掌握汽车低碳化、信息化、智能化核心技术，提升动力电池、驱动电机、高效内燃机、先进变速器、轻量化材料、智能控制等核心技术的工程化和产业化能力，形成从关键零部件到整车的完整工业体系和创新体系，推动自主品牌节能与新能源汽车同国际先进水平接轨。

7. 电力装备。推动大型高效超净排放煤电机组产业化和示范应用，进一步提高超大容量水电机组、核电机组、重型燃气轮机制造水平。推进新能源和可再生能源装备、先进储能装置、智能电网用输变电及用户端设备发展。突破大功率电力电子器件、高温超导材料等关键元器件和材料的制造及应用技术，形成产业化能力。

8. 农机装备。重点发展粮、棉、油、糖等大宗粮食和战略性经济作物育、耕、种、管、收、运、贮等主要生产过程使用的先进农机装备，加快发展大型拖拉机及其复式作业机具、大型高效联合收割机等高端农业装备及关键核心零部件。提高农机装备信息收集、智能决策和精准作业能力，推进形成面向农业生产的信息化整体解决方案。

9. 新材料。以特种金属功能材料、高性能结构材料、功能性高分子材料、特种无机非金属材料和先进复合材料为发展重点，加快研发先进熔炼、凝固成型、气相沉积、型材加工、高效合成等新材料制备关键技术和装备，加强基础研究和体系建设，突破产业化制备瓶颈。积极发展军民共用特种新材料，加快技术双向转移转化，促进新材料产业军民融合发展。高度关注颠覆性新材料对传统材料的影响，做好超导材料、纳米材料、石墨烯、生物基材料等战略前沿材料提前布局和研制。加快基础材料升级换代。

10. 生物医药及高性能医疗器械。发展针对重大疾病的化学药、中药、生物技术药物新产品，重点包括新机制和新靶点化学药、抗体药物、抗体偶联药物、全新结构蛋白及多肽药物、新型疫苗、临床优势突出的创新中药及个性化治疗药物。提高医疗器械的创新能力和产业化水平，重点发展影像设备、医用机器人等高性能诊疗设备，全降解血管支架等高值医用耗材，可穿戴、远程诊疗等移动医疗产品。实现生物 3D 打印、诱导多能干细胞等新技术的突破和应用。

专栏 5　高端装备创新工程
组织实施大型飞机、航空发动机及燃气轮机、民用航天、智能绿色列车、节能与新能源汽车、海洋工程装备及高技术船舶、智能电网成套装备、高档数控机床、核电装备、高端诊疗设备等一批创新和产业化专项、重大工程。开发一批标志性、带动性强的重点产品和重大装备，提升自主设计水平和系统集成能力，突破共性关键技术与工程化、产业化瓶颈，组织开展应用试点和示范，提高创新发展能力和国际竞争力，抢占竞争制高点。到 2020 年，上述领域实现自主研制及应用。到 2025 年，自主知识产权高端装备市场占有率大幅提升，核心技术对外依存度明显下降，基础配套能力显著增强，重要领域装备达到国际领先水平。

（七）深入推进制造业结构调整。

推动传统产业向中高端迈进，逐步化解过剩产能，促进大企业与中小企业协调发展，进一步优化制造业布局。

持续推进企业技术改造。明确支持战略性重大项目和高端装备实施技术改造的政策方向，稳定中央技术改造引导资金规模，通过贴息等方式，建立支持企业技术改造的长效机制。推动技术改造相关立法，强化激励约束机制，完善促进企业技术改造的政策体系。支持重点行业、高端产品、关键环节进行技术改造，引导企业采用先进适用技术，优化产品结构，全面提升设计、制造、工艺、管理水平，促进钢铁、石化、工程机械、轻工、纺织等产业向价值链高端发展。研究制定重点产业技术改造投资指南和重点项目导向计划，吸引社会资金参与，优化工业投资结构。围绕两化融合、节能降耗、质量提升、安全生产等传统领域改造，推广应用新技术、新工艺、新装备、新材料，提高企业生产技术水平和效益。

稳步化解产能过剩矛盾。加强和改善宏观调控，按照"消化一批、转移一批、整合一批、淘汰一批"的原则，分业分类施策，有效化解产能过剩矛盾。加强行业规范和准入管理，推动企业提升技术装备水平，优化存量产能。加强对产能严重过剩行业的动态监测分析，建立完善预警机制，引导企业主动退出过剩行业。切实发挥市场机制作用，综合运用法律、经济、技术及必要的行政手段，加快淘汰落后产能。

促进大中小企业协调发展。强化企业市场主体地位，支持企业间战略合作和跨行业、跨区域兼并重组，提高规模化、集约化经营水平，培育一批核心竞争力强的企业集团。激发中小企业创业创新活力，发展一批主营业务突出、竞争力强、成长性好、专注于细分市场的专业化"小巨人"企业。发挥中外中小企业合作园区示范作用，利用双边、多边中小企业合作机制，支持中小企业走出去和引进来。引导大企业与中小企业通过专业分工、服务外包、订单生产等多种方式，建立协同创新、合作共赢的协作关系。推动建设一批高水平的中小企业集群。

优化制造业发展布局。落实国家区域发展总体战略和主体功能区规划，综合考虑资源能源、环境容量、市场空间等因素，制定和实施重点行业布局规划，调整优化重大生产力布局。完善产业转移指导目录，建设国家产业转移信息服务平台，创建一批承接产业转移示范园区，引导产业合理有序转移，推动东中西部制造业协调发展。积极推动京津冀和长江经济带产业协同发展。按照新型工业化的要求，改造提升现有制造业集聚区，推动产业集聚向产业集群转型升级。建设一批特色和优势突出、产业链协同高效、核心竞争力强、公共服务体系健全的新型工业化示范基地。

（八）积极发展服务型制造和生产性服务业。

加快制造与服务的协同发展，推动商业模式创新和业态创新，促进生产型制造向服务型制造转变。大力发展与制造业紧密相关的生产性服务业，推动服务功能区和服务平台建设。

推动发展服务型制造。研究制定促进服务型制造发展的指导意见，实施服务型制造行动计划。开展试点示范，引导和支持制造业企业延伸服务链条，从主要提供产品制造向提供产品和服务转变。鼓励制造业企业增加服务环节投入，发展个性化定制服务、全生命周期管理、网络精准营销和在线支持服务等。支持有条件的企业由提供设备向提供系统集成总承包服务转变，由提供产品向提供整体解决方案转变。鼓励优势制造业企业"裂变"专业优势，通过业务流程再造，面向行业提供社会化、专业化服务。支持符合条件的制造业企业建立企业财务公司、金融租赁公司等金融机构，推广大型制造设备、生产线等融资租赁服务。

加快生产性服务业发展。大力发展面向制造业的信息技术服务，提高重点行业信息应用系统的方案设计、开发、综合集成能力。鼓励互联网等企业发展移动电子商务、在线定制、线上到线下等创新模式，积极发展对产品、市场的动态监控和预测预警等业务，实现与制造业企业的无缝对接，创新业务协作流程和价值创造模式。加快发展研发设计、技术转移、创业孵化、知识产权、科技咨询等科技服务业，发展壮大第三方物流、节能环保、检验检测认证、电子商务、服务外包、融资租赁、人力资源服务、售后服务、品牌建设等生产性服务业，提高对制造业转型升级的支撑能力。

强化服务功能区和公共服务平台建设。建设和提升生产性服务业功能区，重点发展研发设计、信息、物流、商务、金融等现代服务业，增强辐射能力。依托制造业集聚区，建设一批生产性服务业公共服务平台。鼓励东部地区企业加快制造业服务化转型，建立生产服务基地。支持中西部地区发展具有特色和竞争力的生产性服务业，加快产业转移承接地服务配套设施和能力建设，实现制造业和服务业协同发展。

（九）提高制造业国际化发展水平。

统筹利用两种资源、两个市场，实行更加积极的开放战略，将引进来与走出去更好结合，拓展新的开放领域和空间，提升国际合作的水平和层次，推动重点产业国际化布局，引导企业提高国际竞争力。

提高利用外资与国际合作水平。进一步放开一般制造业，优化开放结构，提高开放水平。引导外资投向新一代信息技术、高端装备、新材料、生物医药等高端制造领域，鼓励境外企业和科研机构在我国设立全球研发机构。支持符合条件的企业在境外发行股票、债券，鼓励与境外企业开展多种形式的技术合作。

提升跨国经营能力和国际竞争力。支持发展一批跨国公司，通过全球资源利用、业务流程再造、产业链整合、资本市场运作等方式，加快提升核心竞争力。支持企业在境外开展并购和股权投资、创业投资，建立研发中心、实验基地和全球营销及服务体系；依托互联网开展网络协同设计、精准营销、增值服务创新、媒体品牌推广等，建立全球产业链体系，提高国际化经营能力和服务水平。鼓励优势企业加快发展国际总承包、总集成。引导企业融入当地文化，增强社会责任意识，加强投资和经营风险管理，提高企业境外本土化能力。

深化产业国际合作，加快企业走出去。加强顶层设计，制定制造业走出去发展总体战略，建立完善统筹协调机制。积极参与和推动国际产业合作，贯彻落实丝绸之路经济带和21世纪海上丝绸之路等重大战略部署，加快推进与周边国家互联互通基础设施建设，深化产业合作。发挥沿边开放优势，在有条件的国家和地区建设一批境外制造业合作园区。坚持政府推动、企业主导，创新商业模式，鼓励高端装备、先进技术、优势产能向境外转移。加强政策引导，推动产业合作由加工制造环节为主向合作研发、联合设计、市场营销、品牌培育等高端环节延伸，提高国际合作水平。创新加工贸易模式，延长加工贸易国内增值链条，推动加工贸易转型升级。

四、战略支撑与保障

建设制造强国，必须发挥制度优势，动员各方面力量，进一步深化改革，完善政策措施，建立灵活高效的实施机制，营造良好环境；必须培育创新文化和中国特色制造文化，推动制造业由大变强。

（一）深化体制机制改革。

全面推进依法行政，加快转变政府职能，创新政府管理方式，加强制造业发展战略、规划、政策、标准等制定和实施，强化行业自律和公共服务能力建设，提高产业治理水平。简政放权，深化行政审批制度改革，规范审批事项，简化程序，明确时限；适时修订政府核准的投资项目目录，落实企业投资主体地位。完善政产学研用协同创新机制，改革技术创新管理体制机制和项目经费分配、成果评价和转化机制，促进科技成果资本化、产业化，激发制造业创新活力。加快生产要素价格市场化改革，完善主要由市场决定价格的机制，合理配置公共资源；推行节能量、碳排放权、排污权、水权交易制度改革，加快资源税从价计征，推动环境保护费改税。深化国有企业改革，完善公司治理结构，有序发展混合所有制经济，进一步破除各种形式的行业垄断，取消对非公有制经济的不合理限制。稳步推进国防科技工业改革，推动军民融合深度发展。健全产业安全审查机制和法规体系，加强关系国民经济命脉和国家安全的制造业重要领域投融资、并购重组、招标采购等方面的安全审查。

（二）营造公平竞争市场环境。

深化市场准入制度改革，实施负面清单管理，加强事中事后监管，全面清理和废止不利于全国统一市场建设的政策措施。实施科学规范的行业准入制度，制定和完善制造业节能节地节水、环保、技术、安全等准入标准，加强对国家强制性标准实施的监督检查，统一执法，以市场化手段引导企业进行结构调整和转型升级。切实加强监管，打击制售假冒伪劣行为，严厉惩处市场垄断和不正当竞争行为，为企业创造良好生产经营环境。加快发展技术市场，健全知识产权创造、运用、管理、保护机制。完善淘汰落后产能工作涉及的职工安置、债务清偿、企业转产等政策措施，健全市场退出机制。进一步减轻企业负担，实施涉企收费清单制度，建立全国涉企收费项目库，取缔各种不合理收费和摊派，加强监督检查和问责。推进制造业企业信用体系建设，建设中国制造信用数据库，建立健全企业信用动态评价、守信激励和失信惩戒机制。强化企业社会责任建设，推行企业产品标准、质量、安全自我声明和监督制度。

（三）完善金融扶持政策。

深化金融领域改革，拓宽制造业融资渠道，降低融资成本。积极发挥政策性金融、开发性金融和商业金融的优势，加大对新一代信息技术、高端装备、新材料等重点领域的支持力度。支持中国进出口银行在业务范围内加大对制造业走出去的服务力度，鼓励国家开发银行增加对制造业企业的贷款投放，引导金融机构创新符合制造业企业特点的产品和业务。健全多层次资本市场，推动区域性股权市场规范发展，支持符合条件的制造业企业在境内外上市融资、发行各类债务融资工具。引导风险投资、私募股权投资等支持制造业企业创新发展。鼓励符合条件的制造业贷款和租赁资产开展证券化试点。支持重点领域大型制造业企业集团开展产融结合试点，通过融资租赁方式促进制造业转型升级。探索开发适合制造业发展的保险产品和服务，鼓励发展贷款保证保险和信用保险业务。在风险可控和商业可持续的前提下，通过内保外贷、外汇及人民币贷款、债权融资、股权融资等方式，加大对制造业企业在境外开展资源勘探开发、设立研发中心和高技术企业以及收购兼并等的支持力度。

（四）加大财税政策支持力度。

充分利用现有渠道，加强财政资金对制造业的支持，重点投向智能制造、“四基”发展、高端装备等制造业转型升级的关键领域，为制造业发展创造良好政策环境。运用政府和社会资本合作（PPP）模式，引导社会资本参与制造业重大项目建设、企业技术改造和关键基础设施建设。创新财政资金支持方式，逐步从“补建设”向“补运营”转变，提高财政资金使用效益。深化科技计划（专项、基金等）管理改革，支持制造业重点领域科技研发和示范应用，促进制造业技术创新、转型升级和结构布局调整。完善和落实支持创新的政府采购政策，推动制造业创新产品的研发和规模化应用。落实和完善使用首台（套）重大技术装备等鼓励政策，健全研制、使用单位在产品创新、增值服务和示范应用等环节的激励约束机制。实施有利于制造业转型升级的税收政策，推进增值税改革，完善企业研发费用计核方法，切实减轻制造业企业税收负担。

（五）健全多层次人才培养体系。

加强制造业人才发展统筹规划和分类指导，组织实施制造业人才培养计划，加大专业技术人才、经营管理人才和技能人才的培养力度，完善从研发、转化、生产到管理的人才培养体系。以提高现代经营管理水平和企业竞争力为核心，实施企业经营管理人才素质提升工程和国家中小企业银河培训工程，培养造就一批优秀企业家和高水平经营管理人才。以高层次、急需紧缺专业技术人才和创新型人才为重点，实施专业技术人才知识更新工程和先进制造卓越工程师培养计划，在高等学校建设一批工程创新训练中心，打造高素质专业技术人才队伍。强化职业教育和技能培训，引导一批普通本科高等学校向应用技术类高等学校转型，建立一批实训基地，开展现代学徒制试点示范，形成一支门类齐全、技艺精湛的技术技能人才队伍。鼓励企业与学校合作，培养制造业急需的科研人员、技术技能人才与复合型人才，深化相关领域工程博士、硕士专业学位研究生招生和培养模式改革，积极推进产学研结合。加强产业人才需求预测，完善各类人才信息库，构建产业人才水平评价制度和信息发布平台。建立人才激励机制，加大对优秀人才的表彰和奖励力度。建立完善制造业人才服务机构，健全人才流动和使用的体制机制。采取多种形式选拔各类优秀人才重点是专业技术人才到国外学习培训，探索建立国际培训基地。加大制造业引智力度，引进领军人才和紧缺人才。

（六）完善中小微企业政策。

落实和完善支持小微企业发展的财税优惠政策，优化中小企业发展专项资金使用重点和方式。发挥财政资金杠杆撬动作用，吸引社会资本，加快设立国家中小企业发展基金。支持符合条件的民营资本依法设立中小型银行等金融机构，鼓励商业银行加大小微企业金融服务专营机构建设力度，建立完善小微企业融资担保体系，创新产品和服务。加快构建中小微企业征信体系，积极发展面向小微企业的融资租赁、知识产权质押贷款、信用保险保单质押贷款等。建设完善中小企业创业基地，引导各类创业投资基金投资小微企业。鼓励大学、科研院所、工程中心等对中小企业开放共享各种实（试）验设施。加强中小微企业综合服务体系建设，完善中小微企业公共服务平台网络，建立信息互联互通机制，为中小微企业提供创业、创新、融资、咨询、培训、人才等专业化服务。

（七）进一步扩大制造业对外开放。

深化外商投资管理体制改革，建立外商投资准入前国民待遇加负面清单管理机制，落实备案为主、核准为辅的管理模式，营造稳定、透明、可预期的营商环境。全面深化外汇管理、海关监管、检验检疫管理改革，提高贸易投资便利化水平。进一步放宽市场准入，修订钢铁、化工、船舶等产业政策，支持制造业企业通过委托开发、专利授权、众包众创等方式引进先进技术和高端人才，推动利用外资由重点引进技术、资金、设备向合资合作开发、对外并购及引进领军人才转变。加强对外投资立法，强化制造业企业走出去法律保障，规范企业境外经营行为，维护企业合法权益。探索利用产业基金、国有资本收益等渠道支持高铁、电力装备、汽车、工程施工等装备和优势产能走出去，实施海外投资并购。加快制造业走出去支撑服务机构建设和水平提升，建立制造业对外投资公共服务平台和出口产品技术性贸易服务平台，完善应对贸易摩擦和境外投资重大事项预警协调机制。

（八）健全组织实施机制。

成立国家制造强国建设领导小组，由国务院领导同志担任组长，成员由国务院相关部门和单位负责同志担任。领导小组主要职责是：统筹协调制造强国建设全局性工作，审议重大规划、重大政策、重大工程专项、重大问题和重要工作安排，加强战略谋划，指导部门、地方开展工作。领导小组办公室设在工业和信息化部，承担领导小组日常工作。设立制造强国建设战略咨询委员会，研究制造业发展的前瞻性、战略性重大问题，对制造业重大决策提供咨询评估。支持包括社会智库、企业智库在内的多层次、多领域、多形态的中国特色新型智库建设，为制造强国建设提供强大智力支持。建立《中国制造2025》任务落实情况督促检查和第三方评价机制，完善统计监测、绩效评估、动态调整和监督考核机制。建立《中国制造2025》中期评估机制，适时对目标任务进行必要调整。

各地区、各部门要充分认识建设制造强国的重大意义，加强组织领导，健全工作机制，强化部门协同和上下联动。各地区要结合当地实际，研究制定具体实施方案，细化政策措施，确保各项任务落实到位。工业和信息化部要会同相关部门加强跟踪分析和督促指导，重大事项及时向国务院报告。

智能汽车创新发展战略

（2020年2月10日　发改产业〔2020〕202号）

当今世界正经历百年未有之大变局，新一轮科技革命和产业变革方兴未艾，智能汽车已成为全球汽车产业发展的战略方向。为加快推进智能汽车创新发展，制定本战略。

一、发展态势

智能汽车是指通过搭载先进传感器等装置，运用人工智能等新技术，具有自动驾驶功能，逐步成为智能移动空间和应用终端的新一代汽车。智能汽车通常又称为智能网联汽车、自动驾驶汽车等。

（一）智能汽车已成为全球汽车产业发展的战略方向。

从技术层面看，汽车正由人工操控的机械产品逐步向电子信息系统控制的智能产品转变。从产业层面看，汽车与相关产业全面融合，呈现智能化、网络化、平台化发展特征。从应用层面看，汽车将由单纯的交通运输工具逐渐转变为智能移动空间和应用终端，成为新兴业态重要载体。从发展层面看，一些跨国企业率先开展产业布局，一些国家积极营造良好发展环境，智能汽车已成为汽车强国战略选择。

（二）发展智能汽车对我国具有重要的战略意义。

发展智能汽车，有利于提升产业基础能力，突破关键技术瓶颈，增强新一轮科技革命和产业变革引领能力，培育产业发展新优势；有利于加速汽车产业转型升级，培育数字经济，壮大经济增长新动能；有利于加快制造强国、科技强国、网络强国、交通强国、数字中国、智慧社会建设，增强新时代国家综合实力；有利于保障生命安全，提高交通效率，促进节能减排，增进人民福祉。

（三）我国拥有智能汽车发展的战略优势。

中国特色社会主义制度和国家治理体系能够集中力量办大事，国家制度优势显著。我国汽车产业体系完善，品牌质量逐步提升，关键技术不断突破，发展基础较为扎实。互联网、信息通信等领域涌现一批知名企业，网络通信实力雄厚。路网规模、5G通信、北斗卫星导航定位系统水平国际领先，基础设施保障有力。汽车销量位居世界首位，新型城镇化建设快速推进，市场需求前景广阔。

二、总体要求

（一）指导思想。

全面贯彻党的十九大和十九届二中、三中、四中全会精神，以习近平新时代中国特色社会主义思想为指导，牢固树立新发展理念，统筹推进“五位一体”总体布局，协调推进“四个全面”战略布局，充分发挥集中力量办大事的制度优势和超大规模的市场优势，以供给侧结构性改革为主线，以发展中国标准智能汽车为方向，以建设智能汽车强国为目标，以推动产业融合发展为途径，开创新模式，培育新业态，提升产业基础能力和产业链水平，满足人民日益增长的美好生活需要。

（二）基本原则。

统筹谋划，协同推进。强化智能汽车发展顶层设计，营造支持创新、鼓励创造、宽松包容的发展环境。加强部门协同、行业协作、上下联动，形成跨部门、跨行业、跨领域协调发展合力。

创新驱动，平台支撑。建立开源开放、资源共享合作机制，构建智能汽车自主技术体系。充分调动社会各界积极性，推动智能汽车创新发展平台建设，增强战略实施保障能力。

市场主导，跨界融合。充分发挥市场配置资源的决定性作用，激发智能汽车发展活力。打破行业分割，加强产业融合，创新产业体系、生产方式、应用模式。

开放合作，安全可控。统筹利用国内外创新要素和市场资源，构建智能汽车开放合作新格局。强化产业安全和风险防控，建立智能汽车安全管理体系，增强网络信息系统安全防护能力。

（三）战略愿景。

到2025年，中国标准智能汽车的技术创新、产业生态、基础设施、法规标准、产品监管和网络安全体系基本形成。实现有条件自动驾驶的智能汽车达到规模化生产，实现高度自动驾驶的智能汽车在特定环境下市场化应用。智能交通系统和智慧城市相关设施建设取得积极进展，车用无线通信网络（LTE－V2X等）实现区域覆盖，新一代车用无线通信网络（5G－V2X）在部分城市、高速公路逐步开展应用，高精度时空基准服务网络实现全覆盖。

展望2035到2050年，中国标准智能汽车体系全面建成、更加完善。安全、高效、绿色、文明的智能汽车强国愿景逐步实现，智能汽车充分满足人民日益增长的美好生活需要。

三、主要任务

（一）构建协同开放的智能汽车技术创新体系。

1. 突破关键基础技术。开展复杂系统体系架构、复杂环境感知、智能决策控制、人机交互及人机共驾、车路交互、网络安全等基础前瞻技术研发，重点突破新型电子电气架构、多源传感信息融合感知、新型智能终端、智能计算平台、车用无线通信网络、高精度时空基准服务和智能汽车基础地图、云控基础平台等共性交叉技术。

2. 完善测试评价技术。建立健全智能汽车测试评价体系及测试基础数据库。重点研发虚拟仿真、软硬件结合仿真、实车道路测试等技术和验证工具，以及多层级测试评价系统。推动企业、第三方技术试验及安全运行测试评价机构能力建设。

3. 开展应用示范试点。开展特定区域智能汽车测试运行及示范应用，验证车辆环境感知准确率、场景定位精度、决策控制合理性、系统容错与故障处理能力，智能汽车基础地图服务能力，“人—车—路—云”系统协同性等。推动有条件的地方开展城市级智能汽车大规模、综合性应用试点，支持优势地区创建国家车联网先导区。

（二）构建跨界融合的智能汽车产业生态体系。

4. 增强产业核心竞争力。推进车载高精度传感器、车规级芯片、智能操作系统、车载智能终端、智能计算平台等产品研发与产业化，建设智能汽车关键零部件产业集群。加快智能化系统推广应用，培育具有国际竞争力的智能汽车品牌。

5. 培育新型市场主体。整合优势资源，组建产业联合体和联盟。鼓励整车企业逐步成为智能汽车产品提供商，鼓励零部件企业逐步成为智能汽车关键系统集成供应商。鼓励人工智能、互联网等企业发展成为自动驾驶系统解决方案领军企业，鼓励信息通信等企业发展成为智能汽车数据服务商和无线通信网络运营商，鼓励交通基础设施相关企业发展成为智慧城市交通系统方案供应商。

6. 创新产业发展形态。积极培育道路智能设施、高精度时空基准服务和智能汽车基础地图、车联网、网络安全、智能出行等新业态。加强智能汽车复杂使用场景的大数据应用，重点在数据增值、出行服务、金融保险等领域，培育新商业模式。优先在封闭区域探索开展智能汽车出行服务。

7. 推动新技术转化应用。开展军民联合攻关，加快北斗卫星导航定位系统、高分辨率对地观测系统在智能汽车相关领域的应用，促进车辆电子控制、高性能芯片、激光/毫米波雷达、微机电系统、惯性导航系统等自主知识产权军用技术的转化应用，加强自动驾驶系统、云控基础平台等在国防军工领域的开发应用。

（三）构建先进完备的智能汽车基础设施体系。

8. 推进智能化道路基础设施规划建设。制定智能交通发展规划，建设智慧道路及新一代国家交通控制网。分阶段、分区域推进道路基础设施的信息化、智能化和标准化建设。结合5G商用部署，推动5G与车联网协同建设。统一通信接口和协议，推动道路基础设施、智能汽车、运营服务、交通安全管理系统、交通管理指挥系统等信息互联互通。

9. 建设广泛覆盖的车用无线通信网络。开展车用无线通信专用频谱使用许可研究，快速推进车用无线通信网络建设。统筹公众移动通信网部署，在重点地区、重点路段建立新一代车用无线通信网络，提供超低时延、超高可靠、超大带宽的无线通信和边缘计算服务。在桥梁、隧道、停车场等交通设施部署窄带物联网，建立信息数据库和多维监控设施。

10. 建设覆盖全国的车用高精度时空基准服务能力。充分利用已有北斗卫星导航定位基准站网，推动全国统一的高精度时空基准服务能力建设。加强导航系统和通信系统融合，建设多源导航平台。推动北斗通信服务和移动通信双网互通，建立车用应急系统。完善辅助北斗系统，提供快速辅助定位服务。

11. 建设覆盖全国路网的道路交通地理信息系统。开发标准统一的智能汽车基础地图，建立完善包含路网信息的地理信息系统，提供实时动态数据服务。制作并优化智能汽车基础地图信息库模型与结构。推动建立智能汽车基础地图数据和卫星遥感影像数据共享机制。构建道路交通地理信息系统快速动态更新和在线服务体系。

12. 建设国家智能汽车大数据云控基础平台。充分利用现有设施和数据资源，统筹建设智能汽车大数据云控基础平台。重点开发建设逻辑协同、物理分散的云计算中心，标准统一、开放共享的基础数据中心，风险可控、安全可靠的云控基础软件，逐步实现车辆、基础设施、交通环境等领域的基础数据融合应用。

（四）构建系统完善的智能汽车法规标准体系。

13. 健全法律法规。开展智能汽车"机器驾驶人"认定、责任确认、网络安全、数据管理等法律问题及伦理规范研究，明确相关主体的法律权利、义务和责任等。推动出台规范智能汽车测试、准入、使用、监管等方面的法律法规规范，促进《道路交通安全法》等法律法规修订完善。完善测绘地理信息法律法规。

14. 完善技术标准。构建智能汽车中国标准体系。重点制定车载关键系统、智能汽车基础地图、云控基础平台、安全防护、智能化基础设施等技术标准和规范，以及"人—车—路—云"系统协同的车用无线通信技术标准和设备接口规范。建立智能汽车等级划分及评估准则，制定智能汽车产品认证、运行安全、自动驾驶能力测试标准，完善仿真场景、封闭场地、半开放场地、公共道路测试方法。制定人机控制转换、车路交互、车车交互及事件记录、车辆事故产品缺陷调查等标准。

15. 推动认证认可。建立健全企业自评估、报备和第三方技术检验相结合的认证认可机制，构建覆盖智能汽车全生命周期的综合认证服务体系。开展关键软硬件功能性、可靠性、安全性认证，制定面向不同等级智能汽车的认证规范及规则。推动测试示范区评价能力和体系建设。

（五）构建科学规范的智能汽车产品监管体系。

16. 加强车辆产品管理。完善智能汽车生产、准入、销售、检验、登记、召回等管理规定。研究制定智能汽车相关产品安全审核和管理办法。加强智能汽车产品研发、生产制造、进出口等监管，构建质量安全、功能安全防控体系，明确安全责任主体，完善智能汽车道路交通违法违规行为取证和处置、安全事故追溯和责任追究相关规定。明确车用无线通信设备型号核准和进网许可办理流程。完善智能汽车场地测试标准和管理办法，加强公共道路测试审核和监管，推进运行安全和自动驾驶能力测试基地建设。

17. 加强车辆使用管理。颁布智能汽车标识管理办法，强化智能汽车的身份认证、实时跟踪和事件溯源。建立公开透明的智能汽车监管和事故报告机制，完善多方联动、信息共享、实时精准的运行监管体系。加强道路基础设施领域联网通信设备进网许可管理。制定智能汽车软硬件升级更新、售后服务、质量担保、金融保险等领域管理规定，积极推进智能汽车商业化应用。

（六）构建全面高效的智能汽车网络安全体系。

18. 完善安全管理联动机制。严格落实国家网络安全法律法规和等级保护，完善智能汽车网络安全管理制度，建立覆盖汽车制造企业、电子零部件供应商、网络运营商、服务提供商等产业链关键环节的安全责任体系，建立风险评估、等级测评、监测预警、应急响应等机制，定期开展网络安全监督检查。

19. 提升网络安全防护能力。搭建多层纵深防御、软硬件结合的安全防护体系，加强车载芯片、操作系统、应用软件等安全可靠性设计，开展车载信息系统、服务平台及关键电子零部件安全检测，强化远程软件更新、监控服务等安全管理。实施统一身份权限认证管理。建立北斗系统抗干扰和防欺骗安全防护体系。按照国家网络安全等级保护相关标准规范，建设智能汽车网络安全态势感知平台，提升应急处置能力。

20. 加强数据安全监督管理。建立覆盖智能汽车数据全生命周期的安全管理机制，明确相关主体的数据安全保护责任和具体要求。实行重要数据分类分级管理，确保用户信息、车辆信息、测绘地理信息等数据安全可控。完善数据安全管理制度，加强监督检查，开展数据风险、数据出境安全等评估。

四、保障措施

（一）加强组织实施。

贯彻落实党中央、国务院决策部署，加强统筹协调，推进智能汽车创新发展重大政策、重大任务、重大工程实施，及时解决重大问题。充分发挥国家制造强国建设领导小组车联网产业发展专项委员会等工作机制作用，按照部门职责，落实工作任务，形成发展合力。培育智能汽车创新发展平台等新型市场主体，推动落实战略确定的各项任务。组织相关领域知名专家学者和机构开展咨询服务，加强智力保障。

（二）完善扶持政策。

研究制定相关管理标准和规则，出台促进道路交通自动驾驶发展的政策，引导企业规范有序参与智能汽车发展。利用多种资金渠道，支持智能汽车基础共性关键技术研发和产业化、智能交通及智慧城市基础设施重大工程建设等。强化税收金融政策引导，对符合条件的企业按现行税收政策规定享受企业所得税税前加计扣除优惠，落实中小企业和初创企业的财税优惠政策。利用金融租赁等政策工具，重点扶持新业态、新模式发展。

（三）强化人才保障。

建立重大项目与人才引进联动机制，加大国际领军人才和骨干人才引进力度。推动汽车与信息通信、互联网等领域人才交流，加快培养复合型专家和科技带头人。深化产教融合，鼓励企业与高等院校合作开设相关专业，协同培养创新型中青年科技人才、工程技术人才、高级技工和管理人才。

（四）深化国际合作。

鼓励国内外企业加强产业合作，联合开展基础研究、技术开发和市场化应用。支持国内企业加快国际市场布局，增强海外研发能力。鼓励外资企业积极参与智能汽车产业发展。充分利用多双边合作和高层对话机制，搭建国际产业合作平台。深度参与国际标准、区域标准制定与协调，加强认证认可结果国际互认和采信。积极开展智能汽车法律法规国际交流合作。

（五）优化发展环境。

加强产业投资引导，鼓励社会资本重点投向智能汽车关键技术研发等领域，严禁以发展智能汽车为名，新建或扩大汽车整车生产能力。加大质量、安全、环保、反不正当竞争等监管执法力度，规范智能汽车市场秩序。加强知识产权保护，健全技术创新专利保护与标准化互动支撑机制。完善智能汽车领域信用规范，营造诚实守信市场环境。加强智能汽车科普宣传和舆论引导，提高社会认知度。

（三）部门规章/规范性文件

工业和信息化部关于加强智能网联汽车生产企业及产品准入管理的意见

（2021 年 7 月 30 日　工信部通装〔2021〕103 号）

各省、自治区、直辖市及新疆生产建设兵团工业和信息化主管部门，各省、自治区、直辖市通信管理局，有关汽车生产企业：

为加强智能网联汽车生产企业及产品准入管理，维护公民生命、财产安全和公共安全，促进智能网联汽车产业健康可持续发展，根据《中华人民共和国道路交通安全法》《中华人民共和国网络安全法》《中华人民共和国数据安全法》《道路机动车辆生产企业及产品准入管理办法》等规定，提出以下意见。

一、总体要求

坚持以习近平新时代中国特色社会主义思想为指导，深入贯彻党的十九大和十九届二中、三中、四中、五中全会精神，落实立足新发展阶段、贯彻新发展理念、构建新发展格局、推动高质量发展的要求，压实企业主体责任，加强汽车数据安全、网络安全、软件升级、功能安全和预期功能安全管理，保证产品质量和生产一致性，推动智能网联汽车产业高质量发展。

二、加强数据和网络安全管理

（一）强化数据安全管理能力。企业应当建立健全汽车数据安全管理制度，依法履行数据安全保护义务，明确责任部门和负责人。建立数据资产管理台账,实施数据分类分级管理,加强个人信息与重要数据保护。建设数据安全保护技术措施,确保数据持续处于有效保护和合法利用的状态,依法依规落实数据安全风险评估、数据安全事件报告等要求。在中华人民共和国境内运营中收集和产生的个人信息和重要数据应当按照有关法律法规规定在境内存储。需要向境外提供数据的,应当通过数据出境安全评估。

(二)加强网络安全保障能力。企业应当建立汽车网络安全管理制度,依法落实网络安全等级保护制度和车联网卡实名登记管理要求,明确网络安全责任部门和负责人。具备保障汽车电子电气系统、组件和功能免受网络威胁的技术措施,具备汽车网络安全风险监测、网络安全缺陷和漏洞等发现和处置技术条件,确保车辆及其功能处于被保护的状态,保障车辆安全运行。依法依规落实网络安全事件报告和处置要求。

三、规范软件在线升级

(三)强化企业管理能力。企业生产具有在线升级(又称 OTA 升级)功能的汽车产品的,应当建立与汽车产品及升级活动相适应的管理能力,具有在线升级安全影响评估、测试验证、实施过程保障、信息记录等能力,确保车辆进行在线升级时处于安全状态,并向车辆用户告知在线升级的目的、内容、所需时长、注意事项、升级结果等信息。

(四)保证产品生产一致性。企业实施在线升级活动前,应当确保汽车产品符合国家法律法规、技术标准及技术规范等相关要求并向工业和信息化部备案,涉及安全、节能、环保、防盗等技术参数变更的应提前向工业和信息化部申报,保证汽车产品生产一致性。未经审批,不得通过在线等软件升级方式新增或更新汽车自动驾驶功能。

四、加强产品管理

(五)严格履行告知义务。企业生产具有驾驶辅助和自动驾驶功能的汽车产品的,应当明确告知车辆功能及性能限制、驾驶员职责、人机交互设备指示信息、功能激活及退出方法和条件等信息。

(六)加强组合驾驶辅助功能产品安全管理。企业生产具有组合驾驶辅助功能的汽车产品的,应采取脱手检测等技术措施,保障驾驶员始终在执行相应的动态驾驶任务。组合驾驶辅助功能是指驾驶自动化系统在其设计运行条件下,持续地执行车辆横向和纵向运动控制,并具备相应的目标和事件探测与响应能力。

(七)加强自动驾驶功能产品安全管理。企业生产具有自动驾驶功能的汽车产品的,应当确保汽车产品至少满足以下要求:

1. 应能自动识别自动驾驶系统失效以及是否持续满足设计运行条件,并能采取风险减缓措施以达到最小风险状态。

2. 应具备人机交互功能,显示自动驾驶系统运行状态。在特定条件下需要驾驶员执行动态驾驶任务的，应具备识别驾驶员执行动态驾驶任务能力的功能。车辆应能够依法依规合理使用灯光信号、声音等方式与其他道路使用者进行交互。

3. 应具有事件数据记录系统和自动驾驶数据记录系统，满足相关功能、性能和安全性要求，用于事故重建、责任判定及原因分析等。其中，自动驾驶数据记录系统记录的数据应包括车辆及系统基本信息、车辆状态及动态信息、自动驾驶系统运行信息、行车环境信息、驾乘人员操作及状态信息、故障信息等。

4. 应满足功能安全、预期功能安全、网络安全等过程保障要求，以及模拟仿真、封闭场地、实际道路、网络安全、软件升级、数据记录等测试要求，避免车辆在设计运行条件内发生可预见且可预防的安全事故。

（八）确保可靠的时空信息服务。企业应当确保汽车产品具有安全、可靠的卫星定位及授时功能，可有效提供位置、速度、时间等信息，并应满足相关要求，鼓励支持接受北斗卫星导航系统信号。

五、保障措施

（九）建立自查机制。企业应当加强自查，发现生产、销售的汽车产品存在数据安全、网络安全、在线升级安全、驾驶辅助和自动驾驶安全等严重问题的，应当依法依规立即停止相关产品的生产、销售，采取措施进行整改，并及时向工业和信息化部及所在地工业和信息化、电信主管部门报告。

（十）加强监督实施。工业和信息化部指导有关机构做好智能网联汽车生产企业及产品准入技术审查等工作。各地工业和信息化、电信主管部门要与相关部门协同配合，按照《道路机动车辆生产企业及产品准入管理办法》有关要求，做好对本意见落实情况的监督检查。

（十一）夯实基础能力。工业和信息化部会同各地相关部门、有关企业进一步完善智能网联汽车标准体系建设，加快推动汽车数据安全、网络安全、在线升级、驾驶辅助、自动驾驶等标准规范制修订。鼓励第三方服务机构和企业加强相关测试验证和检验检测能力建设，不断提升智能网联汽车相关技术和网络安全、数据安全水平。

智能网联汽车道路测试与示范应用管理规范（试行）

（2021 年 7 月 27 日　工信部联通装〔2021〕97 号）

第一章　总　　则

第一条　为深入贯彻落实党的十九大精神，加快制造强国、科技强国、网络强国、交通强国建设，推动汽车智能化、网联化技术应用和产业发展，规范智能网联汽车道路测试与示范应用,依据《中华人民共和国道路交通安全法》《中华人民共和国公路法》等法律法规,制定本规范。

第二条 本规范适用于在中华人民共和国境内进行的智能网联汽车道路测试与示范应用。

本规范所称道路测试,是指在公路(包括高速公路)、城市道路、区域范围内等用于社会机动车通行的各类道路指定的路段进行的智能网联汽车自动驾驶功能测试活动。

本规范所称示范应用,是指在公路(包括高速公路)、城市道路、区域范围内等用于社会机动车通行的各类道路指定的路段进行的具有试点、试行效果的智能网联汽车载人载物运行活动。

本规范所称测试区(场),是指在固定区域设置的具有封闭物理界限及智能网联汽车自动驾驶功能测试所需道路、网联等设施及环境条件的场地。

第三条 工业和信息化部、公安部和交通运输部建立联合工作机制,推动和促进智能网联汽车道路测试与示范应用工作并发布相关信息。

第四条 省、市级政府相关主管部门可以根据当地实际情况,依据本规范制定实施细则,具体组织开展智能网联汽车道路测试与示范应用工作。

本规范所称省、市级政府相关主管部门,包括各省、自治区、直辖市及计划单列市、新疆生产建设兵团和地级市的工业和信息化主管部门、公安机关交通管理部门和交通运输主管部门。

第二章　道路测试与示范应用主体、驾驶人及车辆

第五条 道路测试主体是指提出智能网联汽车道路测试申请、组织道路测试并承担相应责任的单位,应符合如下条件:

(一)在中华人民共和国境内登记注册的独立法人单位;

(二)具备汽车及零部件制造、技术研发或试验检测等智能网联汽车相关业务能力;

(三)对智能网联汽车道路测试可能造成的人身和财产损失,具备足够的民事赔偿能力;

(四)具有智能网联汽车自动驾驶功能测试评价规程;

(五)具备对道路测试车辆进行实时远程监控的能力;

(六)具备对道路测试车辆进行事件记录、分析和重现的能力;

(七)具备对道路测试车辆及远程监控平台的网络安全保障能力;

(八)法律、行政法规、规章规定的其他条件。

第六条 示范应用主体是指提出智能网联汽车示范应用申请、组织示范应用并承担相应责任的一个单位或多个单位联合体,应符合如下条件:

(一)在中华人民共和国境内登记注册的独立法人单位或多个独立法人单

位组成的联合体；

（二）具备汽车及零部件制造、技术研发、试验检测或示范应用运营等智能网联汽车相关业务能力；

（三）由多个独立法人单位联合组成的示范应用主体，其中应至少有一个单位具备示范应用运营服务能力，且各单位应签署运营服务及相关侵权责任划分的相关协议；

（四）对智能网联汽车示范应用可能造成的人身和财产损失，具备足够的民事赔偿能力；

（五）具有智能网联汽车示范应用方案；

（六）具备对示范应用车辆进行实时远程监控的能力；

（七）具备对示范应用车辆进行事件记录、分析和重现的能力；

（八）具备对示范应用车辆及远程监控平台的网络安全保障能力；

（九）法律、行政法规、规章规定的其他条件。

第七条 道路测试、示范应用驾驶人是指经道路测试、示范应用主体授权负责道路测试、示范应用安全运行，并在出现紧急情况时从车内采取应急措施的人员。

道路测试、示范应用驾驶人应符合下列条件：

（一）与道路测试、示范应用主体签订有劳动合同或劳务合同；

（二）取得相应准驾车型驾驶证并具有 3 年以上驾驶经历；

（三）最近连续 3 个记分周期内没有被记满 12 分记录；

（四）最近 1 年内无超速 50% 以上、超员、超载、违反交通信号灯通行等严重交通违法行为记录；

（五）无饮酒后驾驶或者醉酒驾驶机动车记录，无服用国家管制的精神药品或者麻醉药品记录；

（六）无致人死亡或者重伤且负有责任的交通事故记录；

（七）经道路测试、示范应用主体培训合格，熟悉自动驾驶功能测试评价规程、示范应用方案，掌握车辆道路测试、示范应用操作方法，具备紧急状态下应急处置能力；

（八）法律、行政法规、规章规定的其他条件。

第八条 道路测试车辆、示范应用车辆是指申请用于道路测试、示范应用的智能网联汽车，包括乘用车、商用车辆和专用作业车，不包括低速汽车、摩托车，应符合以下条件：

（一）未办理过机动车注册登记；

（二）满足对应车辆类型除耐久性以外的强制性检验项目要求；对因实现自动驾驶功能而无法满足强制性检验要求的个别项目，需提供其未降低车辆安全性能的证明；

(三)具备人工操作和自动驾驶两种模式,且能够以安全、快速、简单的方式实现模式转换并有相应的提示,保证在任何情况下都能将车辆即时转换为人工操作模式;

(四)具备车辆状态记录、存储及在线监控功能,能实时回传下列第1至4项信息,并自动记录和存储下列各项信息在车辆事故或失效状况发生前至少90秒的数据,数据存储时间不少于1年:

1. 车辆标识(车架号或临时行驶车号牌信息等);
2. 车辆控制模式;
3. 车辆位置;
4. 车辆速度、加速度、行驶方向等运动状态;
5. 环境感知与响应状态;
6. 车辆灯光、信号实时状态;
7. 车辆外部360度视频监控情况;
8. 反映驾驶人和人机交互状态的车内视频及语音监控情况;
9. 车辆接收的远程控制指令(如有);
10. 车辆故障情况(如有)。

第三章 道路测试申请

第九条 进行道路测试前,道路测试主体应确保道路测试车辆在测试区(场)等特定区域进行充分的实车测试,符合国家、行业相关标准规范,省、市级政府相关主管部门发布的测试要求以及道路测试主体的测试评价规程,具备进行道路测试的条件。其中:

(一)道路测试车辆自动驾驶功能应由国家或省市认可的从事汽车相关业务的第三方检测机构进行测试。测试内容应包括自动驾驶功能通用检测项目(见附件1)及其设计运行范围所涉及的项目;

(二)进行实车测试的测试区(场)的运营主体应为在中华人民共和国境内登记注册的独立法人单位;

(三)第三方检测机构应向社会公开测试服务项目及收费标准,对测试结果真实性负责,并承担相应的法律责任。

第十条 道路测试主体应提供智能网联汽车道路测试安全性自我声明(见附件2)并由省、市级政府相关主管部门进行确认,包括道路测试主体、车辆识别代号、测试驾驶人姓名及身份证号、测试时间、测试路段、区域及测试项目等信息。其中,测试时间原则上不超过18个月,且不得超过安全技术检验合格证明及保险凭证的有效期。道路测试安全性自我声明应随同以下证明材料提交至省、市级政府相关主管部门。

(一)道路测试主体、测试驾驶人和道路测试车辆的基本情况;

（二）道路测试车辆的自动驾驶功能等级声明以及自动驾驶功能对应的设计运行条件说明，包括设计运行范围、车辆状态和驾驶人状态等；

（三）道路测试车辆设计运行范围与拟进行道路测试路段、区域内各类交通要素对应关系说明；

（四）属国产机动车的，应当提供机动车整车出厂合格证，对未进入公告车型的可提供出厂合格证明和国家认可的第三方检测机构出具的相应车型强制性检验报告；属进口机动车的，应当提供进口机动车辆强制性产品认证证书、随车检验单和货物进口证明书，对未取得进口机动车辆强制性产品认证证书的可提供车辆满足安全运行条件的声明和国家认可的第三方检测机构出具的相应车型强制性检验报告；

（五）自动驾驶功能说明及其未降低车辆安全性能的证明；

（六）机动车安全技术检验合格证明；

（七）对具有网联功能的车辆或远程控制功能的监控平台，应提供网络安全风险评估结果及采取的风险应对措施证明；

（八）道路测试主体自行开展的模拟仿真测试与测试区（场）等特定区域实车测试的说明材料；

（九）国家或省市认可的从事汽车相关业务的第三方检测机构出具的智能网联汽车自动驾驶功能委托检验报告；

（十）经第三方机构评审通过的道路测试方案，至少包括测试路段或区域、测试时间、测试项目、测试评价规程、风险分析及应对措施；

（十一）交通事故责任强制险凭证以及每车不低于五百万元人民币的交通事故责任保险凭证或不少于五百万元人民币的自动驾驶道路测试事故赔偿保函。

第十一条　道路测试主体凭《机动车登记规定》所要求的证明（包括相关主管部门确认的道路测试主体智能网联汽车道路测试安全性自我声明等材料）、凭证，向公安机关交通管理部门申领试验用机动车临时行驶车号牌。

第十二条　临时行驶车号牌规定的行驶范围应当根据道路测试安全性自我声明载明的测试路段、区域合理限定，临时行驶车号牌有效期不超过安全性自我声明载明的测试时间。临时行驶车号牌签注行驶范围涉及其他省市的，应当征求该省市公安机关交通管理部门意见。

临时行驶车号牌到期的，道路测试主体可凭有效期内的安全性自我声明申领新的临时行驶车号牌，无需重复进行自动驾驶功能测试。

第十三条　对已经或正在进行道路测试的智能网联汽车，如需增加道路测试车辆数量或在其他省、市进行相同或类似功能的道路测试，道路测试主体可持原相关材料，再次提交至开展道路测试的所在地省、市级政府相关主管部门。其中：

（一）如需增加道路测试车辆数量的，应对拟增加的道路测试车辆数量及必要性进行说明，除原相关材料外，还应按本规范第十条第（四）（六）（十）项规定提供拟增加车辆的相关材料。

（二）拟在其他地方进行道路测试的，除原省市发放的号牌临时行驶车号牌、以及其在原测试地完成的道路测试安全性的相关材料外，还应按本规范第十条第（三）（十）项规定提供相关材料；如拟开展道路测试所在地规定进行具有当地道路交通特征的场景等附加项目测试的，还应取得国家或省市认可的从事汽车相关业务的第三方检测机构出具的附加项目检验报告。

（三）拟增加道路测试车辆或在异地开展道路测试的，如果已经按国家、行业相关标准规范通过附件1所列自动驾驶功能通用及其设计运行范围涉及的检测项目测试的，不应重复进行相同项目的测试。

（四）相应省、市级政府准许持其他省、市核发临时行驶车号牌在本行政区域进行道路测试的，可在测试主体提交相关材料后开展相应的测试。

第十四条 智能网联汽车道路测试安全性自我声明到期或需要变更道路测试驾驶人等基本信息的，道路测试主体应对安全性自我声明的信息进行更新，并应向省、市级政府相关主管部门提交变更说明及相应材料。

安全性自我声明信息更新时，车辆配置及道路测试项目等未发生变更的，无需重复进行自动驾驶功能测试；发生变更的，由国家或省市认可的从事汽车相关业务的第三方检测机构根据变更情况进行相应的测试。

第十五条 省、市级政府相关主管部门于每年6月、12月将智能网联汽车道路测试情况报送至工业和信息化部、公安部和交通运输部，并向社会公布。

第四章 示范应用申请

第十六条 对初始申请或增加配置相同的示范应用车辆，应以自动驾驶模式在拟进行示范应用的路段和区域进行过合计不少于240小时或1000公里的道路测试，在测试期间无交通违法行为且未发生道路测试车辆方承担责任的交通事故。

拟进行示范应用的路段或区域不应超出道路测试车辆已完成的道路测试路段或区域范围。

第十七条 示范应用主体应提供智能网联汽车示范应用安全性自我声明（见附件3）并由省、市级政府相关主管部门进行确认，包括示范应用主体、车辆识别代号、示范应用驾驶人姓名及身份证号、示范应用时间、示范应用路段或区域及示范应用项目等信息。其中，示范应用时间原则上不超过18个月，且不得超过安全技术检验合格证明及保险凭证的有效期。示范应用安全性自我声明应随同以下材料提交至省、市级政府相关主管部门。

（一）示范应用主体、驾驶人及车辆的基本情况；

（二）示范应用车辆在拟进行示范应用的路段或区域已完成的道路测试的完整记载材料；

（三）对具有网联功能的车辆或远程控制功能的监控平台，应提供网络安全风险评估结果及采取的风险应对措施证明；

（四）经第三方机构评审通过的示范应用方案，至少包括示范应用目的、路段或区域、时间、项目、风险分析及应对措施；

（五）搭载人员、货物的说明；

（六）交通事故责任强制险凭证以及每车不低于五百万元人民币的交通事故责任保险凭证或不少于五百万元人民币的自动驾驶道路测试事故赔偿保函。

对开展载人示范应用的，应包括为搭载人员购买的座位险、人身意外险等必要的商业保险。

第十八条　示范应用主体凭《机动车登记规定》所要求的证明（包括相关主管部门确认的示范应用主体智能网联汽车示范应用安全性自我声明等材料）、凭证，向公安机关交通管理部门申领试验用机动车临时行驶车号牌。

临时行驶车号牌规定的行驶范围应当根据示范应用安全性自我声明载明的路段、区域合理限定，临时行驶车号牌有效期不超过安全性自我声明载明的示范应用时间。

临时行驶车号牌到期的，示范应用主体可凭有效期内的安全性自我声明申领新的临时行驶车号牌。

第十九条　如需增加配置相同的示范应用车辆数量，示范应用主体应对拟增加的车辆数量及必要性进行说明，并提交至拟进行示范应用的所在地省、市级政府相关主管部门。

第二十条　智能网联汽车示范应用安全性自我声明到期或需要变更示范应用驾驶人等基本信息的，示范应用主体应对安全性自我声明的信息进行更新，并向省、市级政府相关主管部门提交变更说明及相应材料。

第二十一条　省、市级政府相关主管部门于每年 6 月、12 月将智能网联汽车示范应用情况报送至工业和信息化部、公安部和交通运输部，并向社会公布。

第五章　道路测试与示范应用管理

第二十二条　省、市级政府相关主管部门在辖区内选择具备支撑自动驾驶及网联功能实现的若干典型路段、区域，供智能网联汽车开展道路测试或示范应用，并向社会公布。道路测试、示范应用路段和区域内应设置相应标识或提示信息。

第二十三条　省、市级政府相关主管部门应通过多种方式向社会、特别是道路测试和示范应用路段、区域周边发布智能网联汽车道路测试、示范应用的时间、项目及安全注意事项等。

第二十四条 道路测试车辆、示范应用车辆应当遵守临时行驶车号牌管理相关规定。未取得临时行驶车号牌,不得开展道路测试和示范应用。

道路测试、示范应用主体、驾驶人均应遵守我国道路交通安全法律法规,严格依据道路测试或示范应用安全性自我声明载明的时间、路段、区域和项目开展工作,并随车携带相关材料备查。不得在道路测试或示范应用过程中在道路上开展制动性能试验。

第二十五条 道路测试车辆、示范应用车辆车身应以醒目的颜色分别标示"自动驾驶道路测试"或"自动驾驶示范应用"等字样,提醒周边车辆及其他道路使用者注意,但不应对周边的正常道路交通活动产生干扰。

第二十六条 道路测试、示范应用驾驶人应在车内始终监控车辆运行状态及周围环境,当发现车辆处于不适合自动驾驶的状态或系统提示需要人工操作时及时采取相应措施。

第二十七条 在道路测试过程中,除经专业培训的测试人员和用于模拟货物的配重外,车辆不得搭载其他与测试无关的人员和货物;在示范应用过程中,可按规定搭载探索商业模式所需的人员或货物,提前告知搭载人员及货物拥有者相关风险,并采取必要安全措施;搭载的人员和货物不得超出道路测试车辆的额定乘员和核定载质量。

车辆在道路测试及示范应用过程中,不得非法从事道路运输经营活动,不得搭载危险货物。

第二十八条 在道路测试、示范应用过程中,除自我声明载明的路段或区域外,不得使用自动驾驶模式行驶;车辆从停放点到道路测试或示范应用路段、区域的转场,应使用人工操作模式行驶。

第二十九条 道路测试、示范应用过程中,不得擅自进行可能影响车辆功能、性能的软硬件变更。如因测试需要或其他原因导致车辆功能、性能及软硬件变更的,应及时向当地主管部门提供相关安全性说明材料。

第三十条 道路测试、示范应用主体应每 6 个月向省、市级政府相关主管部门提交阶段性报告,并在道路测试、示范应用结束后 1 个月内提交总结报告。

第三十一条 省、市级政府相关主管部门应对智能网联汽车道路测试和示范应用进行动态评估,于每年 6 月、12 月向工业和信息化部、公安部和交通运输部报告辖区内智能网联汽车道路测试、示范应用情况。

第三十二条 道路测试车辆、示范应用车辆在道路测试、示范应用期间发生下列情形之一的,省、市级政府相关主管部门应当终止其道路测试、示范应用:

（一）道路测试车辆、示范应用车辆与安全性自我声明及其相关材料不符的；

（二）道路测试、示范应用临时行驶车号牌到期或者被撤销的；

（三）省、市级政府相关主管部门认为道路测试或示范应用活动具有重大安全风险的；

（四）道路测试车辆、示范应用车辆有违反交通信号灯通行、逆行或者依照道路交通安全法律法规可以处暂扣、吊销机动车驾驶证或拘留处罚等的严重交通违法行为的；

（五）发生交通事故造成人员重伤、死亡或车辆毁损等严重情形的，但道路测试和示范应用车辆无责任时除外。

省、市级政府相关主管部门终止相关车辆的道路测试、示范应用时应当一并收回临时行驶车号牌，并转交给临时行驶车号牌核发地公安机关交通管理部门；未收回的，书面告知核发地公安机关交通管理部门公告牌证作废。

第六章　交通违法与事故处理

第三十三条　在道路测试、示范应用期间发生交通违法行为的，由公安机关交通管理部门按照现行道路交通安全法律法规对驾驶人进行处理。

第三十四条　在道路测试、示范应用期间发生交通事故，应当按照道路交通安全法律法规规章确定当事人的责任，并依照有关法律法规及司法解释确定损害赔偿责任；公安机关交通管理部门应当依法对当事人的道路交通安全违法行为作出处罚；构成犯罪的，依法追究当事人的刑事责任。

第三十五条　在道路测试、示范应用期间发生交通事故时，当事人应保护现场并立即报警。

道路测试、示范应用主体每月应将道路测试、示范应用期间发生的交通事故情况上报省、市级政府相关主管部门。

造成人员重伤或死亡、车辆损毁的，道路测试、示范应用主体应在 24 小时内通过信息系统将事故情况上报省、市级政府相关主管部门。未按要求上报的可暂停其道路测试和示范应用活动 24 个月。省、市级政府相关主管部门应在 3 个工作日内上报工业和信息化部、公安部和交通运输部。

第三十六条　道路测试、示范应用主体应在事故认定后 5 个工作日内，以书面方式将事故原因、责任认定结果及完整的事故分析报告等相关材料上报省、市级政府相关主管部门；省、市级政府相关主管部门应在 5 个工作日内上报工业和信息化部、公安部和交通运输部。

第七章　附　　则

第三十七条　本规范所称智能网联汽车是指搭载先进的车载传感器、控制器、执行器等装置，并融合现代通信与网络技术，实现车与X（人、车、路、云端等）智能信息交换、共享，具备复杂环境感知、智能决策、协同控制等功能，可实现安全、高效、舒适、节能行驶，并最终可实现替代人来操作的新一代汽车。智能网联汽车通常也被称为智能汽车、自动驾驶汽车等。

智能网联汽车自动驾驶包括有条件自动驾驶、高度自动驾驶和完全自动驾驶。有条件自动驾驶是指在系统的设计运行条件下完成所有动态驾驶任务，根据系统动态驾驶任务接管请求，驾驶人应提供适当的干预；高度自动驾驶是指在系统的设计运行条件下完成所有动态驾驶任务，在特定环境下系统会向驾驶人提出动态驾驶任务接管请求，驾驶人/乘客可以不响应系统请求；完全自动驾驶是指系统可以完成驾驶人能够完成的所有道路环境下的动态驾驶任务，不需要驾驶人/乘客介入。

本规范所称设计运行条件（Operational Design Condition，ODC）是驾驶自动化系统设计时确定的适用于其功能运行的各类条件的总称，包括设计运行范围、车辆状态和驾乘人员状态等条件。其中，设计运行范围（Operational Design Domain，ODD）是驾驶自动化系统设计时确定的适用于其功能运行的外部环境条件，一般包括：1）道路边界与路面状态；2）交通基础设施；3）临时性道路变更；4）其他交通参与者状态；5）自然环境；6）网联通信、数字地图支持等条件。

第三十八条 本规范自2021年9月1日起施行。《智能网联汽车道路测试管理规范（试行）》（工信部联装〔2018〕66号）同时废止。

国家车联网产业标准体系建设指南（智能网联汽车）（2023版）

（2023年7月）

目　　录

前言

车联网产业是汽车、电子、信息通信和道路交通运输等行业深度融合的新型产业，是全球创新热点和未来发展制高点。为全面推动车联网产业技术研发和标准制定，促进产业健康可持续发展，工业和信息化部、国家标准化管理委员会等部门联合组织制定《国家车联网产业标准体系建设指南》。按照不同行业属性，划分为智能网联汽车、信息通信、电子产品与服务、车辆智能管理、智能交通相关等若干部分。其中，2017 年发布的《国家车联网产业标准体系建设指南（智能网联汽车）》对我国智能网联汽车标准体系做出了系统规划和部署。目前，智能网联汽车标准体系建设第一阶段目标任务已圆满完成，有效满足产业发展和管理需求，在国际标准法规协调中做出积极贡献。

为适应我国智能网联汽车发展新阶段的新需求，工业和信息化部、国家标准化管理委员会联合修订形成了《国家车联网产业标准体系建设指南（智能网联汽车）（2023 版）》。新版标准体系建设指南主要针对智能网联汽车通用规范、核心技术与关键产品应用，构建包括智能网联汽车基础、技术、产品、试验标准等在内的智能网联汽车标准体系，指导车联网产业智能网联汽车领域的相关标准制修订，充分发挥标准对车联网产业关键技术、核心产品和功能应用的引领作用，与《国家车联网产业标准体系建设指南》其他部分共同形成统一、协调的国家车联网产业标准体系架构。

一、总体要求

（一）指导思想

坚持以习近平新时代中国特色社会主义思想为指导，全面贯彻党的二十大精神，积极落实《国家标准化发展纲要》要求，加快推进交通强国、科技强国、网络强国、数字中国建设，构建跨领域协同开放的智能网联汽车技术标准体系，发挥标准的基础性、引领性和规范性作用，推进智能网联汽车产业基础高级化、产业链现代化，构建以国内为主体、国内国际互促发展的格局，建设社会主义现代化智能网联汽车强国。

（二）基本原则

统筹规划，协同推进。立足我国智能网联汽车产业现状，加强标准体系规划与政策措施研究、管理制度建设的协同，按照前瞻布局、急用先行的思路，以汽车产品为核心，统筹推进智能网联汽车标准体系建设。

服务需求,鼓励创新。以产业发展需求为导向,发挥标准在新产品新业态新模式发展中的领航作用,突出企业在技术创新、产品市场化等方面的主体地位,提升标准在智能网联汽车技术创新与产业发展中的贡献和价值。

筑牢底线,保障安全。强化系统思维和底线思维,针对智能网联汽车发展应用带来的新形势新挑战,适时开展功能评价、产品规范、体系保障等相关标准规范制定,为智能网联汽车发展、应用及管理提供安全保障。

开放兼容,动态完善。强化智能网联汽车与相关产业的协同配合,主动分享我国标准体系研究及建设成果,强化国际标准法规参与合作及国内国际协调兼容,以动态发展的思维适时调整、优化智能网联汽车标准体系。

(三)建设阶段及目标

根据智能网联汽车技术现状、产业需要及未来发展趋势,分阶段建立适应我国国情并与国际接轨的智能网联汽车标准体系:

第一阶段到2025年,系统形成能够支撑组合驾驶辅助和自动驾驶通用功能的智能网联汽车标准体系。制修订100项以上智能网联汽车相关标准,涵盖组合驾驶辅助、自动驾驶关键系统、网联基础功能及操作系统、高性能计算芯片及数据应用等标准,并贯穿功能安全、预期功能安全、网络安全和数据安全等安全标准,满足智能网联汽车技术、产业发展和政府管理对标准化的需求。

第二阶段到2030年,全面形成能够支撑实现单车智能和网联赋能协同发展的智能网联汽车标准体系。制修订140项以上智能网联汽车相关标准并建立实施效果评估和动态完善机制,满足组合驾驶辅助、自动驾驶和网联功能全场景应用需求,建立健全安全保障体系及软硬件、数据资源支撑体系,自动驾驶等关键领域国际标准法规协调达到先进水平,以智能网联汽车为核心载体和应用载体,牵引"车—路—云"协同发展,实现创新融合驱动、跨领域协同及国内国际协调。

二、建设思路

智能网联汽车是具备环境感知、智能决策和自动控制,或与外界信息交互,乃至协同控制功能的汽车。

智能网联汽车标准体系建设思路是:适应我国智能网联汽车在新发展阶段的新趋势、新业态和新需求,围绕智能化和网联化协同创新发展,兼顾企业产品研发、产业生态建设和政府行业管理需要,同步推进技术创新发展和基本安全保障,统筹国内国际标准法规制定协调,构建科学合理、开放创新、协调兼容的智能网联汽车标准体系,为我国智能网联汽车发展发挥引领和基础支撑作用。

智能网联汽车标准体系横向以智能感知与信息通信层、决策控制与执行层、资源管理与应用层三个层次为基础,纵向以功能安全和预期功能安全、网络安全和数据安全通用规范技术为支撑,形成“三横两纵”的核心技术架构,完整呈现标准体系的技术逻辑,明确各项标准在智能网联汽车产业技术体系中的地位和作用。同时结合智能网联汽车与移动终端、基础设施、智慧城市、出行服务等相关要素的技术关联性,体现跨行业协同特点,共同构建以智能网联汽车为核心的协同发展有机整体,更好地发挥智能网联汽车标准体系的顶层设计和指导作用,见图1。

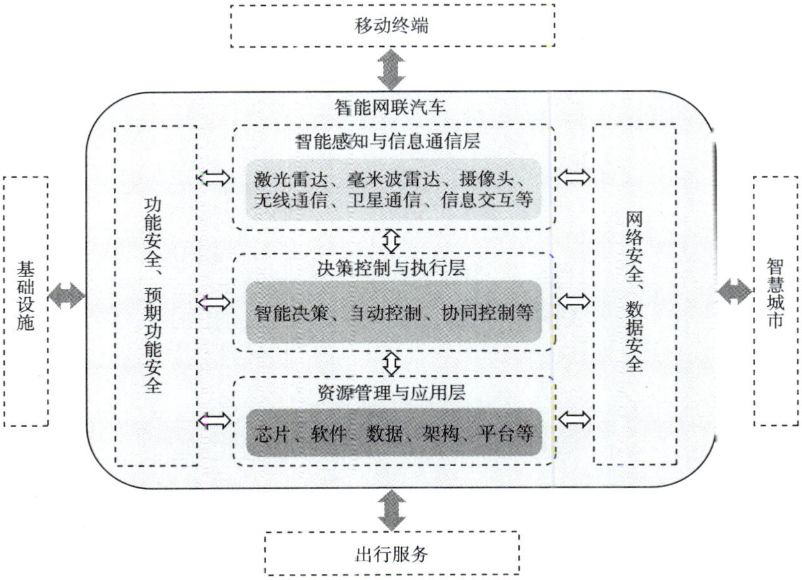

图1　智能网联汽车标准体系技术逻辑框架

三、建设内容

(一)标准体系框架

按照智能网联汽车标准体系的技术逻辑架构,综合考虑不同功能、产品和技术类型、各子系统之间的交互关系,将智能网联汽车标准体系划分为三个层级。其中,第一层级规定了智能网联汽车标准体系的基本分类,即基础、通用规范、产品与技术应用三个部分;第二层级根据标准内容范围和技术等级,细分形成14个二级分类;第三层级按照技术逻辑,进一步细化形成23个三级分类,从而形成了逻辑清晰、内容完整、结构合理、界限分明的标准体系框架,见图2。

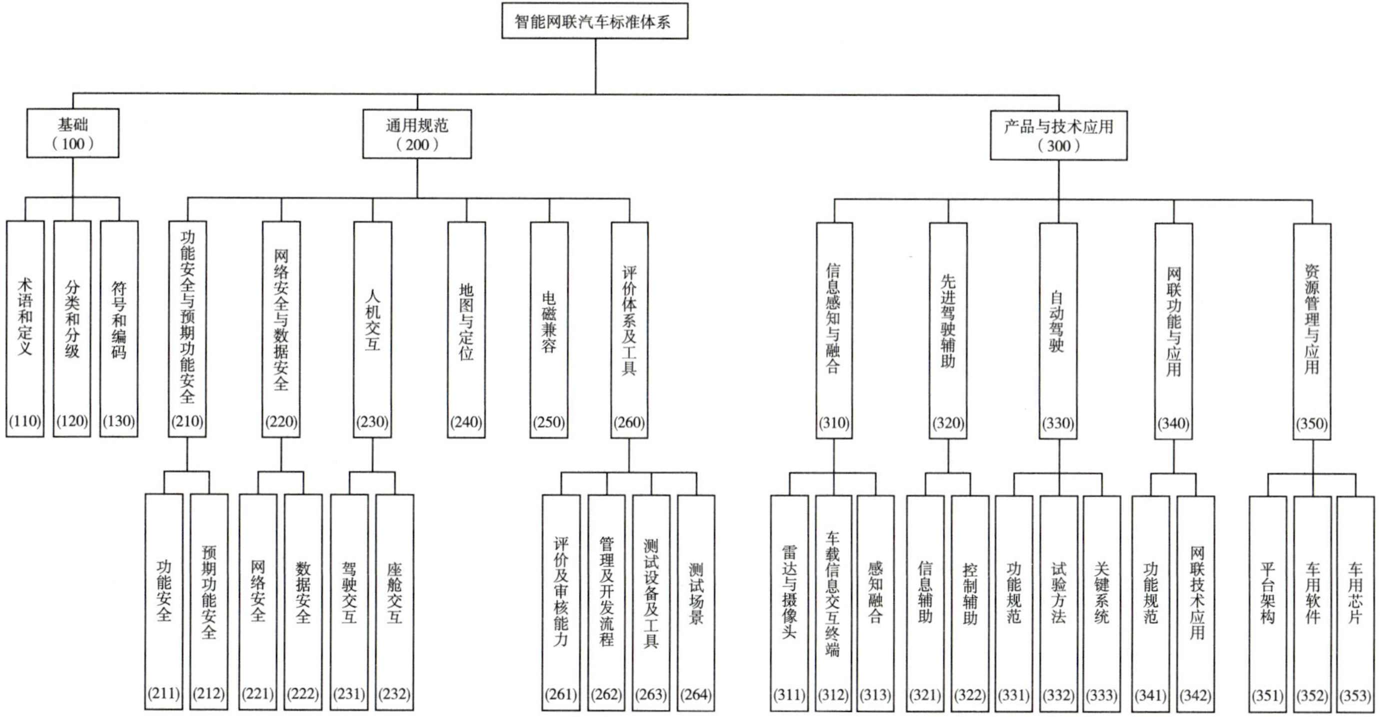

图2　智能网联汽车标准体系框架图

（二）标准体系内容

智能网联汽车标准体系主要包括基础标准、通用规范标准、产品与技术应用标准等三个部分，现行和在研的标准清单详见附件1，标准建设重点方向详见附件2。

1. 基础标准

基础标准主要用于统一智能网联汽车领域相关概念，厘清标准化对象及边界，建立标准化对象的统一表达方式，包括术语和定义、分类和分级、符号和编码三个部分。

（1）术语和定义

术语和定义标准主要用于统一智能网联汽车领域的基础通用概念，为各相关行业统一用语奠定基础，同时为其它各部分标准的制定提供规范化术语支撑，该部分内容主要包括智能网联汽车相关的术语和定义等标准。

（2）分类和分级

分类和分级标准主要用于支撑各相关方认识和理解智能网联汽车领域标准化的对象、边界，以及各标准化对象之间的层级关系和内在联系，包括汽车驾驶自动化分级、汽车网联化等级划分、汽车网络安全防护等级划分以及自动驾驶系统设计运行条件等标准。

（3）符号和编码

符号和编码标准主要用于统一智能网联汽车各类产品、技术和功能对象的标识和符号，包括智能网联汽车操纵件、指示器及信号装置的标志、汽车软件识别码、车用数据格式及编码等基础性规则标准。

2. 通用规范标准

通用规范标准侧重于提出适用于智能网联汽车技术框架的通用要求和共性评价准则，主要包括功能安全与预期功能安全、网络安全与数据安全、人机交互、地图与定位、电磁兼容、评价体系及工具等部分。

（1）功能安全与预期功能安全

功能安全标准用于确保电子电气系统故障（包括软件、硬件、系统故障）等功能异常的情况下，车辆能够安全运行、不会引发安全风险，主要包括产品层面的功能安全分析、设计开发要求、测试评价方法，以及企业层面的功能安全管理要求和审核评估方法。

预期功能安全标准用于规避车辆因设计不足、性能局限及人为误用导致危害发生的不合理风险，主要包括产品层面的预期功能安全分析、设计开发要求、测试评价方法，以及企业层面的预期功能安全管理要求和审核评估方法。

（2）网络安全与数据安全

汽车网络安全标准基于车联网复杂环境，以车端为核心运用纵深防御理念保护其免受网络攻击或缓解网络安全风险，主要包括安全保障类与安全技术类标准。其中，安全保障类标准主要规范了企业及产品相关的体系管理和审核评估方法；安全技术类标准主要包括车用数字证书、密码应用等底层支撑类技术要求，元器件级、关键系统部件级、整车级安全技术要求及测试评价方法，以及入侵检测等综合安全防护技术要求、软件升级技术要求等。

汽车数据安全标准用于确保智能网联汽车数据处于有效保护和合法利用的状态并具备保障持续安全状态的能力，对数据提出明确的安全保护要求，对重要数据和个人信息提出重点安全保护要求，主要包括数据通用要求、数据安全要求、数据安全管理体系规范、数据安全共享模型和架构等标准。

（3）人机交互

人机交互标准主要指智能网联汽车产品形态相较于传统汽车在人机工程、信息传递、交互方式等方面存在差异的技术规范类标准，分为驾驶交互和座舱交互两部分。驾驶交互标准指驾驶员或驾驶自动化系统在执行动态驾驶任务过程中的交互规范，交互的内容与动态驾驶任务有较强关联性，包括信号提示通用规范、自动驾驶系统与外部交通参与者的交互、用户告知及安全使用等标准。座舱交互指智能座舱相关功能产生的交互需求，是针对新形态智能化交互技术在车辆上的应用要求标准。

（4）地图与定位

地图与定位标准主要包括坐标系、车用地图、卫星定位、惯性导航和融合定位等标准。坐标系标准主要规范车辆和相关关键部件实现导航、定位、测距、感知等相关功能时，所使用的相关坐标系及其技术要求。车用地图标准主要规范车用地图实现上车应用的要求及评价方法。卫星定位、惯性导航和融合定位标准主要侧重于为车辆提供安全、可靠的定位服务，支撑车辆实现导航、路径规划和决策控制等功能。

（5）电磁兼容

电磁兼容标准主要包括智能网联汽车电磁兼容典型测试场景，以及在测试场景下进行智能网联汽车电磁兼容性能评价的要求与试验方法，保证在复杂的车内外电磁环境影响下，智能网联汽车相关功能不会发生性能降低或失效，进而影响车辆操控、提示报警、数据记录、数据传输等安全相关功能。

（6）评价体系及工具

评价体系及工具标准规范了智能网联汽车测试评价技术中的关键要素，创建以评价及审核能力、管理及开发流程、测试设备及工具、测试场景为核心的全新测试评价系列标准，为建立智能网联汽车测评认证体系提供基础支撑。

3. 产品与技术应用标准

产品与技术应用标准主要涵盖信息感知与融合、先进驾驶辅助、自动驾驶、网联功能与应用、资源管理与应用等智能网联汽车核心产品与技术应用的功能、性能及相应试验方法，其中先进驾驶辅助和自动驾驶相关标准将充分体现智能化和网联化技术的融合发展需求。

（1）信息感知与融合

信息感知与融合标准是指通过车载毫米波雷达、车载激光雷达、车载摄像头等感知部件以及车载信息交互终端，探测和接收车辆外部信息，经过感知融合和分析处理，为后续的决策与控制环节提供依据。主要包括雷达与摄像头、车载信息交互终端和感知融合等标准。

（2）先进驾驶辅助

先进驾驶辅助标准是指 0－2 级驾驶自动化功能，先进驾驶辅助系统（ADAS）是利用安装在车辆上的传感、通信、决策及执行等装置，实时监测驾驶员、车辆及其行驶环境，并通过信息和/或运动控制等方式辅助驾驶员执行驾驶任务或主动避免/减轻碰撞危害的各类系统的总称。ADAS 标准主要包括信息辅助以及控制辅助两个部分，主要规定各类别 ADAS 对于车辆内外目标事件识别、系统状态转换条件及显示方式、动态驾驶任务执行及响应等核心能力的技术要求及相应试验方法。

信息辅助标准是指 ADAS 在特定条件下向驾乘人员发出车辆及环境信息的提示或预警信号，包括全景影像、乘用车夜视、盲区监测、车门开启预警、后方交通穿行提示等标准。

控制辅助标准是指 ADAS 在特定条件下短暂或持续地辅助驾驶员执行车辆横向和/或纵向运动控制，包括自动紧急制动、紧急转向辅助、车道保持辅助、车道居中控制、泊车辅助、组合驾驶辅助、加速踏板防误踩等标准。

（3）自动驾驶

自动驾驶标准是指 3－5 级驾驶自动化功能，自动驾驶系统（ADS）在特定的设计运行条件下能够代替驾驶员持续自动地执行全部动态驾驶任务，替代人类成为驾驶主体。自动驾驶类标准主要包括功能规范、试验方法和关键系统等。

功能规范标准主要以高速公路、城市道路、其他特定区域等不同应用场景为基础，综合考虑自动驾驶功能的级别和相应的设计运行条件两个因素，提出车辆自动驾驶系统在相应场景下的技术要求以及评价方法和指标。

试验方法标准以“多支柱法”为指导，针对车辆自动驾驶系统，利用仿真试验、场地试验、道路试验等方法验证车辆自动驾驶系统的基础安全性。

关键系统标准针对支撑车辆自动驾驶功能实现的关键系统提出功能、性能要求及试验方法。

（4）网联功能与应用

网联功能与应用标准主要指车辆在自身传感器探测的基础上，通过车载无线通信装置与其他节点进行信息交互，主要包括功能规范和网联技术应用两个部分。

功能规范标准针对在车辆上通过无线通信技术实现的特定功能，用于规范相关功能的技术要求和试验方法。

网联技术应用标准针对不同类型的无线通信技术制定相关系统技术要求标准，用于规范无线通信技术在车辆上的应用。基于现有产业基础，优先开展基于 LTE－V2X 的信息辅助类技术标准制定，并根据应用需求逐步推动基于下一阶段通信技术的车载应用标准制定。

（5）资源管理与应用

资源管理与应用标准侧重于规范平台架构、车用软件、车用芯片等智能网联汽车核心共性资源的功能、性能及应用要求，推动软硬件资源协同化规范化，主要包括平台架构、车用软件和车用芯片等标准。平台架构标准主要包括智能网联汽车云控平台、电子电气架构的接口、车内有线通信技术、诊断通信等标准。

车用软件标准侧重于为软件管理及软件层级的应用实现提供标准支撑，主要涵盖了软件升级管理标准、车用操作系统标准、应用软件标准等。

车用芯片标准主要侧重于智能网联汽车关键芯片性能要求及试验方法，主要涵盖了安全芯片、计算芯片等体现智能网联汽车应用特点的车用芯片相关标准。

四、组织实施

（一）加强统筹协调。在智能网联汽车推进组（ICV－2035）等相关机制下，加强汽车、信息通信、电子、智能交通、车辆管理、信息安全、密码、地理信息等相关标委会等组织机构的协同配合，形成顶层设计科学、层次结构清晰、职责范围明确、合作协调顺畅的工作模式，以智能网联汽车标准体系为主体，推动国标、行标、团标协同配套，协力研制符合产业发展需要的系列技术标准。

（二）加速创新驱动。聚焦智能网联汽车重点技术领域，整合行业优势资源力量，充分发挥标准领航效应，实现技术创新与标准制定相互融合、验证试验与效果评估相互促进，引领智能网联汽车新产品、新业态、新模式快速发展，共同加速智能化网联化技术进步，推动构建智能网联汽车融合创新发展的产业生态。

（三）加深开放合作。积极参与联合国世界车辆法规协调论坛（WP.29）、国际标准化组织（ISO）、国际电工委员会（IEC）、国际电信联盟（ITU）等国际标准法规协调，持续关注自动驾驶、V2X 通信、车用操作系统等相关国内外技术标准组织动态，通过国际专家咨询组（FEAG）及国际标准法规协调专家组（HEAG）等机制，组织开展双边、多边沟通交流，携手推进智能网联汽车国际标准法规制定。

（四）加大宣贯实施。调动地方主管部门、行业组织、科研院所、高等院校及行业企业等各方力量，推进智能网联汽车标准技术研讨、标准宣贯、示范应用、人才引育等工作，持续提升公众认知。结合技术创新和产业发展趋势，定期开展行业调研与实施效果评估，持续完善标准体系，为产业发展和行业管理提供有力保障。

附件 1 智能网联汽车现行和在研标准清单（略）

附件 2 智能网联汽车标准建设重点方向（略）

工业和信息化部、公安部、住房和城乡建设部、交通运输部关于开展智能网联汽车准入和上路通行试点工作的通知

（2023 年 11 月 17 日 工信部联通装〔2023〕217 号）

各省、自治区、直辖市及新疆生产建设兵团工业和信息化主管部门、公安厅（局）、住房和城乡建设厅（局、委）、交通运输厅（局、委），各省、自治区、直辖市通信管理局，有关汽车生产企业、行业组织和技术服务机构：

为落实《关于加强智能网联汽车生产企业及产品准入管理的意见》，促进智能网联汽车推广应用，提升智能网联汽车产品性能和安全运行水平，根据《中华人民共和国道路交通安全法》《中华人民共和国网络安全法》《中华人民共和国数据安全法》《中华人民共和国安全生产法》《中华人民共和国道路运输条例》《道路机动车辆生产企业及产品准入管理办法》《汽车数据安全管理若干规定（试行）》等有关规定，工业和信息化部、公安部、住房和城乡建设部、交通运输部决定开展智能网联汽车准入和上路通行试点工作。现将有关事项通知如下：

一、总体要求

在智能网联汽车道路测试与示范应用工作基础上，工业和信息化部、公安部、住房和城乡建设部、交通运输部遴选具备量产条件的搭载自动驾驶功能的智能网联汽车产品（以下简称智能网联汽车产品），开展准入试点；对取得准入的智能网联汽车产品，在限定区域内开展上路通行试点，车辆用于运输经营的需满足交通运输主管部门运营资质和运营管理要求。本通知中智能网联汽车搭载的自动驾驶功能是指国家标准《汽车驾驶自动化分级》（GB/T 40429－2021）定义的 3 级驾驶自动化（有条件自动驾驶）和 4 级驾驶自动化（高度自动驾驶）功能（以下简称自动驾驶功能）。

二、工作目标

通过开展试点工作，引导智能网联汽车生产企业和使用主体加强能力建设，在保障安全的前提下，促进智能网联汽车产品的功能、性能提升和产业生

态的迭代优化，推动智能网联汽车产业高质量发展。基于试点实证积累管理经验，支撑相关法律法规、技术标准制修订，加快健全完善智能网联汽车生产准入管理和道路交通安全管理体系。

三、组织实施

（一）试点申报

汽车生产企业和使用主体组成联合体，参考实施指南（附件1），制定申报方案（模板参考附件2），经车辆拟运行城市（含直辖市下辖区）人民政府同意并加盖公章后，向所在地省级工业和信息化主管部门自愿申报，车辆拟运行城市应具备政策保障、基础设施、安全管理等条件。省级工业和信息化主管部门会同省级公安机关交通管理和网络安全保卫部门、住房和城乡建设部门、交通运输部门、通信管理局，对申报方案进行审核，于2023年12月20日前报送工业和信息化部（纸质版一式三份和电子版光盘一份）。在此次集中申报结束后，省级工业和信息化主管部门可根据智能网联汽车技术与产业发展、试点实施和联合体申报情况，向工业和信息化部补充报送申报方案。

工业和信息化部、公安部、住房和城乡建设部、交通运输部组织专家对申报方案进行初审，择优确定进入试点的联合体。

（二）试点实施

1. 产品准入试点

（1）测试与安全评估

试点汽车生产企业应当细化完善智能网联汽车产品的准入测试与安全评估方案，经工业和信息化部、公安部确认后，在省级主管部门和车辆运行所在城市政府部门监督下，开展产品测试与安全评估工作。工业和信息化部委托技术服务机构对产品测试与安全评估方案、实施、结果等进行评估。试点汽车生产企业应按照监测要求将车辆接入工业和信息化部试点管理系统。

（2）产品准入许可

试点汽车生产企业通过产品测试与安全评估后，方可向工业和信息化部提交产品准入申请。工业和信息化部依据道路机动车辆生产企业和产品准入管理有关规定，经受理、审查和公示后，作出是否准入的决定。决定准入的，工业和信息化部应当按规定将智能网联汽车产品及其准入有效期、实施区域等限制性措施予以公告。

2. 上路通行试点

取得准入的智能网联汽车产品，在限定区域内开展上路通行试点。试点使用主体应当按规定为车辆购买保险，申请办理注册登记，监测车辆运行状态，加强车辆运行安全保障。在车辆注册登记前，申请试点使用主体变更的，应当按照要求补充提交材料。使用车辆从事运输经营的，还应当具备相应业务类别的运营资质并满足运营管理要求。

3. 应急处置

试点实施过程中，对于交通事故、网络和数据安全事件，或者因车辆自动驾驶系统失效等引发的突发事件，试点使用主体、试点汽车生产企业和车辆运行所在城市政府部门应按相关应急预案做好处置工作，并将处置过程和结果及时报告省级主管部门，由省级主管部门报工业和信息化部、公安部、住房和城乡建设部、交通运输部等相关部门。

（三）试点暂停与退出

试点期间，车辆发生道路交通安全违法行为和交通事故涉嫌安全隐患，试点汽车生产企业或使用主体有未履行安全责任和网络安全、数据安全、无线电安全保护义务等情形，应当暂停试点并整改。车辆自动驾驶系统存在严重安全隐患且无法消除，试点汽车生产企业、试点使用主体相关条件发生重大变化无法保障试点实施等情形，应当退出试点。

（四）评估调整

工业和信息化部、公安部、住房和城乡建设部、交通运输部及时对车辆运行情况进行评估，优化调整产品准入许可、通行范围和经营范围，并根据产业和技术发展情况，适时调整完善智能网联汽车准入和上路通行试点实施指南相关内容。

四、保障措施

（一）加强组织领导

工业和信息化部、公安部、住房和城乡建设部、交通运输部加强工作协同和数据共享，保障试点工作有序推进。省级主管部门加强统筹协调，严格做好申报审核，督促指导车辆运行所在城市政府部门、试点汽车生产企业和使用主体落实主体责任。车辆运行所在城市政府部门建立组织机制、落实政策保障，结合当地实际情况，精心筛选和组织具有基础和特色的申报方案，切实履行安全管理责任，加强日常监测管理，妥善应对安全风险和突发事件。

（二）强化责任落实

试点汽车生产企业承担智能网联汽车产品质量和生产一致性主体责任，严禁擅自变更自动驾驶功能，严格履行软件升级管理和备案承诺要求。试点使用主体应当落实道路交通安全、网络安全和数据安全主体责任，建立健全相关安全管理制度措施，保证车辆运行安全。

（三）营造良好环境

车辆运行所在城市政府部门要结合本地实际，从政策、规划、基础设施、安全管理、运营资质等方面，提供支持保障，加快能力提升，鼓励城市智能网联汽车安全监测平台与其他政务信息化管理系统一体化集约化协同化建设。行业组织和机构加强对试点工作的政策宣传和舆论引导，加快提升智能网联汽车检验检测、安全评估等技术服务能力，为试点工作营造良好环境。

（四）做好总结推广

工业和信息化部、公安部、住房和城乡建设部、交通运输部定期组织对试点工作进行实施效果评估，及时总结经验、凝聚各方共识，逐步完善智能网联汽车准入、道路交通安全和交通运输管理政策、法律法规、技术标准等。对经过试点实证的自动驾驶和“车能路云”融合的先进技术和产品、可行方案、创新机制，梳理提炼可复制、可推广的试点成果，支持进一步推广应用。

附件：

1. 智能网联汽车准入和上路通行试点实施指南（试行）（略）

2. 智能网联汽车准入和上路通行试点申报方案（模板）（略）

自动驾驶汽车运输安全服务指南（试行）

（2023 年 11 月 21 日）

为引导自动驾驶技术发展，规范自动驾驶汽车在运输服务领域应用，依据《中华人民共和国安全生产法》《中华人民共和国道路交通安全法》《中华人民共和国道路运输条例》等法律法规，以及道路运输、城市客运管理有关规定，制定本指南。

一、适用范围

使用自动驾驶汽车在城市道路、公路等用于社会机动车通行的各类道路上，从事城市公共汽电车客运、出租汽车客运、道路旅客运输经营、道路货物运输经营活动的，适用本指南。

本指南所称自动驾驶汽车是指按照国家有关标准，在设计运行条件下具备执行全部动态驾驶任务能力、由工业和信息化部门将其纳入产品准入范围的汽车，包括国家标准《汽车驾驶自动化分级》（GB/T 40429－2021）明确的有条件自动驾驶汽车、高度自动驾驶汽车和完全自动驾驶汽车。

二、基本原则

使用自动驾驶汽车从事城市公共汽电车客运、出租汽车客运、道路旅客运输经营、道路货物运输经营（以下统称自动驾驶运输经营）应坚持依法依规、诚实守信、安全至上、创新驱动的原则。自动驾驶汽车运输管理应坚持安全第一、守正创新、包容开放、有序推进的原则。

三、应用场景

为保障运输安全，自动驾驶汽车开展道路运输服务应在指定区域内进行，并依法通过道路交通安全评估。使用自动驾驶汽车从事城市公共汽电车客运经营活动的，可在物理封闭、相对封闭或路况简单的固定线路、交通安全可控场景下进行;使用自动驾驶汽车从事出租汽车客运经营活动的,可在交通状况良好、交通安全可控场景下进行;审慎使用自动驾驶汽车从事道路旅客运输经营活动;可使用自动驾驶汽车在点对点干线公路运输或交通安全可控的城市道路等场景下从事道路货物运输经营活动;禁止使用自动驾驶汽车从事道路危险货物运输经营活动。

四、自动驾驶运输经营者

使用自动驾驶汽车从事城市公共汽电车客运、出租汽车客运、道路旅客运输、道路货物运输的经营者(以下统称自动驾驶运输经营者)应依法办理市场主体登记,经营范围应登记相应经营业务类别;出租汽车客运(网约车)、道路旅客运输应依法投保承运人责任保险。从事城市公共汽电车运营的,应符合国家及运营地城市人民政府有关运营要求。从事出租汽车客运、道路旅客运输经营、道路货物运输经营的,应具备相应业务类别的经营许可资质。城市客运企业、道路运输企业可与汽车生产企业组成联合体开展自动驾驶运输经营。自动驾驶运输经营者应当依法办理相关手续,地方交通运输主管部门应为自动驾驶运输经营者从事自动驾驶汽车运输经营服务提供办理渠道。

五、运输车辆

从事道路运输经营的自动驾驶汽车应符合国家相关标准及技术规范等要求,依法办理机动车注册登记,取得机动车号牌和机动车行驶证。从事城市公共汽电车客运的自动驾驶汽车应符合国家及运营地城市人民政府有关运营要求。从事出租汽车客运、道路旅客运输经营、道路货物运输经营的自动驾驶汽车还应符合交通运输行业有关经营性机动车运营安全技术标准要求,依法取得运营地交通运输主管部门配发的《网络预约出租汽车运输证》或《道路运输证》。自动驾驶汽车需变更自动驾驶功能、进行车辆软件系统升级的,应按照工业和信息化部门规定执行,确保车辆运行安全。

从事道路运输经营的自动驾驶汽车应按照《中华人民共和国道路交通安全法》《中华人民共和国道路运输条例》《机动车交通事故责任强制保险条例》以及《工业和信息化部 公安部 交通运输部关于印发智能网联汽车道路测试与示范应用管理规范(试行)的通知》(工信部联通装〔2021〕97 号)有关要求,提供交通事故责任强制险凭证以及交通事故责任保险凭证或事故赔偿保函。

六、人员配备

从事城市公共汽电车客运、道路旅客运输经营的自动驾驶汽车应随车配备 1 名驾驶员或运行安全保障人员(以下统称"安全员")。从事道路货物运输经营的自动驾驶汽车原则上随车配备安全员。从事出租汽车客运的有条件自动驾驶汽车、高度自动驾驶汽车应随车配备 1 名安全员;从事出租汽车客运的完全自动驾驶汽车,在确保安全的前提下,经设区市人民政府同意,在指定的区域运营时可使用远程安全员,远程安全员人车比不得低于 1:3。安全员应当接受自动驾驶汽车技术和所从事相关运输业务培训，熟练掌握道路交通安全法律法规的规定、不同级别自动驾驶系统操作技能，熟知自动驾驶汽车运行线路情况，具备紧急状态下接管车辆等应急处置能力。自动驾驶汽车的自动驾驶功能变更或更新升级后，自动驾驶运输经营者要及时加强对安全员在岗培训，确保其及时掌握新功能、新技术、新要求。安全员应符合交通运输领域从业人员管理相关规定和要求，取得相应业务类别的从业资格。

七、安全保障

（一）安全生产制度。

自动驾驶运输经营者应履行安全生产主体责任，建立实施运营安全管理制度，包括但不限于全员安全生产责任制度、车辆技术管理制度、安全评估制度、安全隐患排查治理制度、动态监控管理制度、网络安全管理制度、从业人员安全管理制度、关键岗位安全生产操作规程、安全生产和应急处置教育培训计划等。

（二）运输安全保障。

自动驾驶运输经营者应建立健全运输安全保障体系，在正式运营前要制定自动驾驶汽车运输安全保障方案，明确自动驾驶汽车的设计运行条件、人员配备情况、运营安全风险清单、分级管控措施、突发情况应对措施等。自动驾驶运输经营者应与汽车生产企业、安全员等签署协议，明确各方权利责任义务，并组织对运输安全保障方案进行专业性论证和安全风险评估。运输安全保障方案和安全风险评估报告应告知运营地交通运输主管部门、公安交警部门和应急管理部门。自动驾驶运输经营者要确保运输安全；存在重大隐患无法保障运输安全的，应及时依法暂停自动驾驶运输经营。

（三）运行状态信息管理。

自动驾驶运输经营者应确保车辆技术状况良好，按照车辆使用说明书使用运行。从事道路运输经营的自动驾驶汽车应具备车辆运行状态信息记录、存储和传输功能，向自动驾驶运输经营者和运营地有关主管部门实时传输关键运行状态信息。在车辆发生事故或自动驾驶功能失效时，应自动记录和存储事发前至少 90 秒的运行状态信息。运行状态信息包括但不限于以下 10 项内容：车辆标识（车架号或车辆号牌信息等）；车辆控制模式；车辆位置；车辆速度、加速度、行驶方向等运动状态；环境感知及响应状态；车辆灯光和信号实时状态；车辆外部 360 度视频监控情况；反映驾驶人和人机交互状态的车内视频及语音监控情况；车辆接收的远程控制指令（如有）和车辆故障情况（如有）。

（四）车辆动态监控。

车辆符合《道路运输车辆动态监督管理办法》及国家有关规定的，要加强自动驾驶汽车动态监控，对车辆运行区域、运行线路、运行状况进行监控管理，及时提醒纠正和处理违法违规行为。运营地交通运输主管部门要督促自动驾驶运输经营者加强对运输车辆及安全员的动态管理。

(五)安全告知。

自动驾驶汽车应在车身以醒目图案、文字或颜色标识,明确向其他交通参与者告知其自动驾驶身份。使用自动驾驶汽车从事城市公共汽电车客运、出租汽车客运、道路旅客运输的经营者,应通过播放视频或张贴标识等方式,向乘客告知车辆自动驾驶功能、安全乘车知识、安全设施使用方法、紧急逃生方法等事项。

(六)应急处置。

自动驾驶运输经营者应制定自动驾驶汽车运营突发事件应急预案,明确突发事件类型和级别、处置方法、应急响应程序、职责分工和保障措施等,并定期组织开展应急演练。自动驾驶汽车在运营过程中发生车辆故障或安全事故时,自动驾驶运输经营者应按应急预案要求启动应急响应,做好应急处置;发生人员伤亡安全生产事故的,应按照国家有关规定及时向事发地交通运输主管部门报告。

八、监督管理

(一)日常监督。

交通运输主管部门要会同有关部门,加强对自动驾驶汽车运输经营活动的监督管理,按照"双随机、一公开"要求开展监督检查,依法定职权督促自动驾驶汽车生产企业和自动驾驶运输经营者严格按照国家有关法律法规开展道路运输经营活动,保障运输安全。地方交通运输主管部门可结合本地实际,制定高于本指南的安全要求和措施。

(二)隐患整改。

使用自动驾驶汽车从事道路运输经营活动存在重大安全隐患的,运营地交通运输主管部门要会同有关部门依法定职权责令自动驾驶汽车生产企业和自动驾驶运输经营者迅速整改。无法保障运输安全的,要依据《中华人民共和国安全生产法》《中华人民共和国道路交通安全法》《中华人民共和国道路运输条例》等法律法规依法进行处理。

(三)信息反馈。

在运营中如发现自动驾驶汽车存在技术缺陷、隐患和问题的,自动驾驶运输经营者应依法向有关主管部门反馈,有关主管部门督促汽车生产企业迅速排查整改,及时消除安全隐患,确保生产安全。运营地交通运输主管部门应定期监测汇总本地自动驾驶运营服务情况,掌握行业安全和运营服务情况。省级交通运输主管部门应每年年底前向部报告辖区内自动驾驶汽车运输经营情况。

抄送:部科学研究院、公路科学研究院,中央纪委国家监委驻交通运输部纪检监察组。

工业和信息化部、公安部、自然资源部、住房和城乡建设部、交通运输部关于开展智能网联汽车“车路云一体化”应用试点工作的通知

（2024 年 1 月 15 日　工信部联通装〔2023〕268 号）

各省、自治区、直辖市及新疆生产建设兵团工业和信息化主管部门、公安厅（局）、自然资源主管部门、住房和城乡建设厅（局、委）、交通运输厅（局、委）：

为贯彻落实《新能源汽车产业发展规划（2021—2035 年）》（国办发〔2020〕39 号），推动网联云控基础设施建设，探索基于车、路、网、云、图等高效协同的自动驾驶技术多场景应用，加快智能网联汽车技术突破和产业化发展，工业和信息化部、公安部、自然资源部、住房城乡建设部、交通运输部（以下统称五部门）联合开展智能网联汽车“车路云一体化”应用试点工作，试点期为 2024—2026 年。有关事项通知如下：

一、总体要求

坚持“政府引导、市场驱动、统筹谋划、循序建设”的原则，建成一批架构相同、标准统一、业务互通、安全可靠的城市级应用试点项目，推动智能化路侧基础设施和云控基础平台建设，提升车载终端装配率，开展智能网联汽车“车路云一体化”系统架构设计和多种场景应用，形成统一的车路协同技术标准与测试评价体系，健全道路交通安全保障能力，促进规模化示范应用和新型商业模式探索，大力推动智能网联汽车产业化发展。

二、试点内容

（一）建设智能化路侧基础设施。实现试点区域 5G 通信网络全覆盖，部署 LTE－V2X 直连通信路侧单元（RSU）等在内的 C－V2X 基础设施。开展交通信号机和交通标志标识等联网改造，实现联网率 90% 以上。重点路口和路段同步部署路侧感知设备和边缘计算系统（MEC），实现与城市级平台互联互通，探索建立多杆合一、多感合一等发展模式。

（二）提升车载终端装配率。分类施策逐步提升车端联网率，试点运行车辆 100% 安装 C－V2X 车载终端和车辆数字身份证书载体；鼓励对城市公交车、公务车、出租车等公共领域存量车进行 C－V2X 车载终端搭载改造，新车车载终端搭载率达 50%；鼓励试点城市内新销售具备 L2 级及以上自动驾驶功能的量产车辆搭载 C－V2X 车载终端；支持车载终端与城市级平台互联互通。

（三）建立城市级服务管理平台。建设边缘云、区域云两级云控基础平台，具备向车辆提供融合感知、协同决策规划与控制的能力，并能够与车端设备、

路侧设备、边缘计算系统、交通安全综合服务管理平台、交通信息管理公共服务平台、城市信息模型（CIM）平台等实现安全接入和数据联通。建设或复用城市智能网联汽车安全监测平台，对试点车辆运行安全状态进行实时监测，配合相关管理部门开展交通违法处理、事故调查、责任认定、原因分析等工作。

（四）开展规模化示范应用。鼓励在限定区域内开展智慧公交、智慧乘用车、自动泊车、城市物流、自动配送等多场景（任选一种或几种）应用试点（具体推荐功能参考附件1）。选取部分公交线路（含BRT），实现全线交通设施联网识别和自动驾驶模式运行；部署不少于200辆的智慧乘用车试点，部分可实现无人化示范运行；完成不少于10个停车场的智能化改造，每个停车场不少于30个车位支持自动泊车功能；部署不少于50辆的城市物流配送车试点，部分实现特定场景下自动化示范运行；部署不少于200辆的低速无人车试点，实现车路协同自动驾驶功能的示范应用。

（五）探索高精度地图安全应用。鼓励开展北斗高精度位置导航服务。开展高精度地图应用、众源采集及更新、高精度位置导航应用等先行先试和应用试点。构建高精度地图在"车路云一体化"场景中的地理信息安全防控技术体系。

（六）完善标准及测试评价体系。推动跨行业跨区域联合标准研究，建设完善智能网联汽车"车路云一体化"以及智能交通、车辆智能管理、基础地图等标准体系，支撑智能化路侧基础设施、云控基础平台建设，以及相应的高精度地图应用试点和道路环境标准化认定。构建"车路云一体化"场景数据库，研制数字身份、信息交互等相关技术标准，提升智能网联汽车的模拟仿真、封闭场地、实际道路等测试验证能力，推动形成相应的测试评价体系。

（七）建设跨域身份互认体系。健全C－V2X直连通信身份认证基础设施，建立路侧设备和车辆接入网络的认证机制，对C－V2X直连通信设备进行数字证书管理。建立基于可信任根证书列表的跨域互信互认机制以及跨部门数字证书互认体系，支持跨车型、跨城市互联互认互通。

（八）提升道路交通安全保障能力。确保自动驾驶系统激活状态下，遵守道路交通相关法律法规，支撑道路交通组织安全监管工作。健全安全员、平台安全监控人员等运行安全保障人员培训、考核及管理制度，具备车辆运行安全以及智能交通设施相关风险防控、隐患排查、应急处置等事前、事中、事后全流程保障能力。建立交通违法、交通事故、安全员异常干预等安全事件研判机制，及时上报安全事件原因及隐患消除对策，并编写月度报告以存档备查。

（九）探索新模式新业态。明确"车路云一体化"试点的商业化运营主体，探索基础设施投资、建设和运营模式，支持新型商业模式探索。在保障数据安全的前提下，鼓励数据要素流通与数据应用，推进跨地区数据共建共享共用。

三、申报条件

智能网联汽车“车路云一体化”应用试点以城市为主体自愿申报，城市应符合以下基本条件。

（一）建立地方领导牵头、相关部门参与的应用试点协同工作机制。

（二）具备支持开展应用试点的地方性法规或管理政策、组织协调机制等政策保障条件。

（三）具备与申报应用试点相匹配的自动驾驶功能设计运行条件和道路交通管理实际相适应的公共道路、交通基础设施、通信基础设施等必要的基础设施条件。

（四）汽车产业基础较好，产业链相对完善，在产业链培育、产业集聚效应、产业生态建设等方面具有一定优势。

（五）具有省级或市级智能网联汽车安全监测能力、运输安全保障能力、汽车网络安全和数据安全管理能力、安全隐患和突发事件处置能力等安全管理条件。

（六）具有组织开展智能网联汽车道路测试和示范应用的成功经验，已依据工业和信息化部、公安部、交通运输部《智能网联汽车道路测试与示范应用管理规范（试行）》，发布相关道路测试与示范应用管理规范实施细则等文件。

四、组织实施

（一）应用试点工作以城市为主体自愿申报，有意愿参加应用试点的城市，编写申报书（见附件 2）。所在地省级工业和信息化主管部门会同同级公安、自然资源、住房城乡建设、交通运输主管部门审核后，联合出具书面推荐意见，并将相关申报材料一式五份分别报送至五部门。首批应用试点集中受理申报材料的截止时间为 2024 年 4 月 30 日，此后仍将常态化受理试点申报材料。五部门联合组建专家组，对应用试点申请进行综合评估，按照“成熟一批、启动一批”的原则，分批研究确定应用试点城市名单。

（二）纳入试点的城市应按照申报方案扎实开始试点工作，完善工作机制和支持政策，推动试点工作取得实效。要加强对试点车辆的安全监管，对试点期间发生的交通事故情况上报省、市级政府相关主管部门。要及时总结、报送试点工作的有效做法、先进模式和典型案例，于每年 3 月底前报五部门。试点城市所在省级主管部门要加强应用试点的工作督促指导和政策支持。

（三）五部门加强对应用试点工作的统筹指导，组织专家组开展应用试点城市年度建设进展和应用效果评价，认真研究应用试点城市需要中央层面支持的事项，推动解决试点过程中的重大问题，总结推广试点先进经验和典型做法；对试点中发现存在安全隐患或者未按要求落实试点工作的主体予以暂停，督促应用试点城市及时整改、消除安全隐患，对存在严重安全隐患、或者安全隐患整改消除不及时的主体，终止试点资格。

联系人及电话：
工业和信息化部装备工业一司　010－68205629
公安部交通管理局　010－66263958
自然资源部地理信息司　010－66557033
住房城乡建设部城市建设司　010－58933961
交通运输部科技司　010－65292812
附件：
1. 智能网联汽车“车路云一体化”应用试点推荐功能（略）
2. 智能网联汽车“车路云一体化”应用试点申报书（模板）（略）

（四）司法解释

最高人民法院关于审理道路交通事故损害赔偿案件适用法律若干问题的解释

（2012 年 9 月 17 日最高人民法院审判委员会第 1556 次会议通过　根据 2020 年 12 月 23 日最高人民法院审判委员会第 1823 次会议通过、2020 年 12 月 29 日公布、自 2021 年 1 月 1 日起施行的《最高人民法院关于修改〈最高人民法院关于在民事审判工作中适用《中华人民共和国工会法》若干问题的解释〉等二十七件民事类司法解释的决定》修正）

为正确审理道路交通事故损害赔偿案件，根据《中华人民共和国民法典》《中华人民共和国道路交通安全法》《中华人民共和国保险法》《中华人民共和国民事诉讼法》等法律的规定，结合审判实践，制定本解释。

一、关于主体责任的认定

第一条　机动车发生交通事故造成损害，机动车所有人或者管理人有下列情形之一，人民法院应当认定其对损害的发生有过错，并适用民法典第一千二百零九条的规定确定其相应的赔偿责任：

（一）知道或者应当知道机动车存在缺陷，且该缺陷是交通事故发生原因之一的；

（二）知道或者应当知道驾驶人无驾驶资格或者未取得相应驾驶资格的；

（三）知道或者应当知道驾驶人因饮酒、服用国家管制的精神药品或者麻醉药品，或者患有妨碍安全驾驶机动车的疾病等依法不能驾驶机动车的；

（四）其他应当认定机动车所有人或者管理人有过错的。

第二条 被多次转让但是未办理登记的机动车发生交通事故造成损害，属于该机动车一方责任，当事人请求由最后一次转让并交付的受让人承担赔偿责任的，人民法院应予支持。

第三条 套牌机动车发生交通事故造成损害，属于该机动车一方责任，当事人请求由套牌机动车的所有人或者管理人承担赔偿责任的，人民法院应予支持；被套牌机动车所有人或者管理人同意套牌的，应当与套牌机动车的所有人或者管理人承担连带责任。

第四条 拼装车、已达到报废标准的机动车或者依法禁止行驶的其他机动车被多次转让，并发生交通事故造成损害，当事人请求由所有的转让人和受让人承担连带责任的，人民法院应予支持。

第五条 接受机动车驾驶培训的人员，在培训活动中驾驶机动车发生交通事故造成损害，属于该机动车一方责任，当事人请求驾驶培训单位承担赔偿责任的，人民法院应予支持。

第六条 机动车试乘过程中发生交通事故造成试乘人损害，当事人请求提供试乘服务者承担赔偿责任的，人民法院应予支持。试乘人有过错的，应当减轻提供试乘服务者的赔偿责任。

第七条 因道路管理维护缺陷导致机动车发生交通事故造成损害，当事人请求道路管理者承担相应赔偿责任的，人民法院应予支持。但道路管理者能够证明已经依照法律、法规、规章的规定，或者按照国家标准、行业标准、地方标准的要求尽到安全防护、警示等管理维护义务的除外。

依法不得进入高速公路的车辆、行人，进入高速公路发生交通事故造成自身损害，当事人请求高速公路管理者承担赔偿责任的，适用民法典第一千二百四十三条的规定。

第八条 未按照法律、法规、规章或者国家标准、行业标准、地方标准的强制性规定设计、施工，致使道路存在缺陷并造成交通事故，当事人请求建设单位与施工单位承担相应赔偿责任的，人民法院应予支持。

第九条 机动车存在产品缺陷导致交通事故造成损害，当事人请求生产者或者销售者依照民法典第七编第四章的规定承担赔偿责任的，人民法院应予支持。

第十条 多辆机动车发生交通事故造成第三人损害，当事人请求多个侵权人承担赔偿责任的，人民法院应当区分不同情况，依照民法典第一千一百七十条、第一千一百七十一条、第一千一百七十二条的规定，确定侵权人承担连带责任或者按份责任。

二、关于赔偿范围的认定

第十一条　道路交通安全法第七十六条规定的“人身伤亡”，是指机动车发生交通事故侵害被侵权人的生命权、身体权、健康权等人身权益所造成的损害，包括民法典第一千一百七十九条和第一千一百八十三条规定的各项损害。

道路交通安全法第七十六条规定的“财产损失”，是指因机动车发生交通事故侵害被侵权人的财产权益所造成的损失。

第十二条　因道路交通事故造成下列财产损失，当事人请求侵权人赔偿的，人民法院应予支持：

（一）维修被损坏车辆所支出的费用、车辆所载物品的损失、车辆施救费用；

（二）因车辆灭失或者无法修复，为购买交通事故发生时与被损坏车辆价值相当的车辆重置费用；

（三）依法从事货物运输、旅客运输等经营性活动的车辆，因无法从事相应经营活动所产生的合理停运损失；

（四）非经营性车辆因无法继续使用，所产生的通常替代性交通工具的合理费用。

三、关于责任承担的认定

第十三条　同时投保机动车第三者责任强制保险（以下简称交强险）和第三者责任商业保险（以下简称商业三者险）的机动车发生交通事故造成损害，当事人同时起诉侵权人和保险公司的，人民法院应当依照民法典第一千二百一十三条的规定，确定赔偿责任。

被侵权人或者其近亲属请求承保交强险的保险公司优先赔偿精神损害的，人民法院应予支持。

第十四条　投保人允许的驾驶人驾驶机动车致使投保人遭受损害，当事人请求承保交强险的保险公司在责任限额范围内予以赔偿的，人民法院应予支持，但投保人为本车上人员的除外。

第十五条　有下列情形之一导致第三人人身损害，当事人请求保险公司在交强险责任限额范围内予以赔偿，人民法院应予支持：

（一）驾驶人未取得驾驶资格或者未取得相应驾驶资格的；

（二）醉酒、服用国家管制的精神药品或者麻醉药品后驾驶机动车发生交通事故的；

（三）驾驶人故意制造交通事故的。

保险公司在赔偿范围内向侵权人主张追偿权的，人民法院应予支持。追偿权的诉讼时效期间自保险公司实际赔偿之日起计算。

第十六条 未依法投保交强险的机动车发生交通事故造成损害,当事人请求投保义务人在交强险责任限额范围内予以赔偿的,人民法院应予支持。

投保义务人和侵权人不是同一人,当事人请求投保义务人和侵权人在交强险责任限额范围内承担相应责任的,人民法院应予支持。

第十七条 具有从事交强险业务资格的保险公司违法拒绝承保、拖延承保或者违法解除交强险合同,投保义务人在向第三人承担赔偿责任后,请求该保险公司在交强险责任限额范围内承担相应赔偿责任的,人民法院应予支持。

第十八条 多辆机动车发生交通事故造成第三人损害,损失超出各机动车交强险责任限额之和的,由各保险公司在各自责任限额范围内承担赔偿责任;损失未超出各机动车交强险责任限额之和,当事人请求由各保险公司按照其责任限额与责任限额之和的比例承担赔偿责任的,人民法院应予支持。

依法分别投保交强险的牵引车和挂车连接使用时发生交通事故造成第三人损害,当事人请求由各保险公司在各自的责任限额范围内平均赔偿的,人民法院应予支持。

多辆机动车发生交通事故造成第三人损害,其中部分机动车未投保交强险,当事人请求先由已承保交强险的保险公司在责任限额范围内予以赔偿的,人民法院应予支持。保险公司就超出其应承担的部分向未投保交强险的投保义务人或者侵权人行使追偿权的,人民法院应予支持。

第十九条 同一交通事故的多个被侵权人同时起诉的,人民法院应当按照各被侵权人的损失比例确定交强险的赔偿数额。

第二十条 机动车所有权在交强险合同有效期内发生变动,保险公司在交通事故发生后,以该机动车未办理交强险合同变更手续为由主张免除赔偿责任的,人民法院不予支持。

机动车在交强险合同有效期内发生改装、使用性质改变等导致危险程度增加的情形,发生交通事故后,当事人请求保险公司在责任限额范围内予以赔偿的,人民法院应予支持。

前款情形下,保险公司另行起诉请求投保义务人按照重新核定后的保险费标准补足当期保险费的,人民法院应予支持。

第二十一条 当事人主张交强险人身伤亡保险金请求权转让或者设定担保的行为无效的,人民法院应予支持。

四、关于诉讼程序的规定

第二十二条 人民法院审理道路交通事故损害赔偿案件,应当将承保交强险的保险公司列为共同被告。但该保险公司已经在交强险责任限额范围内予以赔偿且当事人无异议的除外。

人民法院审理道路交通事故损害赔偿案件,当事人请求将承保商业三者险的保险公司列为共同被告的，人民法院应予准许。

第二十三条　被侵权人因道路交通事故死亡，无近亲属或者近亲属不明，未经法律授权的机关或者有关组织向人民法院起诉主张死亡赔偿金的，人民法院不予受理。

侵权人以已向未经法律授权的机关或者有关组织支付死亡赔偿金为理由，请求保险公司在交强险责任限额范围内予以赔偿的，人民法院不予支持。

被侵权人因道路交通事故死亡，无近亲属或者近亲属不明，支付被侵权人医疗费、丧葬费等合理费用的单位或者个人，请求保险公司在交强险责任限额范围内予以赔偿的，人民法院应予支持。

第二十四条　公安机关交通管理部门制作的交通事故认定书，人民法院应依法审查并确认其相应的证明力，但有相反证据推翻的除外。

五、关于适用范围的规定

第二十五条　机动车在道路以外的地方通行时引发的损害赔偿案件，可以参照适用本解释的规定。

第二十六条　本解释施行后尚未终审的案件，适用本解释；本解释施行前已经终审，当事人申请再审或者按照审判监督程序决定再审的案件，不适用本解释。

（五）地方性法规

深圳经济特区智能网联汽车管理条例

（2022 年 6 月 23 日深圳市第七届人民代表大会常务委员会第十次会议通过　2022 年 6 月 30 日深圳市第七届人民代表大会常务委员会公告第 55 号公布　自 2022 年 8 月 1 日起施行）

目　　录

第一章　总　　则

第一条　为了规范智能网联汽车应用，保护人身安全，保护公民、法人及其他组织的财产安全和其他合法权益，保障道路交通安全，促进智能网联汽车产业高质量、可持续发展，根据法律、行政法规的基本原则，结合深圳经济特区实际，制定本条例。

第二条　深圳经济特区范围内智能网联汽车的道路测试和示范应用、准入和登记、使用管理等相关活动适用本条例。

第三条　本条例所称智能网联汽车，是指可以由自动驾驶系统替代人的操作在道路上安全行驶的汽车，包括有条件自动驾驶、高度自动驾驶和完全自动驾驶三种类型。

有条件自动驾驶，是指自动驾驶系统可以在设计运行条件下完成动态驾驶任务，在自动驾驶系统提出动态驾驶任务接管请求时，驾驶人应当响应该请求并立即接管车辆。

高度自动驾驶，是指自动驾驶系统可以在设计运行条件下完成所有动态驾驶任务，在特定环境下自动驾驶系统提出动态驾驶任务接管请求时，驾驶人应当响应该请求并立即接管车辆。

完全自动驾驶，是指自动驾驶系统可以完成驾驶人能够完成的所有道路环境下的动态驾驶任务，不需要人工操作。

本条例所称车路协同基础设施，是指通过车与路、车与车的无线信息交互共享，实现车辆与道路基础设施之间、车辆与车辆之间协同控制的相关基础设施。

第四条　智能网联汽车管理应当遵循依法有序、严格监管、安全可控的原则，结合技术发展态势、标准规范、基础设施以及其他相关因素，对不同发展阶段的智能网联汽车采取相适应的管理措施。

第五条　智能网联汽车列入国家汽车产品目录或者深圳市智能网联汽车产品目录，并取得相关准入后，可以销售；经公安机关交通管理部门登记，可以上道路行驶；经交通运输部门许可，可以从事道路运输经营活动。

第六条　市人民政府应当制定智能网联汽车产业发展政策，优化智能网联汽车发展环境，促进智能网联汽车产业健康有序高质量发展。

第七条　市人民政府应当统筹建设智能网联汽车政府监管平台，实现车路云一体化监管，保障交通安全、网络安全、数据安全。

第八条　市交通运输部门会同市工业和信息化部门、市公安机关交通管理部门开展智能网联汽车道路测试和示范应用监督管理工作，负责智能网联汽车道路运输管理工作。

市工业和信息化部门负责制定智能网联汽车产品地方标准，负责智能网联汽车产品准入管理工作。

市市场监管部门负责批准和发布智能网联汽车产品地方标准，负责智能网联汽车认证、检测和缺陷产品召回等监督管理工作。

市公安机关交通管理部门负责智能网联汽车登记和道路交通安全管理工作。

市网信部门负责统筹协调智能网联汽车网络安全、网络数据安全的相关监督管理工作。

其他有关部门在各自职责内开展智能网联汽车监督管理工作。

第九条　市工业和信息化部门可以组织建立智能网联汽车共性技术研发平台，为智能网联汽车相关传感器、控制器、执行器、大数据、云计算、通信网络、人工智能等方面的技术研发和标准制定提供支持。

鼓励智能网联汽车相关企业开展技术创新、参与技术交流活动。

第十条　鼓励保险企业开发覆盖设计、制造、使用、经营、数据与算法服务以及其他智能网联汽车产品全链条风险的保险产品。

开展道路测试、示范应用或者上道路行驶的智能网联汽车，应当按照有关规定投保商业保险。

第二章　道路测试和示范应用

第十一条　本条例所称道路测试，是指智能网联汽车在指定道路路段进行的自动驾驶功能测试活动。

本条例所称道路测试主体，是指提出道路测试申请、组织道路测试并承担相应责任的单位。

第十二条　本条例所称示范应用，是指在指定道路路段进行具有试点、试行效果的智能网联汽车载人、载物运行活动。

本条例所称示范应用主体，是指提出示范应用申请、组织示范应用并承担相应责任的一个单位或者多个单位联合体。

第十三条　市交通运输部门应当会同市工业和信息化部门、市公安机关交通管理部门建立联合工作机制，根据本条例和国家有关规定，制定深圳市道路测试和示范应用的具体办法，并组织实施。

第十四条　实行道路测试和示范应用申报管理制度。道路测试和示范应用主体应当依照规定向市相关主管部门提出申请，经市相关主管部门确认，并取得市公安机关交通管理部门核发的试验用机动车临时行驶车号牌，方可在深圳市开展道路测试或者示范应用。

道路测试主体申请将已经或者正在其他省、市进行道路测试的智能网联汽车在深圳市进行相同活动的，可以持原申请材料、异地道路测试的相关材料以及在深圳市开展道路测试的安全性自我声明，经市相关主管部门确认，取得试验用机动车临时行驶车号牌。

第十五条 在示范应用过程中，示范应用主体应当提前向搭载货物的所有人、管理人和搭载人员书面告知相关风险，并采取必要安全措施。

开展道路测试和示范应用不得干扰正常道路交通活动，不得非法从事道路运输经营活动，不得搭载危险货物。

第十六条 市相关主管部门应当选择具备支撑自动驾驶及网联功能实现的适当路段、区域、时段，供智能网联汽车开展道路测试和示范应用。

市相关主管部门应当向社会公布开展道路测试和示范应用的路段、区域、时段，并设置相应的标识，发布安全注意事项等提示信息。

第十七条 市人民政府可以选择车路协同基础设施较为完善的行政区全域开放道路测试、示范应用，探索开展商业化运营试点。

在全域开放的行政区开展道路测试、示范应用的具体办法由所在区人民政府另行制定，报市人民政府批准后公布实施。

第十八条 鼓励有条件的智能网联汽车相关企业建设道路和交通场景仿真模拟平台，对智能网联汽车的自动驾驶系统进行仿真测试和技术验证。

第十九条 智能网联汽车在道路测试、示范应用期间发生交通违法或者交通事故，以及本章未明确规定的其他事项和情形，按照国家有关主管部门关于道路测试和示范应用的规定处理。

第三章 准入和登记

第二十条 实行智能网联汽车产品准入管理制度。

市工业和信息化部门应当根据智能网联汽车产品生产者的申请，将符合深圳市地方标准的智能网联汽车产品列入深圳市智能网联汽车产品目录，并向社会公布。

未列入国家汽车产品目录或者深圳市智能网联汽车产品目录的智能网联汽车产品，不得在深圳市销售、登记。

第二十一条 市工业和信息化部门应当根据技术成熟程度和产业发展需要，组织制定智能网联汽车产品地方标准，由市市场监管部门依法批准、发布。

第二十二条 智能网联汽车产品地方标准应当符合智能网联汽车技术的发展方向，不得排斥不同发展路径的技术，并应当根据技术发展情况适时更新。

第二十三条 鼓励智能网联汽车相关行业协会参考国际先进标准，组织智能网联汽车和相关行业的企业、机构，制定引领性、创新性的智能网联汽车产品团体标准，报市工业和信息化部门备案，并通过相关标准信息平台向社会公布。

第二十四条　智能网联汽车产品生产者申请将产品列入深圳市智能网联汽车产品目录的，应当将相关资料提交市工业和信息化部门审核评估。通过审核评估后，将产品提交市工业和信息化部门认可的检验检测机构进行检验检测。取得产品检验检测合格报告后，由市工业和信息化部门将符合深圳市地方标准的产品列入深圳市智能网联汽车产品目录。

第二十五条　市工业和信息化部门可以对准入的智能网联汽车产品设置使用范围、应用场景等限制性措施。

第二十六条　在深圳市销售的智能网联汽车产品，应当具备将车载设备接入政府监管平台和按照监管要求上传运行安全相关数据的能力。销售智能网联汽车产品时，应当将车载设备接入政府监管平台，并按照监管要求上传运行安全相关数据。

第二十七条　实行智能网联汽车登记制度。列入国家汽车产品目录或者深圳市智能网联汽车产品目录的智能网联汽车，经公安机关交通管理部门登记后，方可上道路行驶。

第二十八条　申请办理智能网联汽车登记，除提交申请机动车登记所需的资料、凭证外，还应当符合下列条件：

（一）车辆车载设备运行安全相关数据已按规定接入政府监管平台；

（二）已投保机动车交通事故责任强制保险和机动车第三者责任保险；

（三）具有载人功能的智能网联汽车还应当投保机动车车上人员责任保险。

智能网联汽车登记的具体办法，由市公安机关交通管理部门另行制定。

第二十九条　智能网联汽车所有人、管理人办理车辆登记、核发检验合格标志、处理道路交通安全违法行为或者交通事故等交通管理业务时，应当向公安机关交通管理部门提供真实有效的通讯地址、移动电话号码等信息；提供的信息变更的，应当自变更之日起十日内告知公安机关交通管理部门。

第三十条　智能网联汽车产品生产者、销售者应当对其生产、销售的产品质量安全负责，建立完善产品质量安全追溯机制。

第三十一条　智能网联汽车产品生产者应当在车辆使用说明书中详细介绍一般故障的处置方法。

智能网联汽车产品生产者、销售者应当建立健全产品售后服务机制，在车辆发生或者可能发生危及人身、财产安全的重大故障或者紧急状况时，按照车辆所有人、管理人、驾驶人或者乘客的要求，提供及时、全面的技术支持或者救援服务，保障其人身、财产安全。

第三十二条 列入深圳市智能网联汽车产品目录的产品更新升级自动驾驶系统和其他涉及汽车安全的设施设备的，智能网联汽车产品生产者应当向市工业和信息化部门备案。

第三十三条 智能网联汽车产品生产者获知其生产的产品可能存在危及人身、财产安全缺陷的，应当立即组织调查分析，并如实向市市场监管部门报告调查分析结果；确认智能网联汽车产品存在危及人身、财产安全缺陷的，应当立即停止生产、销售、进口缺陷产品，并实施召回。

智能网联汽车产品经营者获知其经营的产品存在危及人身、财产安全缺陷的，应当立即停止销售、租赁、使用缺陷产品，并协助生产者实施召回。

第四章 使用管理

第三十四条 有条件自动驾驶和高度自动驾驶的智能网联汽车，应当具有人工驾驶模式和相应装置，并配备驾驶人。

完全自动驾驶的智能网联汽车可以不具有人工驾驶模式和相应装置，可以不配备驾驶人。但是，无驾驶人的完全自动驾驶智能网联汽车只能在市公安机关交通管理部门划定的区域、路段行驶。

第三十五条 智能网联汽车驾驶人应当按照道路通行规定和车辆使用说明书的要求，掌握并规范使用自动驾驶功能。

有条件自动驾驶和高度自动驾驶的智能网联汽车在自动驾驶模式下行驶时，驾驶人应当处于车辆驾驶座位上，监控车辆运行状态和周围环境，随时准备接管车辆；智能网联汽车发出接管请求或者处于不适合自动驾驶的状态时，驾驶人应当立即接管车辆。

无驾驶人的完全自动驾驶智能网联汽车应当具备在发生故障、不适合自动驾驶或者有其他影响交通安全的情况时，开启危险警示灯、行驶至不妨碍交通的地方停放或者采取降低速度、远程接管等有效降低运行风险措施的功能。

第三十六条 智能网联汽车产品生产者应当为车辆配置自动驾驶模式外部指示灯，智能网联汽车在自动驾驶模式下行驶时应当开启外部指示灯，向道路上的其他车辆和行人发出明显的安全提示。

用于道路运输经营活动的智能网联汽车应当以显著的车身标识进行安全提示；用于公交客运的，还应当在车辆内部播放语音提示。

第三十七条 智能网联汽车车载设备应当记录和存储车辆发生事故或者故障前至少九十秒的位置、运行状态、驾驶模式、车内外监控视频等数据，并保持数据的连续性和完整性。

前款规定的数据存储期不得少于三十日。

第三十八条 智能网联汽车所有人、管理人应当对自动驾驶系统和其他涉及智能网联汽车安全的设施设备进行定期维护。

智能网联汽车所有人、管理人应当按照市公安机关交通管理部门的相关要求，根据车辆型号、用途、使用年限等不同情况，定期对智能网联汽车进行安全技术检验。

第三十九条　使用智能网联汽车从事道路运输经营活动的，经营者应当取得道路运输经营许可证，车辆应当取得道路运输证。市交通运输部门应当制定智能网联汽车道路运输的准入条件和配套规范，并组织实施。

第五章　车路协同基础设施

第四十条　市、区人民政府可以结合智能网联汽车通行需要，统筹规划、配套建设智能网联汽车通用的通信设施、感知设施、计算设施等车路协同基础设施。

智能网联汽车相关企业因开展道路测试、示范应用的需要，可以向市交通运输、公安机关交通管理、城管执法等部门申请在其管理的公用基础设施上搭建车路协同基础设施，相关主管部门应当予以支持。

第四十一条　市交通运输部门、市公安机关交通管理部门可以在智能网联汽车通行路段设置特有的交通信号，智能网联汽车上道路行驶应当按相关交通信号的指示通行。

第四十二条　鼓励开放共享车路协同基础设施的数据信息、通信网络等资源，但是涉及国家安全、公共安全、个人信息的数据除外。

第四十三条　车路协同基础设施中涉及通信技术的设施设备应当按规定取得国家工信部门的入网认证，涉及人身、财产安全的设施设备应当按照国家相关强制性标准或者要求取得可靠性认证报告。

第六章　网络安全和数据保护

第四十四条　市网信部门统筹协调全市智能网联汽车产品、服务及其供应链的网络安全风险监督管理工作，市交通运输、公安、工业和信息化等部门按照各自职责承担相关监督管理工作。

第四十五条　市网信部门应当统筹协调智能网联汽车网络安全事件应急预案的制定工作。市交通运输、公安、工业和信息化等部门按照各自职责承担智能网联汽车网络安全事件应急预案的制定工作，对智能网联汽车网络安全事件分级、事件处置职责分工、预防预警机制、处置程序、应急保障措施等作出规定，并组织应急演练和处置工作。

第四十六条　智能网联汽车相关企业应当依法取得网络关键设备和网络安全专用产品的安全检测认证，依法制定智能网联汽车网络安全事件应急预案，并建立网络安全评估和管理机制，确保网络数据的完整性、安全性、保密性和可用性,防止网络数据泄露和被窃取、篡改。

第四十七条 智能网联汽车相关企业应当依照国家相关规定,制定数据安全管理制度和隐私保护方案,采取措施防止数据的泄露、丢失、损毁,并将存储数据的服务器设在中华人民共和国境内。未经批准,不得向境外传输、转移相关数据信息。

在发生或者可能发生涉及国家安全、用户个人信息等数据泄露、损毁、丢失等情况时,智能网联汽车相关企业应当立即采取补救措施,按照规定及时告知用户并向有关部门报告。

第四十八条 禁止利用智能网联汽车从事下列活动:

(一)非法收集、处理、利用个人信息;

(二)采集与本车辆行驶和交通安全无关的信息;

(三)非法采集涉及国家安全的信息。

第四十九条 智能网联汽车研发、生产、运营等相关企业或者组织,经公安机关交通管理部门同意,可以获取与其智能网联汽车产品相关的交通违法、交通事故等去标识化数据信息。

第七章 交通违法和事故处理

第五十条 依法登记的智能网联汽车发生道路交通安全违法情形或者交通事故的,适用本章规定。

第五十一条 有驾驶人的智能网联汽车发生道路交通安全违法情形的,由公安机关交通管理部门依法对驾驶人进行处理。

完全自动驾驶的智能网联汽车在无驾驶人期间发生道路交通安全违法情形的,由公安机关交通管理部门依法对车辆所有人、管理人进行处理。

依照本条第二款规定处理交通违法,对违法行为人的处罚不适用驾驶人记分的有关规定。

第五十二条 有驾驶人的智能网联汽车发生交通事故的,驾驶人应当立即停车,保护现场;造成人身伤亡的,驾驶人应当立即抢救受伤人员,并迅速报警。

完全自动驾驶的智能网联汽车在无驾驶人期间发生交通事故的,当事人应当立即报警,车辆所有人、管理人应当保存事故过程信息。

第五十三条 有驾驶人的智能网联汽车发生交通事故造成损害,属于该智能网联汽车一方责任的,由驾驶人承担赔偿责任。

完全自动驾驶的智能网联汽车在无驾驶人期间发生交通事故造成损害,属于该智能网联汽车一方责任的,由车辆所有人、管理人承担赔偿责任。

第五十四条 智能网联汽车发生交通事故,因智能网联汽车存在缺陷造成损害的,车辆驾驶人或者所有人、管理人依照本条例第五十三条的规定赔偿后，可以依法向生产者、销售者请求赔偿。

第五十五条　智能网联汽车车载设备、路侧设备、监管平台等记录的车辆运行状态和周边环境的客观信息，可以作为认定智能网联汽车交通事故责任的重要依据。

第八章　法律责任

第五十六条　违反本条例第十四条的规定，擅自开展道路测试或者示范应用的，由市公安机关交通管理部门扣押用于道路测试或者示范应用的智能网联汽车，对道路测试或者示范应用主体处以十万元以上五十万元以下罚款。

第五十七条　违反本条例第二十条第三款的规定，销售未列入国家汽车产品目录或者深圳市智能网联汽车产品目录的产品的，由市市场监管部门没收非法销售的智能网联汽车产品，并处以非法产品价值三倍以上五倍以下罚款。

第五十八条　智能网联汽车产品生产者隐瞒有关情况或者提供虚假材料办理智能网联汽车产品准入的，由市工业和信息化部门给予警告，自处罚决定生效之日起一年内不再受理同一生产者提出的智能网联汽车产品准入申请。

第五十九条　智能网联汽车产品生产者以欺骗、贿赂等不正当手段取得智能网联汽车产品准入的，由市工业和信息化部门撤销产品准入，给予警告，并处以五十万元以上一百万元以下罚款，自处罚决定生效之日起三年内不再受理同一生产者提出的智能网联汽车产品准入申请。

第六十条　智能网联汽车产品生产者、销售者违反本条例第三十一条第二款的规定，未建立技术支持或者救援服务机制的，由有关部门依法责令限期改正；逾期未改正的，处以五万元以上五十万元以下罚款。

第六十一条　违反本条例第三十九条的规定，未取得道路运输经营许可证和道路运输证，擅自从事道路运输经营的，由市交通运输部门依法予以处罚。

第六十二条　违反本条例第四十六条、第四十七条、第四十八条的规定，未依法保护网络和数据信息安全的，由有关部门依法予以处罚。

第六十三条　违反本条例的有关规定受到处罚的，由有关部门按照相关规定将违法行为信息纳入市公共信用信息系统。

第九章　附　　则

第六十四条　本条例自 2022 年 8 月 1 日起施行。

上海市浦东新区促进无驾驶人智能网联汽车创新应用规定

（2022 年 11 月 23 日上海市第十五届人民代表大会常务委员会第四十六次会议通过　2022 年 11 月 23 日上海市第十五届人民代表大会常务委员会公告第 141 号公布　自 2023 年 2 月 1 日起施行）

第一条　为了进一步规范和促进浦东新区无驾驶人智能网联汽车创新应用，推动产业高质量发展，保障道路交通安全，根据有关法律、行政法规的基本原则，结合浦东新区实际，制定本规定。

第二条　本规定适用于在浦东新区行政区域内划定的路段、区域开展无驾驶人智能网联汽车道路测试、示范应用、示范运营、商业化运营等创新应用活动以及相关监督管理工作。

本规定所称的无驾驶人智能网联汽车，是指车内不配备驾驶人和测试安全员的智能网联汽车。

第三条　浦东新区无驾驶人智能网联汽车创新应用活动应当坚持鼓励创新、包容审慎、循序渐进的原则，实行分级分类管理，按照从低风险场景到高风险场景、从简单类型到复杂类型的要求，确保安全有序、风险可控。

第四条　市人民政府应当建立完善促进智能网联汽车产业发展的工作协调机制和政策措施，优化创新应用环境。

市经济信息化、交通、公安等部门建立智能网联汽车测试与应用工作推进机制，协调推进全市智能网联汽车测试与应用工作，指导浦东新区智能网联汽车创新应用工作，并按照各自职责做好相关管理工作。

市发展改革部门负责协调智能网联汽车创新应用相关新型基础设施建设等工作。

浦东新区人民政府、中国（上海）自由贸易试验区临港新片区管理委员会（以下简称临港新片区管委会）应当建立促进智能网联汽车创新应用的工作机制，制定配套政策，落实支持措施，并按照各自职责具体负责辖区内的智能网联汽车创新应用管理工作。

市规划资源、市场监管、网信、通信管理等部门以及浦东新区科技经济、建设交通、公安、规划资源、大数据管理等部门按照各自职责，做好浦东新区智能网联汽车创新应用相关管理工作。

第五条　开展无驾驶人智能网联汽车道路测试、示范应用、示范运营的企业应当申请安全性自我声明的确认。无驾驶人智能网联汽车经安全性自我声明确认的，可以向公安机关交通管理部门申领车辆号牌；取得车辆号牌的，可以上道路行驶；经交通部门审核同意的，方可从事道路运输示范运营活动。

第六条　申请安全性自我声明确认的企业应当符合以下要求：

（一）具有独立法人资格；

（二）具备相关技术能力；

（三）具备符合道路测试、示范应用、示范运营等相应条件的车辆；

（四）配备远程监控系统和紧急接管人员，紧急接管人员应当具备无驾驶人智能网联汽车的操控能力和相应准驾车型的机动车驾驶证，经过专业知识、现场操作和应急处置培训；

（五）按照有关规定已经投保或者承诺投保机动车交通事故责任强制保险和一定金额的商业保险。

第七条　开展道路测试活动，申请安全性自我声明确认的车辆应当符合以下要求：

（一）具备最小风险运行模式，满足功能安全、信息安全等技术标准和要求，设计运行范围覆盖道路测试场景；

（二）配备处于无驾驶人状态的显示装置以及发生故障或者事故后的警示装置，设置符合标准的夜间反光装置；

（三）按照有关规定经过有驾驶人智能网联汽车道路测试并达到规定里程或者时间，且未发生交通违法行为以及因车辆原因造成的安全事故，人工接管率符合规定值。

开展高风险道路测试的，应当经过规定里程或者时间的低风险道路测试，且未发生严重交通违法行为以及因车辆原因造成的安全事故，人工接管率符合规定值。

第八条　开展具有试点、试行效果的载人、载货示范应用活动，申请安全性自我声明确认的车辆应当经过规定里程或者时间的道路测试，且未发生交通违法行为以及因车辆原因造成的安全事故，人工接管率符合规定值。

第九条　开展载人、载货或者特定场景作业的示范运营活动，申请安全性自我声明确认的车辆应当符合以下要求：

（一）符合开展示范运营所需的技术性能、外廓尺寸、轴荷、质量、安全性能等标准或者规范；

（二）经过规定里程或者时间的示范应用，且未发生交通违法行为以及因车辆原因造成的安全事故，人工接管率符合规定值。

第十条　申请开展无驾驶人智能网联汽车道路测试、示范应用、示范运营安全性自我声明确认的，由市经济信息化、交通、公安等部门和浦东新区科技经济部门、临港新片区管委会按照各自职责，组织有关部门、第三方机构和专家，对相应阶段的安全性自我声明进行确认。

浦东新区科技经济部门、临港新片区管委会负责收取企业提交的安全性自我声明和相关证明材料，并将是否确认的决定书面告知企业。

涉及跨区域事项的，市经济信息化、交通、公安等部门应当加强对浦东新区科技经济、建设交通、公安等部门以及临港新片区管委会的业务指导和沟通协调。

第十一条 有关主管部门对安全性自我声明进行确认时，可以将企业在浦东新区以外地区的测试结果作为参考依据，简化相关测试流程和测试项目。

开展无驾驶人智能网联汽车道路测试、示范应用、示范运营达到规定里程或者时间，且未发生交通违法行为以及因车辆原因造成的安全事故，人工接管率符合规定值的，企业可以向浦东新区科技经济部门或者临港新片区管委会提出同一阶段同一型号车辆批量申请确认，并提交一致性技术参数、性能和安全检测报告。有关主管部门应当组织第三方机构进行一致性抽查，并根据抽查结果做出决定。

第十二条 企业取得安全性自我声明确认的，可以向市公安机关交通管理部门提交申领车辆号牌需要的有关材料，申领临时行驶车号牌和车辆识别标牌。

临时行驶车号牌有效期届满的，可以凭有效的安全性自我声明和其他相关材料，申领新的临时行驶车号牌。在临时行驶车号牌有效期内取得下一阶段安全性自我声明确认的，无需申领新的临时行驶车号牌。

第十三条 无驾驶人智能网联汽车经道路测试安全性自我声明确认并且取得临时行驶车号牌、车辆识别标牌的，可以上道路行驶从事测试活动，但不得搭载与测试活动无关的人员和用于配重以外的货物。

第十四条 无驾驶人智能网联汽车经示范应用安全性自我声明确认并且临时行驶车号牌在有效期内的，按照规定搭载相关人员或者货物，但不得超出车辆的额定乘员和核定载质量，不得搭载危险货物。搭载相关人员或者货物的，应当向服务对象明示可能存在的风险，采取必要的安全措施。

第十五条 开展无驾驶人智能网联汽车示范运营活动的企业，应当符合以下要求：

（一）具备相应的道路运输经营资质或者条件，或者与具备相应道路运输经营资质的企业合作；

（二）具备与经营业务相适应并经检测合格的车辆；

（三）提出相对固定的运营区域和运营时段；

（四）具有健全的安全管理制度。

企业凭经确认的示范运营安全性自我声明、有效期内的临时行驶车号牌、运营方案以及其他相关材料，向浦东新区建设交通部门或者临港新片区管委会申请办理相关车辆营运证件。

取得前款规定的车辆营运证件的，可以利用无驾驶人智能网联汽车从事示范运营活动，并可以收费。依法纳入政府定价范围的收费实行政府定价或者政府指导价，其他收费实行市场调节价。收费标准应当在运营方案中载明，面向不特定对象收费的，收费标准应当向社会公示。

第十六条　获得产品准入或者具备同等条件的产品认定的无驾驶人智能网联汽车，经公安机关交通管理部门登记，可以取得车辆号牌、行驶证等登记凭证。

利用符合前款要求的无驾驶人智能网联汽车从事商业化运营的企业，应当取得道路运输经营资质。车辆应当与经营业务相适应，并经检测合格，依法取得车辆营运证件。

商业化运营的收费管理，按照有关法律、法规的规定执行。

第十七条　浦东新区科技经济部门和临港新片区管委会应当加强对无驾驶人智能网联汽车运行的日常监督管理，并采取措施强化后台监管。

开展无驾驶人智能网联汽车道路测试、示范应用、示范运营的企业应当按照规定安装监控装置，将相关数据接入指定的数据平台，实时上传到市级数据平台，并定期向浦东新区科技经济部门或者临港新片区管委会提交创新应用情况报告。

第十八条　开展智能网联汽车创新应用的路段、区域由市交通部门会同市公安、经济信息化、通信管理等部门根据道路基础条件和实际需要划定并组织开展验收。验收通过后，应当向社会公布，并在该路段、区域及周边设置相应标识和安全提示。

前款所称的路段、区域，是指用于社会机动车辆通行的路段、区域。

支持在浦东新区逐步扩大智能网联汽车创新应用的路段、区域范围，支持特定区域全域开放，丰富测试与应用场景。

第十九条　浦东新区科技经济、建设交通部门和临港新片区管委会应当统筹规划、协调推动建设车路协同基础设施和车路协同云控平台，支持车路协同基础设施在安全可控的条件下与云控平台、路侧信号控制设施、智能网联汽车实现信息共享。

车路协同基础设施和车路协同云控平台应当实现数据交互加密、通信网络防护、实时安全监测，有效防范数据篡改、数据泄露和网络攻击等风险。

第二十条　本市根据国家有关主管部门的授权，支持开展智能网联汽车创新应用的企业在浦东新区特定区域开展高精度地图应用试点。市和浦东新区规划资源部门应当加强对高精度地图应用试点工作的指导和监督管理。

开展智能网联汽车创新应用的企业应当按照有关规定，严格保护高精度地图数据安全。

第二十一条　开展无驾驶人智能网联汽车道路测试、示范应用、示范运营的企业对智能网联汽车进行可能影响车辆功能、性能的软件升级（包括远程升级）或者硬件变更的，应当向浦东新区科技经济部门或者临港新片区管委会报告。

发生影响车辆安全性能的重大升级或者变更的，企业应当提交新的安全性自我声明进行再次确认。

第二十二条 无驾驶人智能网联汽车上道路行驶的，应当具有显著标识，按照要求放置、粘贴临时行驶车号牌和车辆识别标牌，遵守道路交通安全法律、法规的有关通行规定。

开展无驾驶人智能网联汽车载人示范应用、示范运营，应当在有关主管部门的指导下有序推进。

第二十三条 开展无驾驶人智能网联汽车创新应用的企业应当加强车辆远程动态监管。

在恶劣天气、道路施工、大型活动等情形下，企业应当根据相关管理部门要求及时调整运行计划。公安机关依法实施现场临时管制时，企业应当按照公安机关的指令，立即采取避让、暂停运行、终止运行等处置措施。

第二十四条 开展无驾驶人智能网联汽车创新应用的企业应当按照网络安全相关法律、法规和信息安全标准的强制性要求，建立网络安全管理制度，落实网络安全等级保护制度，采取技术措施和其他必要措施，提高网络安全保护水平，保障网络安全稳定运行。

第二十五条 开展无驾驶人智能网联汽车创新应用的企业应当按照数据安全相关法律、法规要求，建立健全全流程数据安全和个人信息保护管理制度，落实数据安全和个人信息保护责任。发生或者可能发生涉及国家安全、个人信息等数据泄露、损毁、丢失等情况的，有关企业应当立即采取补救措施，按照规定及时告知用户并向有关主管部门报告。

开展创新应用过程中收集和产生的重要数据，应当依法在境内存储；因业务需要，确需向境外提供的，应当按照国家有关规定进行安全评估。个人信息数据的出境安全管理，按照有关法律、行政法规的规定执行。

第二十六条 开展创新应用期间，无驾驶人智能网联汽车发生故障的，企业应当按照有关技术要求作出判断，采取相应措施确保车辆处于安全状态。

创新应用企业应当将相关故障信息传输至指定的监管平台，并保存至少一年。

第二十七条 开展创新应用期间，无驾驶人智能网联汽车发生交通事故的，企业应当立即暂停车辆运行、开启危险警示装置，报警并视情派员现场处置；事故发生后两小时内，应当将事故发生前至少九十秒的视频信息上传至指定的数据平台。

开展无驾驶人智能网联汽车创新应用的企业应当在有关主管部门全程参

与下对事故过程进行技术分析并形成事故分析报告。相关事故过程信息和事故分析报告应当及时报送浦东新区公安机关交通管理部门,并保存至少一年。

第二十八条 无驾驶人智能网联汽车在开展创新应用期间发生交通违法行为的,由公安机关按照道路交通安全法律、法规对车辆所有人或者管理人进行处理。

第二十九条 无驾驶人智能网联汽车在开展创新应用期间发生交通事故的,由公安机关交通管理部门按照道路交通安全法律、法规进行交通事故责任认定。

无驾驶人智能网联汽车发生交通事故并造成损害,依法应由智能网联汽车一方承担责任的,由该无驾驶人智能网联汽车所属的企业先行赔偿,并可以依法向负有责任的自动驾驶系统开发者、汽车制造者、设备提供者等进行追偿。已经投保机动车交通事故责任强制保险、商业保险的,按照相关规定执行。

无驾驶人智能网联汽车以及车路协同云控平台采集的数据,经公安机关交通管理部门调查核实无误后,可以作为认定交通违法行为和认定交通事故责任的依据。

第三十条 利用无驾驶人智能网联汽车开展道路货物运输经营的,企业应当投保承运人责任保险;开展旅客运输服务的,应当投保车上人员责任保险。

鼓励相关行业组织、企业等联合设立风险基金。鼓励保险公司开发适应无驾驶人智能网联汽车特点的保险产品。

第三十一条 无驾驶人智能网联汽车道路测试、示范应用、示范运营期间有下列情形之一的,由浦东新区科技经济部门或者临港新片区管委会暂停有关企业的相关创新应用活动,责令其限期整改;完成整改后,方可恢复相关创新应用活动:

(一)无驾驶人智能网联汽车经过测试不符合要求的;

(二)开展创新应用的企业、车辆或者紧急接管人员等发生变化,不再符合规定要求的;

(三)未按照安全性自我声明载明的阶段、时段、路段等开展相关创新应用活动的;

(四)违反载人、载货有关规定的;

(五)未按照规定将相关数据上传至指定的数据平台的;

(六)发生软件升级、硬件变更,未按照规定报告的;

(七)车辆发生故障或者交通事故,未按照规定采取相应措施的;

(八)未按照规定传输和保存车辆故障、事故信息,或者未提交事故分析报告的;

（九）存在重大软件、硬件系统性缺陷的；

（十）发生网络安全或者数据安全事故的。

开展无驾驶人智能网联汽车道路测试、示范应用、示范运营的车辆有下列情形之一的，由浦东新区科技经济部门或者临港新片区管委会暂停该车辆或者同型号车辆的相关创新应用活动，责令其限期整改；完成整改后，方可恢复相关创新应用活动：

（一）未按照要求放置车辆识别标牌的；

（二）发生三次以上一般道路交通违法行为，或者发生不按照交通信号指示通行、违反标志标线指示、逆向行驶等严重道路交通违法行为的；

（三）发生道路交通事故并承担同等及以上责任的。

第三十二条 无驾驶人智能网联汽车道路测试、示范应用、示范运营期间有下列情形之一的，由浦东新区科技经济部门或者临港新片区管委会终止有关企业的相关创新应用活动，相关号牌、标牌和营运证件失效：

（一）暂停创新应用活动后，拒不整改或者经整改仍不符合要求的；

（二）提供虚假的安全性自我声明或者数据、信息、报告等材料的；

（三）对国家安全、公共安全造成危害，或者程序设计违反伦理要求、存在重大安全风险的。

开展无驾驶人智能网联汽车道路测试、示范应用、示范运营的车辆有下列情形之一的，由浦东新区科技经济部门或者临港新片区管委会终止该车辆或者同型号车辆的相关创新应用活动；情节严重的，终止有关企业的相关创新应用活动：

（一）发生三次以上不按照交通信号指示通行、违反标志标线指示、逆向行驶等严重道路交通违法行为的；

（二）发生造成人员伤亡的道路交通事故，并承担主要或者全部责任的。

安全性自我声明未经确认或者未取得临时行驶车号牌、相关车辆营运证件擅自开展相关活动的，由浦东新区科技经济部门或者临港新片区管委会责令立即终止相关活动，并由有关主管部门依法进行处理。

第三十三条 无人配送、无人清扫等无人驾驶装备上道路行驶，参照适用道路交通安全法律、法规有关非机动车的通行规定。无人驾驶装备道路测试、示范运营等具体管理规定，由浦东新区、临港新片区管委会在市有关主管部门的指导下制定。

第三十四条 本规定自 2023 年 2 月 1 日起施行。

无锡市车联网发展促进条例

（2022 年 12 月 29 日无锡市第十七届人民代表大会常务委员会第九次会议通过 2023 年 1 月 31 日无锡市第十七届人民代表大会常务委员会公告第 6 号公布 自 2023 年 3 月 1 日起施行）

目　　录

第一章 总　　则

第一条 为了高水平建设国家级车联网先导区，强化技术创新引领，推动规模商业应用，提升智能交通水平，促进车联网产业高质量发展，根据有关法律、法规，结合本市实际，制定本条例。

第二条 本市行政区域内运用车联网支撑自动驾驶、智能交通、智慧城市等发展促进活动，适用本条例。

第三条 车联网发展促进应当坚持政府引导、市场主导、创新驱动、协同发展、包容审慎、安全有序原则。

第四条 市人民政府应当加强对车联网发展促进工作的领导，将车联网发展纳入国民经济和社会发展规划，制定车联网发展促进政策，建立车联网发展议事协调机制，协调解决车联网发展促进工作中的重大问题。

市人民政府应当组织建立由科研院所、高等学校、企业以及相关部门、单位专家组成的车联网发展专家咨询机制，发挥专家对车联网发展涉及的技术、伦理、安全、法律等问题的研究咨询作用。

县级市、区人民政府应当根据区域资源禀赋和产业发展需求，组织推进本地区车联网发展促进工作。

第五条 市工业和信息化主管部门负责本行政区域内车联网发展促进工作的组织协调、统筹实施和指导监督。

发展改革、科技、公安、财政、自然资源规划、住房城乡建设、市政园林、城市管理、交通运输、市场监管、大数据管理、农业农村、网信等部门和单位，按照职责做好车联网发展促进相关工作。

第六条 车联网相关行业协会应当加强行业自律，规范市场秩序，促进行业的公平竞争和有序发展。

第七条 鼓励和支持自然人、法人和非法人组织自主创新、联合创新，积极参与车联网发展促进活动。

第二章 基础设施建设

第八条 市人民政府应当统筹规划并推进全市车联网基础设施建设。县级市、区人民政府应当根据市人民政府统筹规划和本行政区域内车联网发展需求，规范有序推进车联网基础设施建设。

市、县级市、区人民政府建立健全可持续的车联网基础设施投资建设运营模式。鼓励和支持市场主体参与车联网基础设施投资、建设、运营和维护。

车联网基础设施包括车路协同基础设施、车联网通信网络、车联网数据管理服务平台等。

第九条 市工业和信息化主管部门应当会同有关部门制定车联网基础设施建设年度计划和智能网联道路建设规范。

第十条 车路协同基础设施建设应当纳入新建、改建、扩建道路建设工程，并与道路主体工程同时设计、同时施工、同时投入使用。

现有道路的车路协同基础设施建设，应当根据车联网基础设施建设年度计划组织推进。

第十一条 市、县级市、区人民政府及其有关部门应当推进车联网基础设施建设与交通出行、交通管控、通信服务、地理信息等智慧城市基础设施建设相衔接、相融合，推动建立底层打通、全网融合、多方投入、共同使用的机制，实现共享共用、协同发展。

第十二条 鼓励和支持通信运营企业结合车联网应用需求优化升级通信网络，建设低时延、高可靠、高密度的公专融合车联网通信网络。

鼓励车联网应用与运营企业使用车联网专用频率开展车路协同相关应用。

第十三条 市人民政府统筹推进建设全市统一的车联网数据管理服务平台，依法采集和管理全市车联网实时运行数据。公安、交通运输、城市管理、市政园林等与车联网相关的数据应当与车联网数据管理服务平台数据互通共享。

第十四条 鼓励和支持市场主体建设高精度差分基站等设施，充分利用北斗卫星导航系统，提供高精度时空信息服务。

第十五条　市场主体因特定应用场景需要，在现有公共基础设施上搭建车联网相关设备，依法提出申请的，相关公共基础设施管理部门应当给予支持。

第十六条　车联网基础设施产权单位、管理单位应当按照相关技术规范和标准，制定车联网基础设施维护保养计划，定期开展维护保养工作，保障车联网基础设施安全、稳定、高效运行。

第三章　推 广 应 用

第十七条　市、县级市、区人民政府应当在示范应用基础上，推进车联网技术和产品全域应用，赋能智能交通发展和智慧城市建设。鼓励和支持相关主体开展智能网联汽车道路测试、示范应用、商业运营等活动，加快完全自动驾驶进程。

第十八条　开展智能网联汽车道路测试与示范应用活动，应当符合相关规定。智能网联汽车道路测试与示范应用管理办法由市人民政府另行制定。

第十九条　支持开展智能网联汽车异地道路测试和示范应用结果互认。对已经或者正在国内其他地区开展智能网联汽车道路测试与示范应用的相关主体，在本市进行相同或者类似功能道路测试或者示范应用的，可以结合异地道路测试或者示范应用结果，简化道路测试与示范应用流程和项目。

第二十条　鼓励在智能网联汽车示范应用过程中探索商业模式。

鼓励和支持市场主体使用智能网联汽车依法开展道路运输经营等商业运营活动。

第二十一条　市、县级市、区人民政府及其有关部门应当推进车联网技术和产品在公共交通、交通管控、智慧停车等领域的应用，提升智能交通服务水平和出行效率，保障出行安全。

第二十二条　市、县级市、区人民政府及其有关部门应当率先在环卫作业、道路管养等城市管理领域应用智能网联汽车，与智慧城市协同发展。

鼓励和支持智能网联汽车应用于摆渡接驳、物流运输、末端配送等领域，创新智慧城市服务应用场景，提供个性化、特色化服务。

第二十三条　支持市场主体根据应用场景需求，依法使用和开发利用车联网数据，在确保安全基础上提供车联网数据产品和服务，拓展应用场景，提升应用服务水平。

第四章　技术创新与产业发展

第二十四条　市、县级市、区人民政府应当推动车联网技术创新，加强车联网技术基础研究、应用研究和技术成果转化，逐步完善产业技术创新体系和共性基础技术供给体系。

第二十五条 支持建立以市场为主导、政产学研用深度融合的关键核心技术攻关机制,鼓励和支持企业、高等学校、科研院所推进车规级芯片、高精度传感、自动驾驶算法、车载操作系统、线控系统、信息安全等关键核心技术攻关。

鼓励和支持市场主体加大研发投入,提升研发能力。

第二十六条 鼓励和支持车联网领域国家、省科技重大专项和重点研发计划项目研究成果在本地区产业化应用。

第二十七条 鼓励和支持建设车联网领域重点实验室、产业创新中心、技术创新中心、制造业创新中心等创新载体。

第二十八条 鼓励科研院所、高等学校、企业和车联网相关行业协会牵头或者参与制定车联网相关国际标准、国家标准、行业标准和地方标准。支持依法制定相关企业标准、团体标准。

第二十九条 市、县级市、区人民政府应当培育扶持车联网企业,支持车联网项目建设,促进车联网产业发展。

工业和信息化、科技、市场监管等部门应当加强车联网产业运行监测、技术创新、标准体系建设、知识产权保护等工作,提升产业发展服务水平。

第三十条 市人民政府应当推动完善车联网产业生态,支持智能网联汽车整车及零部件、车载与路侧环境感知、执行与控制、车路协同系统、车载操作系统和自动驾驶软件算法、车联网信息服务与安全以及车联网通信系统等车联网领域产业发展。

鼓励建立车联网领域协同创新产业联盟,促进车联网产业链上下游企业开展跨区域合作、协同创新活动,促进产业链配套合作。

第三十一条 市、县级市、区人民政府应当明确车联网特色产业园区的功能定位,结合特色优势产业,支持园区建设,推动车联网产业集聚发展,培育壮大产业集群。

第三十二条 市、县级市、区人民政府应当推进车联网企业梯度培育,引进和培育车联网领域龙头企业,支持中小企业与车联网领域龙头企业配套协作。

第三十三条 鼓励和支持集成电路、人工智能、大数据、云计算、区块链等信息技术产业与车联网产业融合发展,形成多元融合的技术和产品。

第五章 安全保障

第三十四条 市、县级市、区人民政府及其有关部门和单位应当加强车联网网络、数据、个人信息、车辆运行和应用服务的安全保护,组织推进、指导监督车联网安全保障工作。

鼓励和支持科研院所、高等学校、企业加快车联网安全技术和产品研发,参与车联网安全体系建设。

第三十五条　车联网领域相关主体应当建立车联网设施设备安全管理制度，定期开展安全风险排查，及时解决安全隐患，提升设施设备安全水平。

第三十六条　市人民政府应当建立集态势感知、风险预警、应急处置和联动指挥为一体的网络安全支撑平台，推进车联网网络安全监测，开展网络安全威胁、事件的监测预警通报和安全保障服务。

车联网领域相关主体应当落实网络安全等级保护制度，建立网络安全管理制度和安全监测服务平台，采取技术措施和其他必要措施，提高网络安全保护水平。

第三十七条　车联网领域相关主体应当依照数据安全法律、法规规定，落实数据安全保护责任，对数据实行分类分级保护，采用加密、签名、备份等技术措施和其他必要措施，保障数据的保密性、完整性和可用性。

第三十八条　车联网领域相关主体应当依照个人信息保护法律、法规规定，建立个人信息保护制度，依法保护个人信息。处理个人信息，应当遵循合法、正当、必要和诚信原则。

第三十九条　在车联网道路测试、示范应用、商业运营过程中收集和产生的个人信息和重要数据，应当依法在境内存储。因业务需要，确需向境外提供的，应当依法进行安全评估；法律、行政法规另有规定的，依照其规定。

第四十条　市工业和信息化主管部门应当会同公安、交通运输等部门按照风险等级划定道路测试与示范应用的路段、区域和时段，实行分级管理，并根据实际需求逐步扩大路段、区域和时段范围。

开展道路测试、示范应用、商业运营的智能网联汽车，应当按照规定具备记录、存储及在线监控车辆状态等功能，设置显着的标识标志，并配备应急装置。

使用智能网联汽车在道路测试、示范应用、商业运营过程中发生的交通违法行为和交通事故，由公安机关依照道路交通安全法律、法规进行认定和处理。

第四十一条　智能网联汽车道路测试与示范应用主体投保机动车交通事故责任强制保险和商业保险，应当符合国家有关规定。

第四十二条　智能网联汽车示范应用与商业运营主体应当对服务对象明示可能存在的风险，并采取必要的安全措施。

第六章　促进措施

第四十三条　市、县级市、区人民政府及其有关部门应当创新政策措施，为车联网企业提供便捷化政务服务，营造稳定、公平、透明、可预期的营商环境。

第四十四条 市人民政府及其有关部门应当逐步建立健全智能网联汽车运行管理、商业运营、交通执法,以及车联网网络和数据安全、基础设施投资建设运营和维护保养等方面的配套制度,并负责组织实施。

第四十五条 市、县级市、区人民政府及其有关部门应当安排车联网发展资金和产业专项资金,建立多元化的投融资机制,引导社会资本参与车联网发展。

第四十六条 市、县级市、区人民政府及其有关部门应当强化车联网领域测试基地、产品质检中心等公共服务平台建设,提供车联网领域产业基础技术、测试验证、认证认可、知识产权保护与运营等公共服务,增强产业配套支持能力。

第四十七条 市、县级市、区人民政府及其有关部门应当建立和完善人才引进、评价与激励机制,鼓励和支持车联网领域引进高层次、高技能以及紧缺人才,对符合条件的车联网人才在住房保障、健康医疗、子女教育等方面提供必要的支持。

鼓励科研院所、高等学校、企业引进车联网人才和人才团队。

鼓励科研院所和高等学校结合车联网发展需求,推进学科建设,进行多元化人才培养,提高人才质量。

第四十八条 市工业和信息化主管部门应当会同市市场监管等部门组织制定车联网相关地方标准,推动地方标准申报为国家标准、行业标准。

车联网相关地方标准应当符合车联网技术发展方向,不得排斥不同发展路径的技术,并根据技术发展趋势适时更新。

第四十九条 市工业和信息化主管部门应当定期发布车联网发展报告,反映车联网发展指数和态势,引导车联网发展方向。

第五十条 鼓励金融机构创新融资支持方式,开发适应车联网产业发展的金融产品。支持金融机构为车联网企业提供生产设备、产品等抵押融资服务,提供应收账款、知识产权等权利质押融资服务。

支持政府性融资担保、再担保等机构,为车联网企业提供增信服务,降低企业融资门槛。

第五十一条 鼓励保险机构开发车联网领域保险产品,为车联网企业提供信用保险、保证保险、知识产权保险、责任保险等保险服务。

鼓励相关社会团体、企业等联合设立车联网社会风险基金,对因车联网和智能网联汽车相关事故遭受人身、财产损失的受害者,因责任无法认定等原因不能及时得到赔偿时,先予补偿。

第五十二条 市、县级市、区人民政府及其有关部门应当按照鼓励创新和发展、确保质量和安全的原则,建立车联网领域创新创业容错机制,对车联网领域的新技术、新产业、新业态、新模式实行包容审慎监管。

对在车联网发展促进工作中出现失误或者偏差，符合规定条件且勤勉尽责、未牟取私利的，对有关单位和个人依法予以免责或者减轻责任。

第五十三条 鼓励和支持开展多种形式的车联网技术与应用体验活动，加强专业领域宣传，营造支持车联网先导区建设的良好氛围。

第七章 附 则

第五十四条 本条例下列用语的含义：

（一）车联网，是指以车内、车与车、车与路、车与人、车与服务平台的全方位网络连接为基础，按照约定的通信协议和数据交互标准进行无线通信和信息交换的信息物理系统。

（二）智能网联汽车，是指搭载先进的车载传感器、控制器、执行器等装置，融合现代通信与网络技术，实现车与人、车、路、云端等进行智能信息交换、共享，具备复杂环境感知、智能决策、协同控制等功能，最终可替代人操作的新一代汽车，按照自动驾驶功能分为有条件自动驾驶、高度自动驾驶、完全自动驾驶三个等级。

第五十五条 本条例自2023年3月1日起施行。

苏州市智能车联网发展促进条例

（2023年8月29日苏州市第十七届人民代表大会常务委员会第九次会议通过 2023年10月9日苏州市第十七届人民代表大会常务委员会公告第14号公布 自2023年12月1日起施行）

目 录

第一章 总 则

第一条 为了促进智能车联网产业高质量发展，提升智能交通水平，培育壮大经济发展新动能，根据有关法律、法规，结合本市实际，制定本条例。

第二条 本市行政区域内智能车联网产业的发展、基础设施建设、推广应用、安全保障等相关活动适用本条例。

第三条 本条例所称智能车联网产业，包括智能网联汽车、车联网等要素及其构成的产业体系。

本条例所称智能网联汽车，是指搭载车载传感器、控制器、执行器等装置，融合现代通信与网络技术，实现车与人、车、路、云端等智能信息交换、共享，具备复杂环境感知、智能决策、协同控制等功能，并最终可以实现替代人的操作的新一代汽车，按照自动驾驶功能分为有条件自动驾驶、高度自动驾驶、完全自动驾驶三种类型。

本条例所称车联网，是指以车内、车与车、车与路、车与人、车与服务平台的全方位网络连接为基础，按照约定的通信协议和数据交互标准进行无线通信和信息交换的信息物理系统。

第四条 智能车联网发展应当遵循市场主导、政府引导，标准引领、创新驱动，开放合作、协同发展，安全有序、包容审慎的原则。

第五条 市人民政府应当加强对智能车联网发展促进工作的领导，将智能车联网发展纳入国民经济和社会发展规划以及年度计划，制定智能车联网产业发展规划，建立健全有关议事协调机制，协调解决发展促进工作中的重大问题。

县级市（区）人民政府应当根据市智能车联网产业发展规划，结合区域资源禀赋和产业发展需求，推进智能车联网产业差异化、特色化发展。

第六条 工业和信息化部门负责组织协调、统筹实施和指导督促智能车联网产业发展促进工作。

公安机关交通管理部门负责智能网联汽车临时行驶车号牌核发、车辆登记和道路交通安全管理工作。

交通运输部门负责智能网联汽车在道路运输领域的管理工作。

大数据管理部门负责统筹协调智能车联网数据发展、监督管理和流通利用等工作。

市场监督管理部门负责智能车联网产品质量监督、知识产权保护等工作，推进、指导智能车联网标准化工作。

网信部门负责统筹协调智能车联网网络安全、网络数据安全相关监督管理工作。

发展和改革、科技、财政、人力资源和社会保障、自然资源和规划、住房和城乡建设、城市管理、商务、金融监督管理、邮政管理等部门和单位，应当按照各自职责做好智能车联网发展促进相关工作。

第七条 市人民政府应当建立智能车联网发展专家咨询机制，发挥专家对智能车联网发展涉及的技术、伦理、安全、法律等问题的研究咨询作用。

第八条　鼓励和支持智能车联网相关行业协会、商会等社会组织的建设和发展。

智能车联网相关行业协会、商会等社会组织可以根据实际需要制定实施相关团体标准和管理规范，反映合理诉求和建议，加强行业自律，提供信息、技术、培训等服务，促进行业健康发展。

第九条　市、县级市（区）人民政府及其有关部门应当按照长三角区域一体化发展、长江经济带发展等国家战略要求，推动建立健全区域协同发展机制，推进车联网基础设施、数据、标准等方面的互联互通、互认共享，支持和促进智能网联汽车跨区域行驶，共同提升智能车联网产业发展水平。

第二章　产 业 发 展

第十条　市、县级市（区）人民政府应当制定智能车联网发展促进政策，推动重大项目和特色产业园区建设，高质量打造智能车联网产业创新集群。

第十一条　支持在智能车联网产业发展、基础设施建设、应用场景推广等方面自主创新、协同创新、先行先试，学习借鉴智能车联网发展先行地区的创新举措，营造开放包容的政策环境。

市、县级市（区）人民政府及其有关部门可以通过举办智能车联网产业峰会、论坛、博览会等活动，推动智能车联网技术交流和产业合作。

第十二条　市、县级市（区）人民政府应当推进智能车联网企业梯度培育，支持技术水平高、市场竞争力强、具有自主知识产权的龙头企业、高新技术企业和科技型中小企业以及专精特新中小企业发展，引进培育智能车联网产业链核心企业、智能网联汽车整车龙头企业，支持智能车联网重点企业通过兼并重组、资产收购等方式优化资源配置。

工业和信息化、市场监督管理等部门应当指导智能车联网企业做好智能车联网相关产品的市场准入、产品认证等工作。

第十三条　支持智能车联网全产业链发展，重点培育自动驾驶软件算法、车载操作系统等汽车软件和感知通信技术，壮大智能网联汽车零部件产业规模，推动整车集成技术创新，提升智能车联网设施设备和集成运营服务发展水平。

第十四条　鼓励和支持智能车联网产业与集成电路、人工智能、数字金融、现代物流服务、工业软件、新能源等产业融合发展，发挥集群优势，形成多元融合的产品和服务。

第十五条　市、县级市（区）人民政府应当支持建立以市场为主导、产学研用深度合作的关键核心技术攻关机制，突破产业技术发展瓶颈。

支持智能车联网龙头企业牵头组建创新联合体，聚焦产业核心环节和重点领域，开展前沿技术和跨行业融合技术攻关。

第十六条 市、县级市(区)人民政府应当支持智能车联网创新研发、检验检测认证、产业投资、企业培育等方面的载体建设。

市科技部门应当会同工业和信息化等部门建立智能车联网共性技术研发平台,为智能车联网相关传感器、控制器、执行器、大数据、云计算、通信网络、人工智能等方面的技术研发和标准制定提供支持。

第十七条 加强智能车联网领域的知识产权保护,推动相关知识产权交易,促进知识产权价值实现。

鼓励企业、高等学校、科研机构加大智能车联网技术研发投入,推动形成具有自主知识产权的产品和服务。

第十八条 市、县级市(区)人民政府应当加强财政资金支持,引导多层次的产业基金加大对智能车联网关键技术研发、新型基础设施建设等领域的重大项目投资力度。

鼓励和支持金融机构提供定制化金融产品和服务,加大对智能车联网企业和发展应用项目的信贷支持力度。

第十九条 市、县级市(区)人民政府应当建立和完善智能车联网产业人才引进、评价与激励机制,聚焦产业链关键环节引进高层次人才和团队,并为其创新创业等提供便利条件。

支持企业与高等学校、科研机构建立人才联合培养和双向流动机制,支持有创新实践经验的智能车联网企业家、科学技术人员到高等学校、科研机构兼职从事教学和科研工作,支持高等学校、科研机构工作人员按照国家和省有关规定到企业兼职开展研发和实践工作。

鼓励高等学校和科研机构开放共享科教资源,开展产学研项目,设置相关专业,培育智能车联网产业综合性、专业性人才。

第二十条 市市场监督管理部门应当会同工业和信息化等部门推动智能车联网相关标准的制定工作,推进与长三角区域其他城市、智能车联网发展先行地区技术和服务标准转化和应用,促进标准统一。

支持企业、高等学校、科研机构围绕智能车联网创新产品、关键核心技术等,积极参与国际标准、国家标准、地方标准和行业标准的制定,依法制定或者参与制定技术水平高、符合产业发展方向的团体标准、企业标准。

第三章 基础设施建设

第二十一条 市、县级市(区)人民政府应当制定并组织实施车联网基础设施建设规划,规范有序推进基础设施建设。

工业和信息化部门应当会同有关部门制定车联网基础设施建设年度计划,并组织实施。车联网基础设施建设年度计划应当与市政设施专业规划和建设计划相衔接。

鼓励社会力量参与车联网基础设施投资、建设、运营和维护。

车联网基础设施包括车路协同基础设施、通信网络、智能车联网数据管理服务平台等。

第二十二条　市工业和信息化部门应当会同有关部门统筹确定全市统一的车联网基础设施建设规范和要求。

车路协同基础设施中涉及通信技术的设施设备应当按照规定取得入网认证，涉及人身、财产安全的设施设备应当按照国家相关强制性标准或者要求取得可靠性认证报告。

第二十三条　按照国家和省有关规定开展智能车联网先行先试的县级市（区）新建、改建、扩建道路建设工程，根据实际情况同步规划车路协同基础设施，同步建设或者预留通信、供电、杆件等安装条件。鼓励其他地区的新建、改建、扩建道路建设工程，根据实际需要推进车路协同基础设施建设。

第二十四条　市、县级市（区）人民政府以及有关部门应当推进车联网基础设施建设与交通出行、交通管控、通信服务、地理信息等智慧城市基础设施建设相衔接、相融合，推动建立底层打通、全网融合、多方投入、共同使用的机制，逐步实现共建共享共用、协同发展。

第二十五条　智能车联网相关主体可以根据特定应用场景需要，向公安、交通运输、城市管理等部门申请在其管理的公用基础设施上搭建车联网相关设施设备，相关部门应当依法予以支持。

第二十六条　市人民政府推进智能网联汽车测试区（场）规划、建设和共享使用，支持建设智能网联汽车测试平台，为智能车联网相关主体提供软硬件测试条件。

县级市（区）人民政府可以利用闲置空地、未开通道路等作为智能网联汽车测试区（场），免费开放使用，并设置物理封闭界限和明显警示标识。

第二十七条　市人民政府应当统筹建设和运营全市统一的智能车联网数据管理服务平台，依法采集、传输、存储智能车联网数据，推进数据跨平台互联互通，提高智能车联网跨区域连续服务能力。

县级市（区）人民政府应当将其建设和运营的智能车联网数据管理服务平台接入全市统一的智能车联网数据管理服务平台。

支持数据管理服务平台运营主体依法挖掘数据资源价值，开发数据服务产品，提供市场化、商业化的应用和服务。

支持车路协同基础设施、数据管理服务平台、道路交通信号设施、智能网联汽车在依法安全可控的条件下实现数据开放、信息共享。

第二十八条　车联网基础设施产权单位、管理单位应当按照有关技术规范和标准，制定车联网基础设施维护保养、升级改造计划，定期开展维护保养和升级改造工作，保障车联网基础设施安全、稳定、高效运行。

第四章 推广应用

第二十九条 市、县级市（区）人民政府应当在示范应用基础上，推进智能车联网产品和服务全域应用，赋能智慧交通发展和智慧城市建设。

鼓励推广应用智能车联网新技术、新产品，重点支持高度自动驾驶汽车、完全自动驾驶汽车的道路测试、示范应用、商业化应用，加快实现完全自动驾驶进程。

第三十条 市工业和信息化、公安、交通运输等部门应当建立联合工作机制，加强行政指导，根据国家和省有关规定制定实施细则，推进智能网联汽车道路测试、示范应用、商业化应用等相关工作。

第三十一条 智能车联网相关主体应当按照有关规定开展智能网联汽车道路测试、示范应用、商业化应用，落实安全责任，并将相关数据上传智能车联网数据管理服务平台。

第三十二条 开展道路测试、示范应用、商业化应用的智能网联汽车，应当按照国家和省有关规定具备记录、存储以及在线监控车辆状态等功能，并以显著的车身标识进行安全提示，用于载客的还应当在车辆内部通过播放语音等方式进行提示。

第三十三条 市、县级市（区）人民政府应当向社会公布开展智能网联汽车道路测试、示范应用、商业化应用的路段、区域和时段，并设置相应的标识，发布安全注意事项等提示信息。

有条件的县级市（区）可以制定全域开放道路的规定，开展智能网联汽车道路测试、示范应用、商业化应用。

开展智能网联汽车道路测试、示范应用、商业化应用不得非法从事道路运输经营活动，不得搭载危险货物。

第三十四条 支持建立智能网联汽车自动驾驶功能委托检验报告互认机制。对已经或者正在国内其他地区开展道路测试、示范应用、商业化应用的智能网联汽车，可以按照有关规定简化流程和项目，在本市指定区域进行相应的道路测试、示范应用、商业化应用。

第三十五条 市、县级市（区）人民政府以及有关部门应当推进智能车联网产品和服务在公共交通、交通管控、治安巡逻、智慧停车等领域的应用，率先在环卫作业、道路管养、无人安防等城市管理领域应用。

第三十六条 鼓励智能车联网企业探索多元化、可持续的商业模式。

鼓励和支持创新、拓展智能车联网应用场景，率先在摆渡接驳、物流运输、末端配送、无人售卖、港口码头作业等领域应用。

第三十七条 加强对智能车联网发展的宣传引导，推进智能网联汽车科普工作，促进自动驾驶安全文化建设，丰富体验场景，为智能车联网发展营造良好环境。

第五章　安全保障

第三十八条　市、县级市（区）人民政府以及有关部门应当建立健全网络、数据、个人信息、车辆运行、应用服务等方面的智能车联网安全保障体系。

鼓励和支持企业、高等学校、科研机构加快研发智能车联网安全技术和产品，参与智能车联网安全保障体系建设。

第三十九条　市、县级市（区）人民政府以及有关部门应当推进智能车联网网络安全、数据安全监测，开展监测预警通报、数据合规和安全保障等工作。

工业和信息化、公安、交通运输等部门应当按照各自职责制定智能车联网网络安全、数据安全事件应急预案，并组织应急演练和处置工作。

智能车联网企业应当建立健全智能车联网网络安全、数据安全管理制度，依法制定应急预案，落实安全保护责任。

第四十条　智能车联网企业应当依法落实数据分级分类保护和个人信息保护要求，不得非法收集、使用、加工、传输个人信息，不得采集与本企业的车辆行驶和交通安全无关的信息，不得采集超出应用需要的信息，不得非法采集涉及国家安全的信息。

智能车联网相关主体应当将收集、产生的智能车联网相关个人信息和重要数据依法在境内存储。因业务需要，确需向境外提供的，应当依法进行安全评估；法律、行政法规另有规定的，依照其规定。

在发生或者可能发生涉及国家安全、用户个人信息等数据泄露、损毁、丢失等情况时，智能车联网相关主体应当立即采取补救措施，按照规定及时告知用户并向有关部门报告。

第四十一条　智能车联网产品生产者、销售者应当对其生产、销售的产品质量安全负责，建立健全产品质量安全追溯和产品售后服务机制。

智能网联汽车所有人、管理人应当落实安全主体责任，对智能网联汽车、自动驾驶系统和其他涉及安全的设施设备进行定期检查维护，及时消除安全隐患，并按照国家有关规定对智能网联汽车进行安全技术检验。

在智能网联汽车发生或者可能发生危及人身、财产安全的重大故障或者紧急状况时，智能网联汽车产品生产者、销售者应当按照车辆所有人、管理人、驾驶人或者乘客的要求，提供及时、全面的技术支持、救援服务。

第四十二条　开展道路测试、示范应用、商业化应用的智能网联汽车，应当依法投保机动车交通事故责任强制保险，并按照有关规定投保商业保险。

鼓励保险机构开发覆盖智能车联网设计、制造、测试、销售、应用、数据与算法服务等全生命周期、全链条的保险产品，为智能车联网企业提供信用保险、保证保险、知识产权保险、责任保险等保险服务。

鼓励智能车联网相关主体联合设立智能车联网社会风险基金,对因相关事故遭受人身、财产损失的受害者,因责任无法认定等原因不能及时得到赔偿时,先予补偿。

第四十三条 智能网联汽车在道路测试、示范应用、商业化应用过程中发生道路交通安全违法行为的,由公安机关交通管理部门依照有关法律、法规进行处理。

第六章 附 则

第四十四条 本条例自2023年12月1日起施行。

江苏省人民代表大会常务委员会关于促进车联网和智能网联汽车发展的决定

(2023年11月29日江苏省第十四届人民代表大会常务委员会第六次会议通过 2023年11月29日江苏省第十四届人民代表大会常务委员会公告第9号公布 自2024年1月1日起施行)

为了推动车联网和智能网联汽车高质量发展,提升智能交通水平,培育经济发展新动能,根据有关法律、行政法规,结合本省实际,作如下决定:

一、车联网和智能网联汽车发展应当遵循创新引领、包容审慎、应用牵引、安全有序的原则,推动创新链产业链资金链人才链深度融合,加快关键核心技术攻关,有序推进车联网基础设施建设,支持网联赋能与单车智能协同发展,鼓励商业模式探索,围绕加快车联网和智能网联汽车推广应用、强化智能网联汽车安全、提升交通运行效率、改善群众出行体验等现实需求,构建车联网和智能网联汽车产业与应用体系。

车联网是指以智能网联汽车为载体,通过蜂窝移动通信与直连通信网络,运用互联网、大数据、云计算、人工智能等新一代信息技术,达到人、车、路、云端以及其他智能终端的信息交换和高效协同,实现交通优化、安全提升、能源节约、驾驶辅助和自动驾驶等应用价值的信息物理系统。

智能网联汽车是指搭载先进的车载传感器、控制器、执行器等装置,并融合现代通信与网络技术,实现车与人、车、路、云端等智能信息交换、共享,具备复杂环境感知、智能决策、协同控制等功能的先进驾驶辅助汽车、自动驾驶汽车。自动驾驶汽车包括有条件自动驾驶汽车、高度自动驾驶汽车和完全自动驾驶汽车。

二、省人民政府应当加强对车联网和智能网联汽车发展的领导,制定促进发展政策，研究解决发展中的重大问题。

省工业和信息化部门负责车联网和智能网联汽车发展的组织协调、指导督促和监测评估，统筹推进基础设施建设、应用落地与商业模式探索、产业集聚发展等工作。

省发展改革、科学技术、公安、财政、自然资源、住房城乡建设、交通运输、市场监督管理、网信、数据管理、通信管理等部门，按照各自职责做好车联网和智能网联汽车发展相关工作。

三、国家和我省确定的车联网先行先试区（以下统称先行先试区）所在地设区的市、县（市、区）人民政府及其有关部门应当完善政策措施，推动车联网和智能网联汽车技术创新、产业集聚、标准完善、基础设施建设和场景应用。

其他有条件的地区根据实际需要建立相应工作机制，有序推进车联网和智能网联汽车发展。

省工业和信息化部门会同省发展改革、科学技术、公安、住房城乡建设、交通运输等部门根据产业发展实际，研究确定我省车联网和智能网联汽车集聚发展的先行先试区，报省人民政府同意后向社会公布。

四、车联网和智能网联汽车行业协会应当加强行业自律，促进公平竞争和有序发展。

支持车联网和智能网联汽车行业协会、产业技术联盟等开展技术服务、市场推广和职业培训，提升车联网和智能网联汽车发展服务支撑能力。

五、鼓励和支持车联网和智能网联汽车产业链上下游配套合作，建立多层次产业技术创新体系，加快产业创新要素集聚，推动车联网设施设备、服务平台以及智能网联汽车整车、汽车电子、车载软件、智能底盘等领域协同发展。

支持企业与科研机构、高等学校、职业学校等加强产学研合作，开展“车、路、云、网、图”技术研发，推进车规级芯片、智能传感器、线控底盘、自动驾驶软件算法、车载操作系统等领域的关键核心技术攻关和科技成果转化。

六、支持企业、科研机构、高等学校、职业学校等引进、培育车联网和智能网联汽车领域科技人才，并为其开展科技研究开发等提供条件。支持有条件的高等学校、职业学校开设车联网和智能网联汽车相关专业、课程，与企业联合培养人才。

七、统筹省涉企相关专项资金，支持车联网和智能网联汽车发展。鼓励有条件的地区按照规定设立相关专项资金、产业发展基金，引导和带动社会资本参与车联网和智能网联汽车发展。

鼓励金融机构、地方金融组织创新金融产品，完善金融服务，加大对车联网和智能网联汽车发展应用项目的信贷支持。支持投资性金融机构等设立车联网和智能网联汽车专项基金。

鼓励保险机构针对车联网和智能网联汽车产品研发、制造、使用、经营等开发保险产品。

八、先行先试区所在地设区的市、县（市、区）人民政府应当制定车联网基础设施建设规划，规范有序推进车路协同基础设施、车联网通信网络、车联网数据管理服务平台等车联网基础设施建设。新建、改建、扩建道路和其他公共基础设施，根据实际需要同步规划设计相关车联网基础设施，同步建设或者预留安装条件。

其他有条件的地区可以结合实际，统筹规划、有序推进车联网基础设施建设。

鼓励企业等市场主体参与车联网基础设施投资、建设、运营和维护，探索多元化、可持续的商业模式。

九、县级以上地方人民政府以及有关部门应当在通信、大数据、道路建设、交通管理、城市建设等领域支持融合通信、环境感知、边缘计算等技术应用推广，推进车联网基础设施智能化升级。

企业、科研机构可以根据特定应用场景需要，向公安、交通运输、住房城乡建设、城市管理、通信管理等部门申请在其管理的公共基础设施上搭建车联网相关设备，相关部门应当依法给予支持。

十、公安、交通运输、住房城乡建设、城市管理等部门应当按照规定推进道路交通相关数据互联互通、共享开放和开发利用。

鼓励和支持相关企业依法开发利用车联网和智能网联汽车数据，释放数据价值，在确保安全的基础上提供数据产品和数据服务。

十一、设区的市、县（市、区）人民政府及其有关部门可以结合实际，根据国家和省有关要求制定智能网联汽车道路测试、示范应用相关政策措施，在其辖区范围内划定路段、区域开展道路测试、示范应用；鼓励利用闲置空地、未开通道路等作为智能网联汽车封闭测试场地。

先行先试区和其他有条件的地区可以通过政策创新、管理创新等方式，在道路运输经营、环卫作业、道路养护、短途接驳、智能泊车等领域探索商业化应用。

依法在本地以外地区取得号牌进行道路测试、示范应用、商业化应用的智能网联汽车，可以按照规定在本地指定区域进行相应的道路测试、示范应用、商业化应用。

十二、设区的市、县（市、区）人民政府及其有关部门应当向社会公布开展智能网联汽车道路测试、示范应用、商业化应用的路段、区域、时段，并设置相应的标识，发布安全注意事项等提示信息。

工业和信息化、公安、交通运输部门应当会同有关部门加强对道路测试、示范应用、商业化应用的规范管理，建立健全车联网数据管理服务平台，加强智能网联汽车运营监测，保障道路畅通和交通安全。相关企业应当确保车载设备接入车联网数据管理服务平台,按照相关要求上传数据。

开展道路测试、示范应用、商业化应用的企业应当建立道路交通安全责任制度,加强对企业从业人员的安全教育、培训和监督。

十三、省工业和信息化、市场监督管理部门应当会同公安、住房城乡建设、交通运输等部门推进车联网和智能网联汽车相关标准建设,根据需要组织制定车联网和智能网联汽车基础设施、检验检测、道路测试、示范应用、数据共享应用等领域的地方标准。

鼓励企业、科研机构、高等学校和行业协会等参与制定相关国际标准、国家标准、行业标准和地方标准。支持依法制定相关企业标准、团体标准。

十四、车联网和智能网联汽车相关企业应当按照有关规定和国家标准的强制性要求,建立网络安全管理制度,落实网络安全等级保护制度,加强网络安全监测,制定网络安全事件应急预案,采取加密等技术手段和其他必要措施,保障网络安全稳定运行。

车联网和智能网联汽车相关企业应当按照有关规定落实数据分类分级保护,建立健全全流程数据安全管理和个人信息保护制度,采取相应技术措施和其他必要措施,保障数据安全,防止数据遭到篡改、破坏、泄露或者非法获取、非法利用;依法将在中华人民共和国境内运营中收集和产生的重要数据和个人信息存储在境内,因业务需要确需向境外提供的,应当按照国家有关规定办理相关手续。

鼓励有关企业、机构依法开展车联网和智能网联汽车的网络安全和数据安全认证、检测、风险评估等服务。

十五、智能网联汽车产品生产者、销售者应当按照法律、法规、规章和国家其他有关规定,对其生产、销售的产品质量负责,建立完善产品售后服务和质量安全追溯机制。

在智能网联汽车发生或者可能发生危及人身、财产安全的重大故障或者其他紧急状况时,车辆生产者、销售者应当按照车辆所有人、管理人、驾驶人或者乘客的要求,提供及时、全面的技术支持或者救援服务,保障其人身、财产安全。

十六、智能网联汽车在道路测试、示范应用、商业化应用过程中发生道路交通安全违法情形或者交通事故的,由公安机关交通管理部门依照有关法律、法规进行处理。

十七、县级以上地方人民政府以及有关部门应当按照长三角区域一体化发展、长江经济带发展等国家战略要求,加强车联网和智能网联汽车发展跨区域合作,推动基础设施共建共享、数据资源共享开放、地方标准互认、产业协同发展。

十八、无人配送、无人清扫等无人驾驶装备上道路行驶,参照适用道路交通安全法律、法规有关非机动车的通行规定。

无人驾驶装备道路测试、示范应用等具体管理规定，由省工业和信息化、公安、住房城乡建设、交通运输等有关部门制定。

十九、本决定自2024年1月1日起施行。

杭州市智能网联车辆测试与应用促进条例

（2023年12月29日杭州市第十四届人民代表大会常务委员会第十五次会议通过　2024年4月3日杭州市第十四届人民代表大会常务委员会公告第24号公布　自2024年5月1日起施行）

第一条　为了规范和促进智能网联车辆道路测试、创新应用活动，维护道路交通安全，支持技术创新，推动产业高质量发展，根据有关法律、法规，结合本市实际，制定本条例。

第二条　本市行政区域内智能网联车辆道路测试、创新应用活动以及相关监督管理工作适用本条例。

本条例所称智能网联车辆，包括智能网联汽车和功能型无人车。

第三条　智能网联车辆道路测试、创新应用活动以及相关监督管理工作应当坚持安全有序、创新驱动、审慎包容、开放合作的原则。

第四条　市人民政府应当加强对智能网联车辆道路测试、创新应用监督管理工作的领导，建立道路测试、创新应用监督管理联合工作机制，组织制定智能网联车辆产业发展规划，优化产业发展环境。

区、县（市）人民政府应当根据市智能网联车辆产业发展规划，结合本行政区域实际落实产业支持措施，建立促进智能网联车辆道路测试、创新应用的工作机制，组织本行政区域内智能网联车辆道路测试、创新应用活动的日常监管。

第五条　市经济和信息化主管部门负责制定促进智能网联车辆道路测试、创新应用的政策措施，承担市智能网联车辆道路测试、创新应用监督管理联合工作机制的组织协调，加强信息通报和执法协作，做好道路测试、创新应用活动的监督管理。

市公安机关交通管理部门负责智能网联汽车临时行驶车号牌核发及管理工作，负责智能网联车辆道路交通安全管理工作。

市交通运输、规划和自然资源、城乡建设、城市管理、发展和改革、财政、科技、网信、数据资源管理、市场监督管理等部门按照各自职责，共同做好智能网联车辆道路测试、创新应用监督管理工作。

第六条　市智能网联车辆测试与应用管理服务平台由市经济和信息化主管部门负责建设和日常管理，相关部门和区、县（市）人民政府应当在各自职责范围内予以协助配合。

在本市行政区域内用于道路测试、创新应用的智能网联车辆应当接入市智能网联车辆测试与应用管理服务平台。

有关主管部门可以依托市智能网联车辆测试与应用管理服务平台，依法处理智能网联车辆道路测试、创新应用活动信息和有关基础设施信息，开展智能网联车辆道路测试、创新应用监督管理和应急处置。

市智能网联车辆测试与应用管理服务平台及其他有关平台采集的数据，经查证属实，可以依法作为认定行政违法行为和交通事故责任的证据。

第七条　智能网联车辆道路测试、创新应用区域或者路段的具体范围，由市经济和信息化主管部门会同市交通运输、城市管理等部门和市公安机关交通管理部门初步划定，征求有关区、县（市）人民政府的意见后，报经市人民政府同意，并向社会公布。

智能网联车辆道路测试、创新应用区域或者路段的划定，应当综合考虑道路基础设施对自动驾驶功能的支持程度、现有道路通行秩序和智能网联车辆道路测试、创新应用需求。

智能网联车辆道路测试、创新应用区域或者路段应当设置必要的标识或者提示信息。

第八条　市和区、县（市）人民政府应当结合智能网联车辆道路测试、创新应用活动的需要，统筹规划、配套建设必要的智能网联车辆通用车路协同基础设施。

车路协同基础设施建设纳入新建、改建、扩建道路建设工程的，应当与道路主体工程同时设计、同时施工、同步验收、同时投入使用。现有道路可以根据智能网联车辆道路测试、创新应用区域或者路段划定情况逐步完善车路协同基础设施。

鼓励智能网联车辆测试主体、应用主体依法投资车路协同基础设施建设。

第九条　智能网联汽车测试主体、应用主体和用于道路测试、创新应用的智能网联汽车，应当符合国家规定的相应条件。

第十条　功能型无人车测试主体、应用主体应当符合下列条件：

（一）在中华人民共和国境内依法成立并具有独立法人资格；

（二）具备国家和省、市规定的技术能力；

（三）具备符合道路测试或者创新应用条件的车辆；

（四）配备远程监控系统，具备紧急接管能力；

（五）对功能型无人车道路测试、创新应用可能造成的人身和财产损失，具备民事赔偿能力；

（六）国家和省规定的其他条件。

用于道路测试、创新应用的功能型无人车应当符合下列条件：

（一）具备最小风险运行模式，满足功能安全、信息安全等技术标准和要求，设计运行范围覆盖道路测试、创新应用场景；

（二）配备处于自动驾驶状态的显示装置以及发生故障或者事故后的警示装置，设置符合标准的夜间反光装置；

（三）国家和省、市规定的其他条件。

第十一条 开展智能网联汽车道路测试的，测试主体应当按照国家有关规定向市经济和信息化主管部门提交智能网联汽车安全性自我声明和相关证明材料。

开展功能型无人车道路测试的，测试主体应当按照有关规定向市经济和信息化主管部门提交功能型无人车安全性自我声明和相关证明材料。功能型无人车安全性自我声明应当明确测试主体、车辆识别代号、道路测试时间、道路测试区域或者路段及道路测试项目等信息，具体内容由市经济和信息化主管部门会同有关部门确定。

智能网联车辆测试主体已经在国内其他地区开展道路测试，又在本市进行相同或者类似测试的，可持原申请材料、异地道路测试相关材料以及在本市开展道路测试的安全性自我声明等申请确认。

第十二条 开展智能网联汽车创新应用的，应用主体应当按照国家和省有关规定向市经济和信息化主管部门提交智能网联汽车安全性自我声明和相关证明材料。

开展功能型无人车创新应用的，应用主体应当按照有关规定向市经济和信息化主管部门提交功能型无人车安全性自我声明和相关证明材料。功能型无人车安全性自我声明应当明确应用主体、车辆识别代号、创新应用时间、创新应用区域或者路段及创新应用项目等信息，具体内容由市经济和信息化主管部门会同有关部门确定。

第十三条 智能网联车辆道路测试、创新应用实行分级管理，遵循从低风险到高风险、从简单类型到复杂类型的原则，确保风险可控。

智能网联车辆测试主体开展较高风险道路测试的，应当经过规定里程或者时间的较低风险道路测试，且未发生严重交通违法行为以及因车辆原因造成的安全事故，人工接管率符合规定值。

前款规定的严重违法行为的具体情形由市公安机关交通管理部门确定。

开展创新应用活动，申请安全性自我声明确认的智能网联车辆应当经过规定里程或者时间的相应的道路测试，且未发生交通违法行为以及因车辆原因造成的安全事故，人工接管率符合规定值。

第二款、第四款规定的里程、时间、人工接管率等具体指标由市经济和信息化主管部门会同有关部门确定。具体指标应当符合行业发展趋势和国家相关规定，根据技术发展情况及时更新，并且不得排斥不同发展路径的技术。

第十四条　市经济和信息化主管部门收到智能网联车辆安全性自我声明和规定的证明材料后，应当及时组织相关领域专家开展评估论证，并会同市智能网联车辆道路测试、创新应用监督管理联合工作机制的有关成员单位进行确认。

对安全性自我声明进行确认时，可以将智能网联车辆测试主体在国内其他地区的道路测试结果作为参考依据，简化相关测试流程和测试项目。

智能网联车辆测试主体、应用主体应当按照经确认的安全性自我声明载明的时间、路段、区域和项目进行道路测试、创新应用。

第十五条　智能网联汽车测试主体、应用主体取得安全性自我声明确认的，可以依法向市公安机关交通管理部门申领机动车临时行驶车号牌。智能网联汽车临时行驶车号牌的有效期最长不超过六个月且不超过安全性自我声明载明的道路测试时间或者创新应用时间。

第十六条　功能型无人车测试主体、应用主体取得安全性自我声明确认的，可以持身份证明、功能型无人车安全技术检验合格证明等资料向市经济和信息化主管部门申领车辆识别标牌。

市经济和信息化主管部门应当自受理之日起五个工作日内，审查提交的资料，核发车辆识别标牌。功能型无人车车辆识别标牌的有效期不超过安全性自我声明载明的道路测试时间或者创新应用时间。

第十七条　取得临时行驶车号牌或者车辆识别标牌的智能网联车辆可以在规定的区域、路段和时间内用于道路测试或者创新应用。

临时行驶车号牌或者车辆识别标牌有效期内，智能网联车辆测试主体、应用主体取得下一阶段智能网联车辆安全性自我声明确认的，无需重新申领临时行驶车号牌、车辆识别标牌。

临时行驶车号牌或者车辆识别标牌有效期届满，智能网联车辆测试主体、应用主体可以凭有效期内的安全性自我声明，申领新的临时行驶车号牌、车辆识别标牌。

第十八条　智能网联汽车道路测试、创新应用期间应当遵守道路交通安全法律、法规。功能型无人车道路测试、创新应用期间参照适用非机动车的有关通行规定；法律、行政法规另有规定的，从其规定。

进行道路测试、创新应用活动时，智能网联车辆应当按照要求放置临时行驶车号牌或者车辆识别标牌，外观应当具有能够提醒其他车辆和人员注意的显著标识。

第十九条　已经开展道路测试、创新应用的智能网联车辆，进行可能影响车辆功能、性能的软件升级或者硬件变更的，测试主体、应用主体应当向市经济和信息化主管部门报告；市经济和信息化主管部门收到报告后应当及时告知道路测试、创新应用区域所在地的区、县(市)人民政府。

市经济和信息化主管部门认为智能网联车辆升级或者变更可能影响车辆安全性能的，测试主体、应用主体应当重新取得安全性自我声明确认，具体办法由市经济和信息化主管部门制定。

第二十条 智能网联车辆已经开展道路测试、创新应用，经过规定里程或者时间未发生因车辆技术、设备原因造成的安全事故，测试主体、应用主体需要在同一道路测试、创新应用区域内增加同一阶段、同一型号车辆的，可以向市经济和信息化主管部门提出批量确认申请。

智能网联车辆测试主体、应用主体依照前款规定提出批量确认申请的，应当同时提交必要性说明和一致性技术参数、性能以及安全检测报告等资料。市经济和信息化主管部门应当进行一致性抽查，并会同市智能网联车辆道路测试、创新应用监督管理联合工作机制的有关成员单位进行确认。予以确认的，市经济和信息化主管部门应当及时告知道路测试、创新应用区域所在地的区、县(市)人民政府。

批量确认应当综合考虑道路基础设施容量、道路通行秩序和智能网联车辆道路测试、创新应用需求。

第二十一条 在道路测试过程中，除经专业培训的测试人员和用于模拟货物的配重外，智能网联车辆不得搭载其他与测试无关的人员或者货物。

在创新应用过程中，智能网联车辆可以按照规定搭载探索商业模式所需的人员或者货物，但是应用主体应当提前告知搭载人员及搭载货物的所有人、管理人相关风险，并采取必要的安全措施；向不特定对象收取费用的，应用主体应当提前七日向社会公布有关计费规则，并向市经济和信息化主管部门报告，由市经济和信息化主管部门通报有关部门。

智能网联车辆搭载的人员和货物不得超出车辆的额定乘员和核定载质量，不得装载危险货物。

第二十二条 智能网联汽车测试主体、应用主体应当按照国家有关规定投保交通事故责任强制保险等相关保险。

鼓励保险机构开发智能网联车辆保险产品，为智能网联车辆测试主体、应用主体提供保险服务。

第二十三条 智能网联车辆配备驾驶人或者随行安全员的，驾驶人或者安全员在道路测试、创新应用期间应当始终监控车辆运行状态及周围环境，发现车辆处于不适合自动驾驶的状态或者系统提示需要人工接管时，应当及时接管车辆，并采取必要的安全措施。

智能网联车辆不配备驾驶人或者随行安全员的，在道路测试、创新应用期间发生不适合自动驾驶的状况、车辆故障或者其他影响交通安全的情况时，测试主体、应用主体应当立即采取远程接管、开启危险警示装置、行驶至不妨碍交通的地方停放等措施，有效降低运行风险。

智能网联车辆测试主体、应用主体应当制定车辆故障应急预案，落实应急救援力量。智能网联车辆接管存在障碍或者发生紧急情况的，测试主体、应用主体应当配合有关主管部门做好应急处置工作。

第二十四条　道路测试、创新应用期间智能网联车辆发生交通事故的，测试主体、应用主体应当立即暂停车辆运行，开启危险警示装置，立即报警并进行现场处置。

智能网联车辆车载设备应当记录和存储事故或者故障前至少九十秒的车辆位置、运行状态、驾驶模式、车内外监控视频等数据，并保持数据的连续性和完整性。智能网联车辆测试主体、应用主体应当在事故发生二十四小时内将前述数据提供给公安机关交通管理部门，并保存数据不少于一年。

智能网联车辆测试主体、应用主体应当在事故发生地的区、县（市）公安机关交通管理部门指导下对事故过程进行技术分析，形成分析报告，并报送市经济和信息化主管部门和市公安机关交通管理部门。

第二十五条　智能网联车辆测试主体、应用主体应当按照网络安全相关法律、法规和信息安全标准的强制性要求，建立网络安全管理制度，落实网络安全等级保护制度，采取技术措施和其他必要措施，提高网络安全保护水平，保障网络安全、稳定运行。

第二十六条　智能网联车辆测试主体、应用主体应当建立全流程数据安全和个人信息保护制度，依法处理道路测试、创新应用活动中的全部信息，落实数据安全和个人信息保护责任，采取必要措施保障数据和个人信息安全。

发生或者可能发生涉及国家安全、个人信息等数据泄露、损毁、丢失等情况时，智能网联车辆测试主体、应用主体应当立即采取补救措施，按照规定及时告知用户并向有关主管部门报告。

智能网联车辆道路测试、创新应用过程中收集和产生的重要数据，应当依法在境内存储；因业务需要，确需向境外提供的，应当按照国家有关规定通过数据出境安全评估。个人信息数据的存储和出境安全管理，依照有关法律、行政法规的规定执行。

第二十七条　智能网联车辆发生道路交通安全违法情形，配备驾驶人或者安全员的，公安机关交通管理部门可以依法对驾驶人或者安全员进行处理；不配备驾驶人、安全员的，公安机关交通管理部门可以依法对车辆所有人或者管理人进行处理。

第二十八条　智能网联车辆发生交通事故的，应当根据事故各方的行为对事故发生所起的作用以及过错严重程度，确定各方的事故责任。

第二十九条　智能网联车辆测试主体、应用主体有下列情形之一的，由

市经济和信息化主管部门责令暂停相关道路测试、创新应用活动并限期整改:

（一）未按照规定将相关数据上传至市智能网联车辆测试与应用管理服务平台的;

（二）技术能力、车辆或者紧急接管能力等发生变化,不再符合经确认的安全性自我声明的;

（三）未按照经确认的安全性自我声明载明的时间、路段、区域和项目等开展相关道路测试、创新应用活动的;

（四）未按照要求放置智能网联车辆临时行驶车号牌或者车辆识别标牌的;

（五）对智能网联车辆进行软件升级、硬件变更,未按照规定报告的;

（六）违反载人、载货有关规定的;

（七）智能网联车辆发生故障、违法行为或者交通事故,未按照规定及时采取相应措施的;

（八）未按照规定传输和保存车辆故障、事故信息,或者未提交分析报告的;

（九）智能网联车辆存在重大软件、硬件系统性缺陷,或者经过道路测试证明不符合要求的;

（十）发生网络安全或者数据安全事故的;

（十一）法律、法规规定其他应当暂停道路测试、创新应用活动的。

市经济和信息化主管部门责令智能网联车辆测试主体、应用主体暂停相关道路测试、创新应用活动的,应当及时告知道路测试、创新应用活动所在地的区、县(市)人民政府。

智能网联车辆测试主体、应用主体按照要求完成整改后,方可恢复相关道路测试、创新应用活动。

第三十条 智能网联车辆测试主体、应用主体有下列情形之一的,由市经济和信息化主管部门责令终止相关道路测试、创新应用活动,存在违法行为的,由有关主管部门依法处理:

（一）道路测试或者创新应用活动被责令暂停后,拒不整改或者经整改仍不符合要求的;

（二）隐瞒有关情况或者提供虚假材料申请安全性自我声明确认的;

（三）道路测试、创新应用期间发生造成人员重伤、死亡等严重情形的交通事故,并承担主要或者全部责任的;

（四）安全性自我声明未经确认或者未取得临时行驶车号牌、车辆识别标牌擅自开展相关活动的;

（五）对国家安全、公共安全造成危害,或者存在重大安全风险的;

（六）法律、法规规定其他应当终止道路测试、创新应用活动的。

市经济和信息化主管部门责令智能网联车辆测试主体、应用主体终止相关道路测试、创新应用活动的，应当及时告知道路测试、创新应用活动所在地的区、县（市）人民政府。

第三十一条　有关主管部门在智能网联车辆道路测试、创新应用监督管理工作中出现失误，符合下列条件的，对有关部门和个人不作负面评价：

（一）未违反法律、法规禁止性、义务性规定；

（二）决策程序符合法律、法规规定；

（三）勤勉尽责、未牟取私利；

（四）主动挽回损失、消除不良影响或者有效阻止危害结果发生。

第三十二条　本条例下列用语的含义：

（一）智能网联汽车，是指搭载车载传感器、控制器、执行器等装置，融合通信与网络技术，可与人、车、路、云端等实现智能信息交换，具备复杂环境感知、智能决策、协同控制等功能的汽车。

（二）功能型无人车，是指搭载传感器、控制器、执行器等装置，融合通信与网络技术，采用无驾驶舱设计，具备自动行驶功能，用于物流、巡检、零售、环卫等特定用途的轮式设备。

（三）智能网联车辆道路测试，是指使用智能网联车辆在公路（含高速公路）、城市道路等用于公众通行的道路进行的自动驾驶功能测试活动。

（四）智能网联车辆创新应用，是指使用智能网联车辆在公路（含高速公路）、城市道路等用于公众通行的道路进行的具有试点、试行效果的载人、载物活动。

（五）智能网联车辆测试主体，是指提出智能网联车辆道路测试申请，组织道路测试并承担相应责任的单位。

（六）智能网联车辆应用主体，是指提出智能网联车辆创新应用申请，组织创新应用活动并承担相应责任的单位或者单位联合体。

（七）驾驶人，是指经智能网联车辆测试主体或者应用主体授权，处于车辆驾驶座位上，监控车辆运行状态和周围环境，随时准备接管车辆，保障智能网联车辆安全运行的专业人员。

（八）安全员，是指经智能网联车辆测试主体或者应用主体授权，负责监控车辆运行状态和周围环境，能够从云端接管车辆，保障智能网联车辆安全运行的专业人员。

第三十三条　本条例自 2024 年 5 月 1 日起施行。

武汉市智能网联汽车发展促进条例

（2024 年 8 月 28 日武汉市第十五届人民代表大会常务委员会第二十次会议通过　2024 年 12 月 30 日武汉市第十五届人民代表大会常务委员会公告第 28 号公布　自 2025 年 3 月 1 日起施行）

目　　录

第一章　总　　则

第一条　为了促进智能网联汽车产业高质量发展，推动创新应用，强化安全保障，加快培育汽车产业领域新质生产力，根据有关法律、法规，结合本市实际，制定本条例。

第二条　本条例适用于本市行政区域内智能网联汽车产业发展、技术创新、基础设施建设、推广应用、安全保障与服务保障等相关活动。

智能网联汽车，是指搭载车载传感器、控制器、执行器等装置，融合通信与网络、人工智能等技术，实现车与人、车、路、云等信息实时交互，具备复杂环境感知、智能决策、协同控制等功能的汽车。按照自动驾驶功能，智能网联汽车分为有条件自动驾驶、高度自动驾驶、完全自动驾驶三种类型。

第三条　本市发展智能网联汽车遵循市场主导、政府引导、创新驱动、开放协同、包容审慎、安全有序、公平竞争的原则。

第四条　市人民政府应当建立健全综合协调机制，统筹推进智能网联汽车发展规划布局，制定促进智能网联汽车发展的政策措施，研究决定智能网联汽车发展中的重大事项。

区人民政府（含武汉东湖新技术开发区、武汉长江新区、武汉经济技术开发区、武汉市东湖生态旅游风景区管委会，下同）应当结合本地区资源优势和产业发展需求，推进智能网联汽车产业差异化、特色化发展。

第五条　经济和信息化主管部门负责组织协调、统筹实施和指导服务智能网联汽车产业发展工作。

公安机关交通管理部门负责智能网联汽车道路交通安全管理等工作。

交通运输主管部门负责智能网联汽车在交通运输领域的相关协调和管理工作。

发展改革部门负责统筹协调智能网联汽车相关新型基础设施建设等工作。

市场监督管理部门负责智能网联汽车产品质量监督、知识产权保护等工作。

数据管理部门负责智能网联汽车运行数据采集、数据流通利用的相关协调和管理工作。

网信部门负责智能网联汽车网络安全、网络数据安全的相关监督管理工作。

自然资源和规划主管部门负责智能网联汽车发展相关的空间布局、土地利用等管理工作。

科技创新、城乡建设、城管执法、财政、地方金融等部门，按照各自职责做好智能网联汽车发展相关工作。

第六条　鼓励新闻媒体、智能网联汽车相关企业和社会组织开展智能网联汽车宣传，推动智能网联汽车科普和应用体验，营造智能网联汽车发展良好环境。

第七条　鼓励和支持智能网联汽车相关行业协会、商会、产业与技术联盟等社会组织的建设和发展。

鼓励相关社会组织加强行业自律，研究制定行业自律规范，组织会员交流合作，反映合理诉求和建议，开展技术服务、市场推广、职业培训等，促进行业公平竞争、健康发展。

第二章　产业发展和技术创新

第八条　支持以科技创新推动智能网联汽车产业发展和创新应用，推动智能网联汽车由交通工具向移动智能终端、储能单元和数字空间转变，推动汽车、能源、交通、信息通信、人工智能等多领域融合创新发展。

第九条　市、区人民政府应当支持智能网联汽车整车、关键零部件、研发服务、运输经营服务等相关产业链企业发展，支持搭建智能网联汽车测试、应用、管理、服务等平台，培育智能网联汽车产业发展生态，提升全产业链、全周期服务水平。

第十条　市人民政府应当支持智能网联汽车产业布局优化，推动区域联动发展，形成区域协同、优势互补、产业融合、场景互通的发展格局。

鼓励智能网联汽车领域国内外交流与合作。支持举办智能网联汽车产业研讨、交流等活动。推动与其他城市相关产业、基础设施、应用、数据、标准等互联互通、共认共享，支持智能网联汽车创新活动多场景、跨区域应用。引导国内外企业在本市设立生产基地和研发机构。支持本地企业开拓国内外市场。

第十一条 市、区人民政府应当支持建设符合需求的智能网联汽车产业园，制定相关规划和政策，完善园区基础设施和配套服务，引导资本、技术、人力资源等要素聚集，增强园区集聚产业、孵化企业、培育市场的功能。

第十二条 市人民政府应当支持智能网联汽车检验检测产业发展，建设智能网联汽车封闭测试场、检验平台，构建智能网联汽车试验与测试评价体系，集聚专业检验检测机构，提升智能网联汽车及关键零部件的测试评价与检测认证能力。

第十三条 市、区人民政府应当支持智能网联汽车、智能交通、智慧城市深度融合，推动智能网联汽车相关智慧产业发展，构建实时动态感知、云端调度规划、高效精准决策的运营管理体系。

支持以智能网联汽车相关技术推动适用于配送、清扫、消杀、巡检、售卖等专业服务领域的自动驾驶装备产业发展。

第十四条 市、区人民政府应当支持智能网联汽车有关数据依法合理有效利用，建立健全智能网联汽车产业链上下游数据开发利用的合作机制，鼓励开发数据服务产品。

第十五条 市、区人民政府应当支持智能网联汽车领域重点实验室、产业创新中心、技术创新中心、制造业创新中心等创新载体建设，支持组建智能网联汽车创新联合体、专业孵化载体、新型研发机构，开展基础研究、应用研究与技术开发，提升产业创新策源能力。

支持组建智能网联汽车共性技术研发平台、科技资源共享服务平台，推动优质资源对外开放，开展检验检测、中试等科技服务。推进算力平台建设与共享，增强人工智能相关算力、算法、数据等对产业发展的支撑作用。

第十六条 市、区人民政府应当支持和引导企业、高等学校、科研机构等建立智能网联汽车关键核心技术攻关机制，突破关键核心技术发展瓶颈。

支持智能网联汽车领域重大科技成果产业化应用。支持行业领军企业引领带动产业技术创新和迭代升级。

第三章　基础设施建设

第十七条 市人民政府应当统筹车路云一体化建设，制定并组织实施通信设施、感知设施、计算设施等智能网联汽车基础设施建设规划，推进智能网联汽车基础设施建设与智慧城市基础设施建设衔接融合。

市、区人民政府应当推进道路数字化、智能化升级改造，建立健全可持续的智能网联汽车基础设施投资建设和运营维护模式。

鼓励和支持社会力量参与智能网联汽车基础设施投资、建设、运营和维护。

第十八条 市、区人民政府有关部门应当按照建设规划，开展智能化路侧基础设施建设，推动交通信号机和交通标志标识等联网改造，在重点路口和路段同步部署路侧感知设备和边缘计算系统。

第十九条 市人民政府应当依托国家智能网联汽车（武汉）测试示范区车城网平台，建设全市统一的智能网联汽车数据管理服务平台，依法采集、管理和利用智能网联汽车运行数据。

第二十条 支持通信运营企业依据智能网联汽车应用场景需求，优化升级通信网络，建设低时延、高可靠、高密度的智能网联汽车通信网络。支持和保障智能网联汽车专用无线电通信频段的安全应用。

支持高精度地图、众源采集及更新、高精度位置导航等技术在智能网联汽车领域的安全应用。

第二十一条 智能网联汽车基础设施产权所有人、管理人应当按照有关技术规范和标准，及时开展维护保养和升级改造，保障基础设施安全、稳定、高效运行。

第二十二条 智能网联汽车相关企业因特定应用场景需要，申请在现有公共基础设施上搭建智能网联交通相关设备的，相关部门应当依法予以支持。

第四章 推 广 应 用

第二十三条 鼓励推广应用智能网联汽车新技术、新产品，支持智能网联汽车道路测试、示范应用、商业化试点和商业化运营，促进智能网联汽车技术和产品迭代升级，加快智能网联汽车产业化进程。

第二十四条 市人民政府应当支持道路基础设施较为完善的区域开放智能网联汽车道路测试、示范应用、商业化试点，探索开展商业化运营。具体办法由市人民政府制定。

市、区人民政府应当向社会公布智能网联汽车道路测试、示范应用、商业化试点和商业化运营的区域、路段、时段，设置必要的标志标识，发布安全注意事项等提示信息。

第二十五条 使用智能网联汽车从事城市公共汽（电）车客运、出租汽车客运、道路普通货物运输、道路旅客运输、汽车租赁等商业化运营活动的经营者，应当依法办理市场主体注册登记，并满足运营管理要求。

第二十六条 支持智能网联汽车领域测试基地、产品质检中心等公共服务设施建设，提供智能网联汽车领域产业基础技术、测试验证、认证认可、数据存证等公共服务，增强产业配套支持能力。

第二十七条 支持智能网联汽车在智慧公交、智慧乘用车、智慧停车场、智慧城市物流等多领域示范应用和商业化试点，探索智能网联汽车多元化、可持续的商业模式，推进商业化运营和规模化应用。

支持在应用场景相对简单固定的区域应用智能配送、智能清扫、智能消杀、智能巡检、智能售卖等自动驾驶装备。

第二十八条 支持智能网联汽车异地道路测试和示范应用结果互认。已经或者正在国内其他地区开展智能网联汽车道路测试与示范应用，在本市再进行相同或者类似功能道路测试或者示范应用的，可以按照有关规定简化流程和项目。

第五章 安全保障

第二十九条 市、区人民政府应当建立健全智能网联汽车安全保障体系，加强车辆运行、应用服务、网络、数据和个人信息等安全管理和保护。

经济和信息化、交通运输、公安、网信、数据等部门应当按照各自职责加强对智能网联汽车的安全监管，编制网络安全事件、数据安全事件等应急预案，强化风险监测预警，并组织应急演练和处置工作。

第三十条 开展智能网联汽车道路测试、示范应用、商业化试点，应当按照国家规定具备相应条件，提供安全性自我声明，并由相关主管部门确认。

智能网联汽车应当按照有关规定具备记录、存储及在线监控车辆状态等功能，并设置显著标志标识，配备应急装置。

开展道路测试、示范应用、商业化试点和商业化运营的智能网联汽车相关运行安全数据应当按照有关法律、法规规定，上传至全市智能网联汽车数据管理服务平台。

第三十一条 智能网联汽车相关企业应当落实安全主体责任，加强安全监督管理，定期对智能网联汽车、自动驾驶系统及其他设施设备进行检查维护，及时消除安全隐患，并按照有关规定进行安全技术检验。

智能网联汽车产品生产者、销售者应当落实产品质量安全责任，建立健全产品质量安全追溯和产品售后服务机制。在智能网联汽车发生或者可能发生危及人身、财产安全的重大故障或者紧急状况时，应当按照国家有关规定提供及时、全面的技术支持、救援服务。

第三十二条 智能网联汽车相关企业应当依法建立健全网络安全管理制度，制定网络安全事件应急预案，落实网络安全等级保护制度，开展网络安全教育培训，加强网络安全监测，提高网络安全保护水平。

第三十三条 智能网联汽车相关企业应当依法建立全流程数据安全和个人信息保护制度，采取技术措施和其他必要措施，保障数据和个人信息安全。

开展智能网联汽车相关数据处理活动应当加强风险监测，发现数据存在安全缺陷、漏洞等风险时，应当立即采取补救措施；发生数据安全事件时，应当立即采取处置措施，按照有关规定及时告知用户并向有关主管部门报告。

智能网联汽车收集和产生的重要数据和个人信息，应当按照法律、行政法规规定进行存储和使用。

第三十四条　智能网联汽车发生车辆故障或者其他影响道路交通安全的情况时，驾驶人、随车安全员或者远程安全员应当采取开启危险警示灯、降低车速、行驶至不妨碍交通的地方停放等措施，降低车辆运行风险，或者配合公安机关交通管理部门对车辆进行应急处置。

第三十五条　智能网联汽车发生道路交通安全违法行为，配备驾驶人或者随车安全员的，公安机关交通管理部门依法对驾驶人或者随车安全员进行处理；不配备驾驶人或者随车安全员的，公安机关交通管理部门依法对车辆所有人或者管理人进行处理。

第三十六条　不配备驾驶人或者随车安全员的智能网联汽车发生道路交通事故时，车辆所有人、管理人应当立即采取停车措施，迅速报警，并派人员到现场进行处置。

对于仅造成轻微财产损失的道路交通事故，当事人对事实及成因无争议的，可以自行协商处理。

第三十七条　智能网联汽车发生道路交通事故，由公安机关交通管理部门依照道路交通安全法律、法规进行事故责任认定。

发生道路交通事故并造成损害，依法应当由智能网联汽车一方承担责任的，由车辆所有人或者管理人承担赔偿责任。车辆所有人或者管理人履行赔偿责任后，可以依法向负有责任的相关主体追偿。已经投保机动车交通事故责任强制保险、商业保险的，按照相关规定执行。

第三十八条　智能网联汽车车载设备、路侧设备、监管平台等记录车辆运行状态和周边环境的客观信息，经公安机关交通管理部门调查核实无误后，可以作为认定交通违法行为和事故责任的依据。

第六章　服务保障

第三十九条　市、区人民政府应当在本级财政预算中安排资金支持智能网联汽车产业发展，统筹运用财政性资金、产业发展基金，支持智能网联汽车关键核心技术研发和产业化、新型基础设施建设、运营服务等领域重大项目。

第四十条　市、区人民政府应当建立健全智能网联汽车领域人才引育、评价和激励机制，在引进高层次、高技能以及紧缺型智能网联汽车人才方面给予政策支持。

鼓励高等学校和职业学校按需设置智能网联汽车相关专业，推动跨学科建设，与企业联合培养综合性、专业性人才。

支持重点企业与高等学校、科研机构组建高水平智能网联汽车领域产学研融合共同体。

第四十一条 市、区人民政府及其有关部门应当按照鼓励创新发展、确保质量安全的原则，建立智能网联汽车领域创新创业容错机制，对智能网联汽车领域的新技术、新产品、新业态、新模式实行包容审慎监管。

第四十二条 经济和信息化、科技创新、市场监督管理等部门应当加强智能网联汽车产业运行监测、技术创新、标准体系建设等工作，提升产业发展服务水平。

鼓励行业协会、产业联盟、企业、科研机构、高等学校牵头或者参与制定智能网联汽车相关国际标准、国家标准、地方标准和行业标准，依法制定相关团体标准和企业标准。

第四十三条 鼓励有条件的区按照规定设立专项资金、产业发展基金，引导和带动社会资本参与智能网联汽车产业发展。

鼓励社会资本通过股权投资、债权投资等方式支持智能网联汽车产业发展。

鼓励金融机构创新融资支持方式，为智能网联汽车企业提供定制化金融产品和服务。

支持政府性融资担保机构为符合条件的智能网联汽车企业提供增信服务，降低融资门槛。

第四十四条 智能网联汽车所有人、管理人应当按照国家有关规定投保机动车交通事故责任强制保险和商业保险。使用智能网联汽车从事城市公共汽（电）车客运、出租汽车客运、道路旅客运输等经营活动的，还应当按照国家有关规定投保承运人责任保险。

鼓励保险机构开发与智能网联汽车产品研发、制造、使用、经营等相关的保险产品。

鼓励智能网联汽车相关企业、社会组织等联合设立社会风险基金，对在智能网联汽车道路交通事故中遭受人身、财产损失，因责任难以认定等原因不能及时得到赔偿的当事人，先予补偿。

第四十五条 司法机关、公安机关和市场监督管理、科技创新等部门应当加强智能网联汽车领域知识产权保护，培育知识产权交易市场，完善知识产权快速维权援助机制和调解、仲裁、诉讼等有机衔接的纠纷多元化解机制，依法打击知识产权侵权行为。

第四十六条 市、区人民政府应当对在智能网联汽车发展促进工作中作出突出贡献的单位和个人，按照有关规定给予奖励。

第七章 附 则

第四十七条 本条例下列用语的含义：

（一）道路测试，是指在指定路段进行的智能网联汽车自动驾驶功能测试活动。

（二）示范应用，是指在指定路段进行的、具有试点和试行效果的智能网联汽车载人、载物等运行活动。

（三）商业化试点，是指在指定路段进行的、可以收费的、具有试点和试行效果的智能网联汽车载人、载物等运行活动。

（四）商业化运营，是指经过测试验证，满足载人、载物和行业运营要求的智能网联汽车，在指定路段进行的载人、载物等经营活动。

（五）安全员，是指经智能网联汽车所有人、管理人授权，负责监控车辆运行状态和周围环境，能够直接接管或者从云端接管车辆，保障车辆安全运行的专业人员。

第四十八条 本条例自2025年3月1日起施行。

北京市自动驾驶汽车条例

（2024年12月31日北京市第十六届人民代表大会常务委员会第十四次会议通过 2024年12月31日北京市第十六届人民代表大会常务委员会公告第31号公布 自2025年4月1日起施行）

目 录

第一章 总 则

第一条 为了规范和促进自动驾驶汽车创新应用，推动智慧交通和智慧城市建设，维护社会公共利益，保护公民生命财产安全，根据有关法律、行政法规,结合本市实际,制定本条例。

第二条 在本市行政区域内开展自动驾驶汽车技术创新,基础设施规划建设,道路测试、示范应用、道路应用试点等活动,适用本条例。

本条例所称自动驾驶汽车,是指可以由自动驾驶系统操作在道路上安全行驶的汽车,包括按照国家标准具备有条件自动驾驶、高度自动驾驶、完全自动驾驶功能的汽车。

第三条 本市自动驾驶汽车产业发展,坚持创新驱动、市场主导、开放合作、公平竞争的原则,鼓励多种技术路线发展及融合。

本市自动驾驶汽车相关工作坚持发展与安全并重原则,实行包容审慎监管,保持科技、产业与就业等宏观政策取向一致性。

第四条 市人民政府应当加强对本市自动驾驶汽车相关工作的领导,将推动自动驾驶汽车发展纳入国民经济和社会发展规划、年度计划,建立健全协调机制,统筹区域发展布局,优化发展环境。

市经济和信息化、交通、公安机关交通管理、规划和自然资源、网信等相关部门建立自动驾驶汽车联合工作机制,并形成与汽车生产企业、使用主体等共同参与的自动驾驶汽车创新应用试点组织协调机制。

第五条 市经济和信息化部门负责自动驾驶汽车产业促进,道路测试、示范应用活动管理等工作,组织落实国家自动驾驶汽车产品准入管理相关要求。

市交通部门负责统筹推进自动驾驶汽车应用场景实施、道路应用试点和运营活动管理等工作。

市公安机关交通管理部门负责自动驾驶汽车车辆登记、号牌发放、道路交通安全违法查处和交通事故处理等工作。

市规划和自然资源部门负责自动驾驶汽车生产、使用过程中地理信息数据采集、存储、传输、处理等测绘活动管理和导航电子地图资质管理等工作。

市网信部门负责统筹协调、督促指导自动驾驶汽车网络安全、数据安全管理等工作,并依法履行监管职责。

市发展改革、公安、住房城乡建设、城市管理、市场监管、科学技术、应急、政务和数据等部门按照各自职责做好相关工作。

第六条 区人民政府应当加强对本行政区域内自动驾驶汽车相关工作的领导,完善工作机制,结合实际落实产业支持措施,督促、指导、协调本区有关部门做好相关管理工作。

第七条 自动驾驶汽车相关企业应当真实、准确宣传自动驾驶汽车产品、技术和服务,提示自动驾驶汽车使用安全注意事项。

政府支持行业组织和机构、媒体加强对自动驾驶汽车创新应用的政策宣传和舆论引导,为自动驾驶汽车发展营造包容的社会环境。

第八条 本市鼓励自动驾驶汽车相关行业协会等社会组织开展行业自律

管理，研究制定团体标准、伦理规范，组织会员交流合作，建立争议协商机制。

第九条　本市支持自动驾驶汽车数据依法有序开放、授权使用和流通利用。

第十条　本市推动与天津市、河北省等地区在自动驾驶汽车领域协同创新，推动政策互认、标准兼容、场景联通、产业协作，为多场景、跨区域的自动驾驶汽车创新应用活动提供支持。

第二章　技术创新

第十一条　本市推动完善自动驾驶汽车创新链和产业链，支持自动驾驶汽车整车及核心零部件制造，以及自动驾驶座舱、自动驾驶解决方案和感知、决策、通信、控制等关键技术研发，促进自动驾驶汽车产品的功能、性能提升和产业生态的迭代优化，推动自动驾驶汽车产业高质量发展。

第十二条　本市支持企业、高等学校、科研机构等开展自动驾驶汽车领域基础研究、应用研究，推进关键核心技术攻关。支持自动驾驶汽车领域重点实验室、技术创新中心、创新联合体、共性技术研发平台等建设。

第十三条　市经济和信息化、交通、公安机关交通管理、规划和自然资源等部门会同市市场监管部门，根据自动驾驶汽车技术创新发展的需要，组织制定智能化路侧基础设施、安全评价、自动驾驶地图等地方标准，以及与自动驾驶汽车相关的测试评价和认证规范。

市经济和信息化、公安机关交通管理、市场监管等部门应当加强自动驾驶汽车质量检验检测体系建设。

第十四条　本市支持企业、高等学校、科研机构和行业协会等制定或者参与制定自动驾驶汽车相关企业标准、团体标准，参与制定相关国际标准、国家标准、行业标准和地方标准；参与自动驾驶汽车质量检验检测体系建设和自动驾驶汽车质量检验检测机构改造、建设。

第十五条　鼓励自动驾驶汽车产业链各类参与主体建立数据开发利用的合作机制，开发数据服务产品，提供市场化、社会化的应用和服务。

第十六条　市、区人民政府及其有关部门制定自动驾驶汽车政策措施应当充分听取自动驾驶汽车相关企业和专业机构意见，考虑自动驾驶汽车技术创新发展需要，营造鼓励创新的政策环境。

第三章　基础设施规划建设

第十七条　市人民政府根据本市智慧交通发展规划和自动驾驶汽车发展规划，统筹确定和调整自动驾驶汽车可以通行的区域、道路。

前款规定的区域、道路范围，由市经济和信息化、交通、公安机关交通管理等相关部门，按照确保安全、方便管理的原则，综合考虑自动驾驶汽车相关技术和产品发展、智能化路侧基础设施建设、通行影响等因素协同拟订，报市人民政府批准后向社会公布。

第十八条 本市自动驾驶智能化路侧基础设施建设可以通过改造现有路侧基础设施的方式推进。新建、改建、扩建道路，应当按照智慧交通发展规划和自动驾驶汽车发展规划要求，与自动驾驶智能化路侧基础设施建设衔接。

智能化路侧基础设施的设计和使用，应当考虑各种自动驾驶技术路线的需求。

市交通部门会同市经济和信息化、公安机关交通管理等部门制定智能化路侧基础设施建设计划，报市人民政府批准。

第十九条 市人民政府统筹建设全市统一的自动驾驶汽车服务管理平台，自动驾驶汽车相关企业应当按照国家和本市有关规定向平台上传车辆运行数据。

第二十条 本市鼓励和支持经营主体建设符合国家和本市有关规定，满足自动驾驶需求的低时延、高可靠通信网络。

第二十一条 本市鼓励和支持地图测绘相关企业事业单位按照国家有关规定探索自动驾驶高精度地图安全应用，开展地图要素提取技术、数据实时更新技术、快速审图技术、地理信息安全技术应用以及地图数据传输等业务。

第二十二条 市、区人民政府建立健全支持自动驾驶汽车技术的基础设施投资建设运营模式，鼓励各类经营主体参与基础设施投资、建设、运营和维护。

第四章 上路通行管理

第二十三条 本市支持开展下列场景的自动驾驶汽车创新应用活动，验证新技术、新场景、新产品、新模式，改善驾驶和乘车体验，提升出行便利和行车安全水平：

（一）个人乘用车出行；

（二）除校车业务以外的城市公共汽电车、出租车、汽车租赁等客运服务；

（三）除危险货物运输以外的道路货物运输；

（四）摆渡接驳、环卫清扫、治安巡逻等城市运行保障；

（五）国家和本市支持开展的其他应用场景。

市交通部门会同市经济和信息化、公安机关交通管理等部门，根据本市道路承载能力等实际情况，分阶段、按区域开放重点应用场景，确定相关应用场景车辆的总量，制定并组织实施相关场景落地计划。

第二十四条 自动驾驶汽车相关企业需要在本市测试自动驾驶功能的，可以申请开展道路测试活动。完成道路测试活动并达到规定条件，需要测试载人载物等应用场景的，可以申请开展示范应用活动。

开展自动驾驶汽车道路测试、示范应用活动的，应当按照下列流程办理：

（一）向市经济和信息化部门提出申请；

（二）市经济和信息化部门组织开展论证、确认，并确定活动的具体区域、道路；

（三）由公安机关交通管理部门依法核发试验用机动车临时行驶车号牌。

道路测试、示范应用的管理办法由市经济和信息化部门会同市交通、公安机关交通管理等部门制定。

第二十五条　在其他行政区域已经或者正在开展道路测试、示范应用，申请在本市开展类似创新应用活动的，市经济和信息化部门可以结合异地道路测试、示范应用条件和结果简化确认程序。

第二十六条　完成自动驾驶汽车道路测试、示范应用，可以向市经济和信息化部门申请安全评估。通过安全评估的，可以按照有关规定申领自动驾驶车辆号牌，申请开展道路应用试点。

开展安全评估采取下列方式：

（一）由市经济和信息化部门会同市交通、公安机关交通管理等部门组织专家论证，对车辆是否符合安全要求作出评估结论；

（二）通过国家、本市认可的第三方检测机构检测；

（三）法律、法规规定的其他方式。

安全评估办法由市经济和信息化部门会同市交通、公安机关交通管理等部门制定。

第二十七条　在本市开展道路应用试点活动应当向交通部门申请取得相应类别的试点资质，并符合下列条件：

（一）具备相应运行运营能力、责任承担能力、网络安全和数据安全相关保障能力；

（二）通过第二十六条规定的安全评估，并符合车辆运营管理要求；

（三）安全员、平台安全监控人员和其他从业人员符合规定的条件；

（四）有完善的运营方案、运行安全保障制度和应急处理机制，包括拟运营区域、路线、车辆数量、应急处置措施等事项；

（五）法律、法规规定的其他条件。

关于运营主体、运营期限、运营车辆、从业人员等道路应用试点活动的管理办法由市交通部门制定。

第二十八条　道路应用试点主体应当按照有关规定记录和存储运营信息，并报送交通部门。

第二十九条　开展道路应用试点活动的自动驾驶汽车应当按照规定悬挂、放置车辆号牌，并在车身显著位置标识自动驾驶车辆。上路行驶时，应当监控车辆运行状态和周围环境，并开启车辆自动驾驶模式安全提示。

乘车人应当认真听取自动驾驶汽车车内安全提示，了解有关安全注意事项，并遵守乘车安全规则。

第三十条 列入汽车产品目录并符合国家规定条件的自动驾驶汽车,可以用于个人乘用车出行。

个人乘用车驾驶人应当按照道路通行规定和车辆使用说明,掌握并规范使用自动驾驶功能。

第三十一条 自动驾驶汽车上路通行期间,违反道路交通安全法律法规或者发生交通事故的,由公安机关交通管理部门按照国家有关规定调查和处理。

自动驾驶汽车发生交通事故,驾驶人或者安全员、平台安全监控人员应当按照规定采取必要的安全处置措施,并迅速报告公安机关交通管理部门;交通事故仅造成轻微财产损失,当事人对事实及成因无争议的,也可以自行协商处理。

第三十二条 自动驾驶汽车发生交通事故的,相关企业和个人应当配合公安机关交通管理部门的调查处理,并按照要求提供相应证据材料。相关企业还应根据有关部门要求提供事故过程信息或者事故分析报告。

第三十三条 自动驾驶汽车发生故障,驶出可以通行的区域、道路,或者出现其他可能影响交通安全的情形,驾驶人或者安全员应当采取人工接管、开启危险警示灯、降低行驶速度、将车辆行驶至不妨碍交通的地方停放等措施降低事故风险。

第三十四条 市经济和信息化部门会同市交通、公安机关交通管理等部门每年对自动驾驶汽车创新应用活动情况进行评估,形成年度报告报送市人民政府,并向社会公布。年度报告应当包括下列内容:

(一)自动驾驶汽车创新应用措施落实情况;

(二)可以通行区域、道路与自动驾驶汽车技术、产业发展适应性;

(三)对道路通行效率、公众出行方式、汽车产业和科技发展的影响;

(四)其他需要报告的内容。

前款规定年度报告的结论可以作为调整自动驾驶汽车通行的区域、道路范围和完善相关政策措施的依据。

第五章 安全保障

第三十五条 自动驾驶汽车产品生产企业应当具备相应的功能安全保障、预期功能安全保障、网络安全保障、数据安全保障、软件升级管理、风险与突发事件管理等能力,加强产品测试和安全评估,建立用户告知机制,承担自动驾驶汽车产品质量和生产一致性主体责任,严格履行自动驾驶功能变更、软件升级管理和备案承诺要求。

第三十六条 道路应用试点主体应当依法履行安全生产主体责任,建立健全车辆、人员等运营安全管理制度,具备自动驾驶汽车运营安全监测平台,实时动态监测车辆、人员、网络等运营情况,加强事前、事中、事后全流程监管,提升车辆安全运行能力。

道路应用试点主体应当加强对运营车辆的日常维护和检测，并定期将运营车辆送交国家、本市认可的第三方检测机构进行安全检测，确保符合自动驾驶车辆安全和运行安全管理要求。安全检测的具体办法由市经济和信息化部门会同市交通、公安机关交通管理部门制定。

第三十七条　开展道路应用试点活动应当按照规定配备安全员、平台安全监控人员。安全员、平台安全监控人员应当掌握、遵守道路交通安全法律法规，并履行下列职责：

（一）按照操作规范监测、保障自动驾驶汽车安全运行；

（二）掌握车辆运行时的交通环境，根据平台安全监测、自动驾驶汽车系统提示和道路交通突发情况，及时发出预警、接管车辆控制权；

（三）发生交通事故时，配合公安机关交通管理部门做好事故责任认定、处理等工作；

（四）其他应当履行的安全职责。

道路应用试点主体应当建立健全安全员和平台安全监控人员的招录、培训、考核及管理制度。

第三十八条　自动驾驶汽车生产、车联网软件提供、通信运营等相关企业应当依法落实网络安全等级保护制度，建立网络安全风险管控机制，制定网络安全事件应急预案，按照有关规定及时优化升级自动驾驶系统软件，依法落实网络安全相关管理要求。

第三十九条　自动驾驶汽车生产、车联网软件提供、通信运营等相关企业，应当建立健全数据安全管理制度，依法履行数据安全保护义务，并遵守下列规定：

（一）收集的数据应当与车辆行驶和交通安全有关；

（二）评估数据安全风险，分类分级保护有关数据；

（三）处理个人信息应当遵守个人信息保护法的有关规定；

（四）处理重要数据应当按照规定开展风险评估，并向市网信部门和有关部门报送风险评估报告；

（五）为车辆所有人、管理人等查阅车辆运行数据和使用人查阅本人使用期间与事故、故障相关的数据提供查询工具和路径；

（六）国家和本市规定的其他要求。

在发生或者可能发生涉及国家安全、用户个人信息的数据泄露、损毁、丢失等情况时，相关企业应当立即采取补救、处置措施，按照规定及时告知用户并向有关部门报告。

自动驾驶汽车数据跨境传输活动按照国家有关规定执行。

第四十条　市经济和信息化、公安、交通、网信、政务和数据、应急等部门应当加强自动驾驶汽车风险与突发事件应对工作，制定和完善应急预案，对相关企业风险与突发事件应对活动进行指导和监督。

道路测试、示范应用、道路应用试点主体应当建立健全风险与突发事件管理制度，根据有关规定制定和完善应急预案，并组织开展应急演练。发生或者可能发生突发事件的，应当立即采取措施，并及时向有关部门报告。

第四十一条 利用自动驾驶汽车开展测绘活动的，应当依法取得相应等级的导航电子地图制作等测绘资质或者委托具有相应测绘资质的单位开展相应测绘活动。

具有相应导航电子地图制作测绘资质的单位利用非本单位所有的自动驾驶汽车开展测绘活动的，应当依法采取技术措施、制定相关制度，保障自动驾驶汽车传输到车外进行存储和处理的地理信息数据的安全。

自动驾驶汽车相关企业应当依法采取技术措施、制定相关制度，防止不具有相应导航电子地图制作等测绘资质的其他单位和个人利用自动驾驶汽车开展采集、存储、传输和处理地理信息数据活动。

第四十二条 开展道路测试、示范应用、道路应用试点活动应当按照国家和本市有关规定，购买机动车交通事故责任强制保险、承运人责任险以及其他补充商业保险。

鼓励保险机构自主开发或者与自动驾驶汽车相关企业合作开发适应自动驾驶汽车特点的保险产品，为自动驾驶汽车相关企业和消费者提供保险服务。

第六章 法律责任

第四十三条 对违反本条例规定的行为，有关法律、法规规定法律责任的，按照其规定追究法律责任。

第四十四条 违反本条例第二十七条规定，未经同意擅自利用自动驾驶汽车开展道路应用试点活动的，由交通部门责令停止违法活动，没收违法所得，可以并处三万元以上十万元以下罚款。

第四十五条 违反本条例第三十六条规定，道路应用试点主体未履行运营车辆日常维护和检测职责的，由交通部门责令改正；拒不改正的，处一万元以上三万元以下罚款；造成严重后果的，终止道路应用试点。

第四十六条 违反本条例第三十七条规定，道路应用试点主体未按照规定配备符合条件的安全员、平台安全监控人员或者未履行相关人员日常管理职责的，由交通部门责令改正；拒不改正的，处一万元以上三万元以下罚款。

第七章 附 则

第四十七条 功能型无人车的测试和上路通行规范按照国家和本市有关规定执行。

第四十八条 本条例自2025年4月1日起施行。

（六）规范性文件

中国（上海）自由贸易试验区临港新片区促进智能网联汽车发展若干政策

（2023 年 11 月 16 日）

为更深层次、更宽领域、更大力度的推动临港新片区智能网联汽车创新引领区建设，按照《上海市加快智能网联汽车创新发展实施方案》（沪府办发〔2022〕15 号）、《上海市浦东新区促进无驾驶人智能网联汽车创新应用规定》等有关要求，促进临港新片区智能网联汽车产业集聚，形成技术引领和应用示范的创新发展格局，特制定本政策。

一、支持范围

工商注册地、实际经营地和财税户管地在临港新片区内的智能网联汽车相关企业和与之相关的配套服务企业，以及主营业务符合重点产业导向的相关科研单位、高等院校、功能平台、创新载体等机构在临港新片区实施的与智能网联汽车产业相关的项目。

二、支持类别与内容

（一）支持技术创新与应用

1. 加强公共服务平台搭建。鼓励企业和机构利用 AI 大模型、区块链、众包采集等新技术、新产品，构建高精度地图基础数据、智能网联数据采集标注、智能网联算法模型训练、智能网联仿真测试、数据与信息安全等公共服务平台集群。对经临港新片区管理委员会认定并投入使用的平台，按不超过核定项目总投资的 30% 予以补贴，支持金额最高不超过 1000 万元。

2. 加速公共服务平台应用与服务。为促进企业共享智能网联公共服务平台的创新成果，鼓励企业使用智能网联公共服务平台所提供的车路协同、高精度地图、场景库及仿真测试、新型算法模型训练等公共数据服务开展技术攻关及产品研发，对企业使用的公共数据服务，按不超过实际服务费用支出的 50% 给予补贴，单个企业享受补贴金额最高不超过 500 万元/年，由临港新片区管理委员会根据实际使用情况评估，最多不超过 3 年。

（二）支持应用场景拓展

3. 鼓励智能网联汽车道路测试。支持企业在临港新片区智能网联汽车测试基地与开放道路开展测试与技术验证。对参与临港智能网联测试基地测试并获得上海市智能网联汽车示范应用或无驾驶人智能网联汽车创新应用资格的主体，按不超过实际测试费用的50%予以补贴，单个企业享受补贴金额最高不超过300万元/年。

4. 鼓励智能网联汽车示范应用。鼓励企业在临港新片区范围内的开放场景及封闭园区开展智能出租、智能重卡、智能公交、智能小巴、智能零售/配送、智能清扫等示范应用，综合企业及第三方监管机构统计的里程数据，对各应用场景车辆自动驾驶行驶里程年度累计达到补贴标准的示范应用主体，根据示范应用效果，按不超过核定项目总投资的30%予以补贴，支持金额最高不超过1000万元。各应用场景对应的年度累计里程指标要求如下：

(1)对智能出租应用场景，单辆自动驾驶里程累计达到10000公里；

(2)对智能重卡应用场景，单辆自动驾驶里程累计达到10000公里；

(3)对智能公交、智能小巴应用场景，单辆自动驾驶里程累计达到5000公里；

(4)对智能零售/配送应用场景，单辆自动驾驶里程累计达到3000公里；

(5)对智能清扫应用场景，单辆自动驾驶里程累计达到3000公里。

5. 支持开展示范运营。鼓励企业在临港新片区开展智能出租、智能重卡、智能公交等示范运营活动，对获得上海市智能网联汽车示范运营资格的主体，自动驾驶行驶有效里程年度累计分别达2000公里、1000公里、500公里的，由临港新片区管理委员会根据示范应用效果分别给予最高不超过5元/公里的资金支持，单个企业享受补贴金额最高不超过1000万元/年，累计不超过3年。

6. 支持开展无驾驶人创新应用。鼓励企业在临港新片区开展无驾驶人智能网联汽车和无人驾驶装备创新应用，对获得浦东新区无驾驶人智能网联汽车和无人驾驶装备创新应用资格的主体，由临港新片区管理委员会根据创新应用效果予以单个企业最高不超过100万元资金奖励。

7. 支持企业开展智能网联汽车改装。支持企业采购相关产品及服务，对区域内的公交车、公务车、特种车辆等进行智能网联改装，经评审认定达到相应标准并纳入临港新片区监管平台的车辆，按照不超过每辆车设备购置及改装费用的投入予以补贴，单个企业享受补贴金额最高不超过300万元/年。

8. 鼓励打造创新应用场景。鼓励企业在临港新片区围绕智能网联汽车探索创新应用场景，对区域内打造的赋能产业、服务民生、便利交通出行等相关的重大应用场景，由临港新片区管理委员会根据场景的规模及落地情况，按不超过核定项目总投资的30%予以补贴，支持金额最高不超过1000万元。

(三)支持营造创新环境生态

9. 支持产业标准制定。鼓励企业、机构和社会组织积极开展智能网联汽车领域标准制修订，对主导或者参与制订并获得发布的国际标准、国家标准、行业标准、地方标准、团体标准的企业，根据参与情况予以最高不超过100万元资金支持。

10. 支持打造相关活动。对新片区相关开发主体、园区和智能网联汽车领域相关行业协会、产业联盟或优质企业，承办国家、上海市、临港新片区智能网联汽车及相关领域的学术会议、具有重要影响力的交流活动、创新创业大赛等重大赛事活动的，经事前认定备案，以后补助形式给予承办费用50%的补贴、最高300万元。

11. 强化金融服务支撑。鼓励保险企业开发覆盖智能网联汽车产品全链条风险的保险产品，优化智能网联汽车商业保险保障服务，对企业投保的具有先赔偿后定责、差异化定价等特点的新型智能网联汽车保险产品，按不超过实际保险费用支出的20%予以补贴，单个企业享受补贴金额最高不超过30万元/年，累计不超过3年。

三、附则

1. 本政策条款若与临港新片区管理委员会制定的其他政策有重复交叉的，按照“从优、从高、不重复”原则予以落实。

2. 扶持对象如通过弄虚作假等不正当手段骗取扶持资金，一经查实，将立即取消一切扶持资格并追缴资金。情节严重的，将依法追究法律责任。失信行为将根据有关规定纳入公共信用信息数据平台。

3. 本政策由临港新片区管理委员会负责解释。

4. 本政策自2023年11月16日起实施，有效期至2025年12月31日。

杭州市智能网联汽车高精度地图管理规定

（2023年10月23日）

为加强高精度地图管理，规范使用高精度地图，促进智能网联汽车发展，维护地理信息安全，根据《中华人民共和国测绘法》《地图管理条例》《自然资源部关于促进智能网联汽车发展维护测绘地理信息安全的通知》《杭州市智能网联车辆测试与应用管理办法》等有关规定，结合本市实际，制定本规定。

一、在本市行政区域内开展智能网联汽车高精度地图（以下简称高精度地图）数据采集、存储、传输、处理、制作、使用等活动，适用于本规定。

二、本规定所称高精度地图，是指主要用于智能网联汽车辅助驾驶使用、位置精度较高的电子地图。

高精度地图主要包括L4级及以上自动驾驶系统地图（以下简称高精地

图)和L3级及以下自动驾驶系统地图(以下简称高辅地图)。

三、高精度地图管理工作遵循依法依规、全程监控、管服并重、安全可控的原则,实行分类分级管理。

四、市规划和自然资源局负责全市高精度地图管理工作。

五、从事高精度地图生产的单位,应当依法取得相应的测绘资质,或委托具有相应测绘资质的单位开展相应的测绘活动。

六、高精度地图的数据存储服务器应当设在中华人民共和国境内。高精度地图数据须采用符合安全标准的国产商用密码进行加密,采用具有安全保护措施的网络通道进行传输,保障地理信息数据安全。

对拟传输至境外的高精度地图数据应依法履行对外提供审批程序。

七、高精地图生产应当执行浙江省地方标准《智能网联汽车 道路基础地理数据规范》(DB33/T 2391-2021)技术标准要求,遵循相关规定,规范数据采集、地图要素的制作和表达。

八、高精度地图应当采用国家认定的地理信息保密处理技术进行保密技术处理。

九、高精度地图在公开使用或交付应用前,按规定通过浙江政务服务网(地图审批)报送浙江省自然资源厅进行地图审核,依法取得审图号。

十、市规划和自然资源局通过杭州市智能网联车辆数据应用安全监测平台,获取智能网联汽车测试与应用活动中高精度地图使用的相关信息,联合有关部门依法组织开展高精度地图应用试点监督检查工作,加强过程监督和实地现场检查,对发现的问题及时处置并监督整改。

十一、在高精度地图生产与使用过程中,任何组织和个人存在违反测绘地理信息法律法规行为的,依法予以处理。

十二、本规定自2023年12月1日起施行。

北京市智能网联汽车高精度地图试点工作指导意见

(2023年3月28日)

为贯彻落实国务院《关于开展营商环境创新试点工作的意见》(国发〔2021〕24号)和市政府关于高级别自动驾驶示范区建设的要求,根据自然资源部《关于促进智能网联汽车发展维护测绘地理信息安全的通知》(自然资规〔2022〕1号),在确保安全的前提下,稳妥推进智能网联汽车L4级及以上高精度地图数据采集、存储、处理、传输和使用等活动,有序推动智能网联汽车创新发展,结合本市实际,制定相关意见如下。

一、扩展示范区域

智能网联汽车高精度地图试点区域与我市高级别自动驾驶示范区相匹配，随示范区范围扩展而扩展，满足企业、科研机构等测试、应用、商业运营服务等需求。示范区扩区后，根据自动驾驶相关地图数据不同应用场景需求，市规划自然资源主管部门组织有关各方调研论证，确保试点区域不危及国家安全和军事安全，扎实、稳妥推进试点工作。

二、测绘活动主体

智能网联汽车在运行、服务和测试过程中对车辆和周边道路的空间坐标、影像、点云及其属性信息等测绘地理信息数据进行采集、存储、传输和处理的行为，属于《中华人民共和国测绘法》规定的测绘活动，应当依照测绘法律法规政策进行规范和管理。对测绘地理信息数据进行收集、存储、传输和处理者是测绘活动的行为主体，应遵守相关规定并依法承担相应责任。仅获得辅助驾驶等服务的智能网联汽车驾乘人员，不属于有关测绘活动的行为人。

三、试点单位责任

在示范区域（路段）内，开展涉及智能网联汽车高精度地图的各试点单位，应按照《中华人民共和国测绘法》《中华人民共和国数据安全法》《地图管理条例》《北京市自动驾驶车辆道路测试实施细则（试行）》等法律法规规定，认真落实和履行主体责任，强化地理信息数据安全管理，增强风险防范意识，制定并严格执行安全事件应急处置预案，确保所有试点行为不危及国家地理信息安全。

（一）智能网联汽车高精度地图编制，以及智能网联汽车运行过程中测绘地理信息数据的采集、存储、传输和处理等活动，应由具有相应测绘资质的单位承担，提供使用的高精度地图数据范围，城市建成区的路面信息在路缘石以内，城市建成区外的路面信息在公路路面以内。测绘资质单位应强化地理信息数据安全管理能力，建立健全安全管理制度，依法履行地理信息安全保护义务；采取相关保护技术措施，明确责任部门和负责人，对地理信息数据的安全进行管理与监控；依法依规落实地理信息数据风险评估、安全事件报告等要求，加强地理信息数据安全风险预警和管理，存在重大安全风险和问题时，及时向有关主管部门报告。

（二）提供地理信息数据成果应用服务和技术支持的测绘资质单位，应建立地理信息数据安全网络管理制度。地理信息数据存储、传输、使用，应符合国家数据安全要求，同时根据网络安全相关法律法规，加强网络安全保护能力，采取有效措施防范网络攻击、入侵等危害网络安全的行为。

（三）非测绘资质单位，在示范区域内，应用智能网联汽车高精度地图开展测试、应用、商业运营服务等活动时，使用的高精度地图应是经依法审核批准的。需要从事相关数据的采集、存储、传输和处理等活动，属于内资企业的，应依法取得相应测绘资质，或委托具有相应测绘资质的单位开展；属于外商投资企业的，应委托具有相应测绘资质的单位开展相应测绘活动。

四、数据在线传输

涉及智能网联汽车高精度地图的各试点单位，采集的地理信息数据，应采用依法认定的保密技术进行处理，采用符合国家安全要求和标准的商用密码进行加密，采用具有安全保护措施的网络通道进行传输，保障地理信息数据安全。对拟传输至境外的高精度地图数据应依法履行数据出境安全评估和对外提供审批程序。

五、探索审图方式

智能网联汽车使用的高精度地图在公开使用或交付应用前，其数据应依法经过审核批准。导航电子地图制作资质单位要建立增量更新内容安全审校制度，对可能涉密或敏感地理信息数据严格进行在线过滤和审查把关。支持企业研发增量更新等快速审图技术，探索快速审核模式，在适当条件下试行企业责任制快速增量审图制度。开展智能网联汽车高精度地图数据分类、分级、分层研究，梳理高精度地图数据类别与内容，基于涉及地理信息安全的内容，优化审查系统，提高审图效率。

六、保密技术应用

在示范区域内，采用自主研发的兼容商用密码技术的偏转加密插件成果、安全传输等技术，在平台端、车端、路侧单元端等进行测试与验证。支持企业基于身份认证、脱密脱敏、加密、偏转及权限控制等安全监管技术的研究成果，在示范区域内进行测试与验证。鼓励有关测绘资质单位单独或联合具备保密条件的境内研究单位积极研发地理信息保密处理技术，报经自然资源部会同国家保密局商军队部门认定后使用。经认定后纳入到自然资源部地理信息保密处理技术目录中的，保密处理技术服务单位应无偿向社会提供及时、安全、可靠的保密技术处理服务。可以根据市场需求，基于其研发的地理信息保密处理技术，提供安全、可靠的终端插件编制、安装等增值服务。未纳入目录的保密处理技术，仅可在本法人单位内部使用。

七、坚持开放创新

鼓励管理创新、技术创新和服务业态创新，支持不同类型地图面向自动驾驶应用多元化路径探索。支持企业在符合安全要求的基础上，就不同技术路线、不同应用场景、新的地图要素内容等开展测试验证和应用推广。探索不同模式的高精度地图快速更新技术、数据安全传输、审图方式、数据安全监管、不同模式的数据共享使用、商业运营服务等实践，满足高精度地图数据的协同应用，形成一批具有自主知识产权的软件、专利和产品，催化商业化落地。

八、健全标准体系

鼓励和支持车企、服务商、智能驾驶软件提供商及测绘资质位，积极开展智能网联汽车高精度地图标准体系研究。本着既能确保国家地理信息安全，又能为智能网联汽车安全、高效自动驾驶提供高精度导航定位支持的原则，加快编制覆盖高精度地图数据采集与处理、交换格式、安全传输、快速更新、地图智能审核、高精度定位等相关团体标准。以国家标准、行业标准为指导，积极推进智能网联汽车高精度地图系列相关地方标准编制，构建具有首都特色的智能网联汽车高精度地图标准体系；条件成熟后可推动将北京市地方标准上升至国家标准、行业标准，助力智能网联汽车产业发展。

九、加强主动服务

市规划自然资源部门主动为开展智能网联汽车创新发展涉及高精度地图送审、测绘资质申办、基础测绘成果使用、政策咨询等提供服务。编制智能网联汽车高精度地图的单位应定期向市规划自然资源部门汇交高精度地图测绘成果目录；市规划自然资源部门可通过本市地理信息公共服务平台，公开高精度地图成果目录。

十、强化安全监管

各试点单位应强化内部地理信息数据安全管理，并配合有关主管部门开展现场检查。建立智能网联汽车高精度地图安全动态监管机制，对智能网联汽车在运行、服务和测试中的测绘行为进行动态监管。健全部门间联合监管机制，及时发现并处置地理信息数据安全风险隐患，依法处理违法违规行为。市规划自然资源部门与市经济信息化、公安、交通、交管等部门加强联动，健全信息通报和共享机制，共同创造良好市场环境。

十一、本指导意见自发布之日起施行，有效期三年。

重庆市智能网联汽车准入和上路通行试点管理办法（试行）

（2023 年 12 月 23 日　渝经信规范〔2023〕18 号）

第一章　总　　则

第一条　为了规范智能网联汽车准入和上路通行试点管理，优化汽车产业创新发展环境，推动智能网联汽车技术进步，加快智能网联汽车商业化进程，并有效控制潜在风险，保障道路交通安全，依据《中华人民共和国道路交通安全法》、《中华人民共和国公路法》、《中华人民共和国网络安全法》、《中华人民共和国数据安全法》、《中华人民共和国安全生产法》、《中华人民共和国道路运输条例》、《机动车登记规定》、《道路机动车辆生产企业及产品准入管理办法》、《汽车数据安全管理若干规定(试行)》、《重庆市智能网联汽车道路测试与应用管理试行办法》(渝府令〔2022〕350 号)、《智能网联汽车道路测试与示范应用管理规范(试行)》(工信部联通装〔2021〕97 号)和《关于开展智能网联汽车准入和上路通行试点工作的通知》(工信部联通装〔2023〕217 号)等有关规定,结合本市实际,特制定本办法。

第二条 本办法适用于在本市行政区域内开展智能网联汽车准入和上路通行试点及相关监督管理工作。

本办法所称智能网联汽车,是指具备量产条件的搭载自动驾驶功能〔国家标准《汽车驾驶自动化分级》(GB/T 40429-2021)定义的 3 级驾驶自动化和 4 级驾驶自动化功能〕的智能网联汽车产品。

第三条 智能网联汽车准入和上路通行试点管理应当遵循政策先行、鼓励创新、安全可控、包容审慎、开放合作、绿色环保的原则。

第二章 一般规定

第四条 市经济信息委、市公安局、市住房城乡建委、市城市管理局、市交通局、市通信管理局共同成立重庆市智能网联汽车准入和上路通行试点工作专班(以下简称工作专班),协调推进智能网联汽车准入和上路通行试点及相关监督管理工作。

第五条 市经济信息委、市公安局、市住房城乡建委、市城市管理局、市交通局、市通信管理局根据实际需要组织科研机构、高等院校、企业以及相关管理部门专业人员成立重庆市智能网联汽车准入和上路通行试点专家委员会(以下简称专家委员会),为本市开展智能网联汽车准入和上路通行试点工作提供咨询、指导服务,并委托第三方机构对本市智能网联汽车准入和上路通行试点工作提供相关技术支撑。

第六条 市经济信息委牵头推进智能网联汽车准入和上路通行试点工作,负责监督和指导智能网联汽车生产企业产品研发和生产管理工作。

市公安交管局负责智能网联汽车准入和上路通行试点的道路交通安全管理工作。

市住房城乡建委负责统筹协调智能网联汽车准入和上路通行试点相关的城市基础设施规划和建设工作。

市城市管理局负责智能网联汽车准入和上路通行试点相关城市道路的维护和管理工作。

市交通局负责智能网联汽车准入和上路通行试点相关的道路运输和经营管理工作。

市通信管理局负责智能网联汽车准入和上路通行试点相关的通信网络规划和建设协调,负责公用电信网网络和数据安全监管工作。

相关市级部门在各自职责范围内，共同做好智能网联汽车准入和上路通行试点的相关工作。

相关区县应当配套建设通信设施、感知设施、计算设施、云控平台等车路协同基础设施，推进道路基础设施智能化改造升级，促进智慧城市基础设施与智能网联汽车产业协同发展。

第七条　智能网联汽车相关企业可向公安机关交通管理、城市管理、交通运输等部门申请在其管理的道路公用基础设施上，搭建车路协同基础设施，相关主管部门应当予以支持。

第八条　市经济信息委、市公安局、市住房城乡建委、市城市管理局、市交通局、市通信管理局根据智能网联汽车准入和上路通行试点需要，结合道路基础条件，指定公路、城市道路路段以及其他特定区域，用于智能网联汽车准入和上路通行试点，同时设置交通标识和提示信息，并向社会公布。

第三章　试点申请条件及材料

第一节　智能网联汽车生产企业要求

第九条　设计验证能力

（一）企业应建立专门的智能网联汽车产品设计开发机构，统一负责产品设计和制造过程开发工作，配备与设计开发任务相适应的专业技术人员。专业技术人员至少包括自动驾驶系统的系统功能定义、系统架构设计、系统安全设计、软件开发、仿真分析验证、系统集成与调试、整车测试验证等方面的人员，以及专职的功能安全、预期功能安全、网络安全和数据安全、软件升级保障团队。对于企业集团，设计开发机构可统一设立。

（二）企业应建立适用于本企业的自动驾驶系统开发工作流程，应包括参与部门及职责，输入输出物管理、评审、验证、确认等方面的内容。

（三）企业应理解和掌握所生产的智能网联汽车产品开发方面的技术，至少包括：

1. 自动驾驶环境感知系统、智能决策系统、控制执行系统、其他电子电气系统的边界划分和接口定义。

2. 自动驾驶控制系统技术，包括自动驾驶控制策略，系统/部件软硬件的基础原理、结构、功能和性能要求，控制器软硬件设计、测试评价方法、标定、故障诊断和解决措施等。

（四）企业应建立与智能网联汽车产品相适应的产品信息数据库，数据库内容至少包括：

1. 申请车型使用的环境感知系统、智能决策系统、控制执行系统等的生产企业及性能参数信息。

2. 申请车型的自动驾驶系统及关联系统和总成/部件的图样、规格参数、技术要求、设计计算和仿真分析结果、产品安全状态监测数据和分析结果。

（五）企业应具备必要的自动驾驶系统开发和验证工具（含软件和设备），支持相应的汽车安全完整性等级的系统开发和验证的仿真测试工具链，以及配置管理工具、问题管理工具、定位定向设备、场景模拟设备等。

（六）企业应具备与自身研发工作相适应的试验验证能力，至少具备针对智能网联汽车产品的模拟仿真、封闭场地、实际道路、网络安全和数据安全、软件升级、数据记录等测试验证能力。

第十条 安全保障能力

企业安全保障能力要求包括功能安全保障、预期功能安全保障、网络安全保障、数据安全保障、软件升级管理、风险与突发事件管理等能力要求。

（一）功能安全保障能力。

1. 企业应建立汽车安全生命周期相关阶段的功能安全管理流程，针对汽车安全完整性等级明确对应流程要求，避免不合理的风险。

2. 企业应建立功能安全管理制度，涵盖整体功能安全管理、产品开发安全管理、安全发布管理等内容。

3. 企业应明确生产、运行阶段的功能安全要求。

4. 企业应明确功能安全支持过程要求，包括分布式开发接口管理、安全要求的定义和管理、配置管理、变更管理、验证、文档管理、软硬件组件鉴定等内容。

（二）预期功能安全保障能力。

1. 企业应建立预期功能安全开发流程，具备功能及系统规范、危害识别和评估、功能不足识别和评估、功能改进、验证及确认策略定义、已知危害场景评估、未知危害场景评估、预期功能安全成果评估、运行阶段的监测等能力，保障产品不存在因自动驾驶系统预期功能的不足所导致的不合理风险。

2. 企业应建立预期功能安全管理制度，明确预期功能安全管理职责和角色定义，开发人员的技能水平、能力等要求。

（三）网络安全保障能力。

1. 企业应建立智能网联汽车产品网络安全管理制度，明确网络安全责任部门和负责人，应保障智能网联汽车产品开发流程遵循网络安全管理制度要求，落实网络安全责任，并依法落实备案管理、安全评估、用户真实身份信息核验、日志记录留存等网络安全相关管理要求。

2. 企业应建立智能网联汽车产品网络安全风险管控机制，具备网络安全风险识别、分析、评估、处置（例如，测试验证、跟踪等）等风险管控能力，以及及时消除重大网络安全隐患的能力。

3. 企业应建立智能网联汽车产品网络安全监测机制，具有监测、记录、分析网络运行状态、网络安全事件等技术措施，具备按照规定留存相关网络日志不少于6个月的能力。

4. 企业应建立智能网联汽车产品网络安全漏洞管理和应急响应机制，制定网络安全事件应急预案及应急处置操作规程，具备及时处置安全漏洞、网络攻击等安全风险的能力，具备支持车辆用户和安全员采取相应措施的能力。

5. 企业应建立智能网联汽车产品与供应商相关的风险识别和管理能力，明确供方产品和服务的网络安全评价标准、验证规范等，具备管理企业与合同供应商、服务提供商、企业内部组织之间安全依赖关系的能力。

6. 企业应建立智能网联汽车产品网络安全管理制度的持续改进机制，在关键流程变更、网络安全事件发生后及时更新完善网络安全管理制度、相关机制等。

7. 企业应建立车联网卡实名登记制度，严格落实车联网卡实名登记有关要求。

（四）数据安全保障能力。

1. 企业应当建立健全智能网联汽车产品数据安全管理制度，依法履行数据安全保护义务，明确责任部门和负责人。

2. 企业应建立智能网联汽车产品数据资产管理台账，实施数据分类分级管理，加强个人信息与重要数据保护。

3. 企业应采取智能网联汽车产品数据安全保护技术措施，确保数据持续处于有效保护和合法利用的状态，依法依规落实数据安全风险评估、数据安全事件报告等要求。

4. 在中华人民共和国境内运营中收集和产生的个人信息和重要数据应当按照有关法律法规规定在境内存储。因业务需要，确需向境外提供的，应当依照法律、行政法规的相关规定执行。

（五）软件升级管理能力。

1. 企业应建立智能网联汽车产品软件升级管理制度，具备软件开发管理、配置管理、质量管理、变更管理、发布管理、应急响应管理等能力。

2. 企业应制定智能网联汽车产品软件升级设计、开发、测试、发布、推送等过程的标准规范，并遵照执行。

3. 企业应具备识别、评估和记录软件升级对智能网联汽车产品安全、环保、节能、防盗性能影响的能力，确保符合相关法规、标准和技术要求。

4. 企业应具备识别软件升级的目标车辆、评估目标车辆软硬件配置与软件升级兼容性的能力，确保软件升级与目标车辆配置兼容。

5. 企业应具备识别车辆初始和历次升级的软件版本的能力。

6. 企业应具备记录并安全保存每次软件升级过程相关信息的能力，信息应至少保存至智能网联汽车产品停产后10年。

7. 企业应建立软件升级系统必要的网络安全防护管理和技术措施，确保软件升级流程的安全可靠。

8. 企业应建立软件升级用户告知机制，明确告知升级目的、升级前后变化、升级预估时间、升级期间无法使用的功能等信息。

9. 企业实施在线升级活动前，应当确保汽车产品符合国家法律法规、技术标准及技术规范等相关要求并向工业和信息化部备案，确保符合备案要求，保证汽车产品生产一致性。涉及产品安全漏洞修补的，需按有关要求向工业和信息化部报送。

（六）风险与突发事件管理能力。

企业应建立智能网联汽车风险与突发事件管理制度，具备突发事件应急预案及应急措施，具备安全风险排查及处理、事故原因分析等保障能力。

第十一条　安全监测能力

企业应对其开展实际道路测试和上路通行的智能网联汽车安全状态进行监测和报告，确保监测数据和报告的真实性、安全性、完整性。

（一）企业应当建立智能网联汽车产品安全监测服务企业平台（以下简称企业平台），具有数据接收、数据上报、数据存储、数据补发等功能。

（二）企业应将车辆自动驾驶安全相关的事件监测数据上报市级智能网联汽车安全监测平台（以下简称地方平台）、工业和信息化部试点管理系统以及企业平台所在地公安机关网安部门（仅涉及车联网网络、数据安全相关），用于支撑智能网联汽车产品安全性能评估、准入许可评估调整等。其中，涉及车联网网络、数据等安全相关数据，同步上报至国家车联网（智能网联汽车）安全监管和公共服务平台。

（三）企业应编写月度和年度应用评估报告，证明产品符合智能网联汽车产品技术要求，并上报地方平台和工业和信息化部试点管理系统。与自动驾驶相关的有碰撞风险或发生碰撞的安全事件，企业应立即上报事件分析报告。

（四）企业平台应保障网络安全和数据安全，具备权限管理功能、防篡改功能，以及高可用机制，防止机器失效带来的任务失效和数据丢失。

（五）企业应妥善保管智能网联汽车产品安全状态监测数据，月度、年度应用评估报告，以及安全事件分析报告，并长期存档备查。企业不得泄露、篡改、毁损、出售或者非法向他人提供，不得监测与产品安全状态无关的数据。

（六）企业应具备智能网联汽车产品质量信息分析能力，可采集和储存与自动驾驶相关的产品缺陷信息、车辆故障信息、道路交通事故信息及消费者投诉信息，进行分析并实施改进。

第十二条　用户告知机制

（一）企业应建立用户告知机制，确保用户充分掌握智能网联汽车与传统汽车在操作、使用等方面的差异。

（二）告知信息包括但不限于智能网联汽车产品功能及性能限制、安全员职责、人机交互设备指示信息、系统操作说明、功能激活及退出条件和方法、最小风险策略、系统潜在风险说明、人工接管预留时间、不可避免碰撞的响应策略等信息。告知信息应明确写入产品使用说明书。

第二节　智能网联汽车产品要求

第十三条　产品技术要求

智能网联汽车产品应当符合《道路机动车辆生产企业及产品准入管理办法》《新能源汽车生产企业及产品准入管理规定》等道路机动车辆产品准入要求，应具有明确的自动驾驶功能定义及其设计运行条件，并符合动态驾驶任务执行、接管、最小风险策略、人机交互、产品运行安全、网络安全、数据安全、无线电安全、软件升级、数据记录等技术要求。应说明车辆运行区域具备的必要基础设施条件，包括支持智能网联汽车产品设计运行条件的公共道路、交通基础设施、通信基础设施等。

（一）动态驾驶任务执行要求。

1. 自动驾驶系统应能持续识别其设计运行条件，仅能在设计运行条件内激活，并具备明确的功能激活和退出策略。在激活状态下，自动驾驶系统应执行全部动态驾驶任务，当到达设计运行条件边界时，应执行合理的策略。

2. 自动驾驶系统应具备充分的目标和事件探测与响应能力，支持其安全且合理地执行全部动态驾驶任务。

3. 自动驾驶系统应具备安全驾驶决策及控制的能力，至少包括符合合理规划控制车辆行驶路径与行驶速度、合理应对存在的风险等要求，且驾驶行为应符合其他道路使用者的预期。

4. 自动驾驶系统应不存在由系统失效和功能不足引起的危害而导致的不合理风险，且具备自动识别自动驾驶系统失效的能力，确认自动驾驶系统是否能够持续执行动态驾驶任务，并提供必要的信息提示。自动驾驶系统失效或功能不足时，应执行合理的控制策略，直至车辆进入最小风险状态或动态驾驶任务被接管。

5. 在激活状态下，自动驾驶系统应避免导致交通事故。当碰撞事故不可避免时，自动驾驶系统应采取合理控制策略，降低事故伤害或损失。

（二）接管要求。

对于需要安全员执行接管的自动驾驶系统，应具备安全、可靠、有效的接管策略，及时向安全员发出介入请求，并能够检测安全员是否执行接管操作。当安全员未能及时响应介入请求，自动驾驶系统应执行最小风险策略以达到最小风险状态。

（三）最小风险策略要求。

1. 自动驾驶系统应具备最小风险策略，用于避免或减缓车辆与其他道路使用者的风险。

2. 自动驾驶系统最小风险策略应在符合道路交通安全法律法规前提下充分考虑安全风险，且应设计合理，包括触发、执行、终止和信息提示等。

3. 在自动驾驶系统执行最小风险策略过程中，不应禁止安全员通过合理的方式干预车辆。

（四）人机交互要求。

1. 自动驾驶系统应具备供安全员激活、退出等的专用操纵方式。

2. 自动驾驶系统应具备安全、可靠、有效地响应干预的策略，并应能检测安全员是否执行干预操作。

3. 自动驾驶系统应持续向用户提示明确、充分的自动驾驶系统状态信息，不应对用户造成干扰。当自动驾驶系统状态发生变化时，自动驾驶系统应及时向用户提供必要的提示信息。

4. 对于需要安全员接管的自动驾驶系统，应具备安全员接管能力监测功能，应对安全员是否具备执行动态驾驶任务接管的能力进行识别，并在安全员能力不满足要求时，发出警告信号。

5. 车辆应依法依规合理使用声音、照明、光信号、无线电信号等方式与其他道路使用者或相关设施进行交互。

（五）产品运行安全要求。

1. 自动驾驶系统在激活状态下，不应对车辆驾乘人员和其他交通参与者造成不合理的交通安全风险。

2. 自动驾驶系统在激活状态下，应遵循《中华人民共和国道路交通安全法》《中华人民共和国道路交通安全法实施条例》，以及车辆运行区域相关道路交通通行规则规定，满足道路交通安全管理相关要求。

3. 产品测试与安全评估方案、实施、结果等涉及产品运行安全要求的，由公安机关道路交通安全相关技术服务机构进行评估。

（六）网络、数据和无线电安全要求。

1. 应能够防御车辆外部连接安全威胁。包括利用第三方应用漏洞进行攻击、外部接口（USB、OBD 等）入侵等。

2. 应能够防御通信通道安全威胁。包括车辆接收消息的欺骗攻击、窃听攻击、劫持或重放攻击，未经授权操作、删除或篡改车辆上的代码，拒绝服务攻击，非法提权攻击，恶意数据注入等。

3. 应能够防御软件升级安全威胁。包括破坏软件升级程序或固件、篡改软件升级包等。

4. 应能够防御对车辆数据安全威胁。包括未经授权提取、操作或删除车辆数据，个人信息泄露、篡改、丢失等。

5. 应能够防御行为安全威胁。包括无意加载恶意软件、无意触发网络安全风险点等。

6. 应能够防御物理操控安全威胁。包括未经授权替换关键的车辆电子控制单元、添加车辆电子控制单元进行中间人攻击等。

7. 应不存在由汽车行业权威漏洞平台6个月前公布且未经处置的高危及以上的安全漏洞。

8. 应保证搭载的、接入公用电信网的车载通信设备依法取得电信设备进网许可，无线电发射设备符合《无线电发射设备管理规定》等国家无线电管理有关要求。

（七）软件升级要求。

1. 应保护升级包的真实性和完整性，以合理地防止其受到损害和无效软件升级。

2. 应保护车辆上的软件版本免受篡改。

3. 车辆应具备更新软件版本的能力，并应能通过标准化的电子通信接口读取软件版本。

4. 在执行软件升级前，应确保车辆满足先决条件，如确保车辆有足够电量完成软件升级。

5. 在执行软件升级前，应告知车辆用户有关软件升级的信息，并应得到车辆用户确认。

6. 当执行软件升级可能影响车辆安全时，应在升级执行过程中通过技术手段确保车辆安全。

7. 若执行软件升级影响驾驶安全，车辆应确保升级执行期间无法被驾驶，并确保安全员不能使用任何可能影响车辆安全或成功执行软件升级的车辆功能。

8. 在执行软件升级后，应告知车辆用户车辆升级的结果。

9. 若升级失败或中断，车辆应能够恢复到以前的可用版本，或确保车辆处于安全状态。

（八）数据记录要求。

1. 智能网联汽车产品应配备事件数据记录和自动驾驶数据记录功能。

2. 自动驾驶数据记录功能记录的数据元素应至少包括车辆及自动驾驶数据记录系统基本信息、车辆状态及动态信息、自动驾驶系统运行信息、行车环境信息、驾乘人员操作及状态信息等。

3. 在自动驾驶系统激活期间，记录的事件数据应至少包括自动驾驶系统激活、退出、发出介入请求、开始执行最小风险策略、发生严重失效、有碰撞风险、发生碰撞等。

4. 智能网联汽车产品应具备数据存储能力、断电存储能力，遵循存储覆盖机制，能够持续正常记录和存储数据。

5. 记录的数据应能被提取并正确解析，能通过标准化的方法或途径实现数据提取。

6. 智能网联汽车产品应保证记录数据的完整性和真实性，以防止数据被篡改、伪造或恶意删除。

第十四条 过程保障要求

智能网联汽车产品过程保障要求包括整车尤其是自动驾驶系统的功能安全过程保障、自动驾驶系统预期功能安全过程保障、整车网络安全和数据安全过程保障等要求。

（一）整车尤其是自动驾驶系统的功能安全过程保障要求至少包括：

1. 应在整车层面定义和描述自动驾驶系统，包括但不限于自动驾驶功能和接口，其与安全员、环境和其他系统的依赖性和交互，技术标准要求。

2. 应定义由自动驾驶功能异常表现导致的危害，结合合理的运行场景识别危害事件，针对危害事件按照严重度、暴露概率和可控性进行评估，确认合理的汽车安全完整性等级、危害事件的安全目标。

3. 应按照整车功能安全开发的相关规定进行功能安全分析，明确功能安全要求。功能安全要求应考虑运行模式、故障容错时间间隔、安全状态、紧急运行时间间隔、功能冗余等，并将其分配给自动驾驶系统的架构要素或外部措施。

4. 应定义与自动驾驶系统功能安全相关零部件供应商的开发接口协议，明确角色和责任要求，确保在系统、硬件和软件各层级满足整车安全要求。

5. 应进行功能安全集成测试，通过基于需求的测试、故障注入测试等方法，确保整车和自动驾驶系统的相关要求得到实施和满足。

6. 应满足功能安全确认要求，通过检查、测试等方式，确保安全目标在整车层面正确、完整并得到充分实现。

（二）自动驾驶系统预期功能安全过程保障要求至少包括：

1. 应满足自动驾驶系统预期功能安全规范定义和设计的要求，包括但不限于自动驾驶功能及其设计运行条件、动态驾驶任务执行、接管、最小风险策略、人机交互等技术要求。开展危害识别和风险评估工作，制定合理的风险可接受准则。

2. 应识别和评估潜在功能不足和触发条件引起的危害，并应用功能改进等措施避免不合理风险。

3. 应定义验证及确认策略，并进行预期功能安全的验证和确认，评估已知危害场景和未知危害场景，以确保不存在不合理的预期功能安全风险，并对运行阶段产品的预期功能安全风险进行合理管控。

4. 应定义与自动驾驶系统预期功能安全相关零部件供应商的开发接口协议，确保整车和零部件符合对应的预期功能安全设计开发、验证、确认等规定。

（三）智能网联汽车产品网络安全和数据安全过程保障要求至少包括：

1. 应开展网络安全和数据安全风险评估，包括资产识别、威胁场景识别、攻击路径分析、风险等级评估、风险处置措施，应考虑所有与供应商等相关方的风险。

2. 在概念设计阶段，应根据网络安全和数据安全风险评估结果，明确网络安全和数据安全的目标和要求，设计安全架构和功能。

3. 在产品开发阶段，应适当地处理或管理已识别的风险，实现网络安全和数据安全风险防范应对处置措施，满足整车网络安全和数据安全的目标和要求等，保护车辆免受风险评估中确定的风险。

4. 在验证确认阶段，应开展整车网络安全和数据安全测试验证，并提供确认情况说明（包括测试指标、测试方法、测试环境、测试结果等），确保有效处置所有已识别的安全风险，以及有效、合理、完整地实现网络安全目标和要求等。

第十五条　测试验证要求

产品应符合模拟仿真、封闭场地、实际道路以及网络安全和数据安全、软件升级、数据记录等测试验证要求。试验过程中不应变更自动驾驶功能相关的软件及硬件。

（一）自动驾驶系统模拟仿真测试的要求至少包括：

1. 应通过定义设计运行条件内不同场景要素的参数组合，验证自动驾驶系统是否符合安全要求。

2. 应证明模拟仿真测试场景至少包括充分、合理的标称场景、危险场景和边缘场景，以有效地验证自动驾驶系统安全。

3. 应证明使用的模拟仿真测试工具链置信度，以及车辆动力学、传感器等模型可信度，并通过与封闭场地和实际道路测试结果对比等手段验证模拟仿真测试的可信度。

4. 应提供模拟仿真测试过程中所涉及的测试场景集、测试手段、测试方法、评估方法以及测试数据管理（记录、处理、存储）等说明，应确保模拟仿真测试结果的可追溯性。

（二）封闭场地测试的要求至少包括：

1. 应采用封闭场地测试方法，验证产品在封闭场地典型场景下的安全性。

2. 封闭场地测试应考虑自动驾驶系统设计运行条件内的关键要素。场景应表征设计运行条件内所要求的行驶工况，并统筹考虑交通环境及附属设施情况。

3. 应对测试开展过程进行记录，对测试过程中所涉及的测试环境、测试人员、测试设备及测试方法的规范性负责，确保测试结果的一致性和准确性。

4. 应对测试数据进行记录，至少包含测试车辆自动驾驶系统软硬件版本信息、车辆控制模式、车辆运动状态参数、车辆灯光和相关提示信息状态、反映试验人员及人机交互状态的车内视频及语音监控情况、反映测试车辆行驶状态的视频信息、目标物的位置及运动数据等内容，确保测试结果的可追溯性，并对测试结果进行分析与评估。

（三）实际道路测试的要求至少包括：

1. 应在封闭场地测试通过后，进行实际道路测试。

2. 应根据自动驾驶系统所声明设计运行范围对应的道路类型，开展实际道路连续场景测试，以验证产品在实际道路交通运行环境下的安全性。

3. 应对测试开展过程进行记录，对实际道路测试过程中所涉及的测试环境、测试人员、测试设备及测试方法的规范性负责，确保测试结果的一致性和准确性。

4. 应对测试数据进行记录，至少包含测试车辆自动驾驶系统软硬件版本、控制模式、车辆行驶状态、试验人员状态、人机交互状态、测试里程及时长、人工接管、车辆碰撞等信息，确保测试结果的可追溯性。

5. 应对测试车辆进行监测，基于测试里程及时长，自动驾驶功能的响应及试验人员的干预等，验证所声明的自动驾驶功能应对真实交通环境的能力。

6. 实际道路测试申请、审批、机动车登记、道路交通安全违法行为（以下简称交通违法）及交通事故处理的有关要求，本要求未规定的，适用《重庆市智能网联汽车道路测试与应用实施细则（试行）》（渝经信规范〔2022〕13 号）。

（四）整车网络安全和数据安全测试要求至少包括：

1. 应选择适用的方法，对车辆外部连接安全、通信通道安全、软件升级安全、车辆数据安全、行为安全、物理操控安全进行适当和充分的测试，以验证所实施的安全措施的有效性。

2. 应对测试开展过程进行记录，对测试过程中所涉及的测试用例、测试环境、测试人员、测试设备及测试方法的规范性负责，确保测试结果的一致性和准确性。

（五）软件升级测试的主要对象是智能网联汽车产品的软件升级功能，测试要求至少包括：

1. 应开展升级包真实性完整性、软件版本更新及读取、软件版本防篡改、用户告知、用户确认、先决条件、电量保障、车辆安全、驾驶安全、结果告知等测试，确保符合技术要求。

2. 应对测试开展过程进行记录，对测试过程中所涉及的测试用例、测试环境、测试人员、测试设备及测试方法的规范性负责，确保测试结果的一致性和准确性。

（六）数据记录测试要求至少包括：

1. 应满足数据记录测试要求，包括事件触发试验、连续记录触发试验、数据存储能力试验、存储覆盖机制试验、断电存储试验、网络安全试验、防护性能试验等。

2. 应对测试开展过程进行记录，对测试过程中所涉及的测试用例、测试环境、测试人员、测试设备及测试方法的规范性负责，确保测试结果的一致性和准确性。

第三节　智能网联汽车使用主体要求

第十六条　基本条件

（一）中华人民共和国境内企业。

（二）在重庆市具备固定经营场所，能够有效支撑智能网联汽车运行安全保障工作的开展。

（三）建立智能网联汽车运行安全保障机构，具备与智能网联汽车运行管理相匹配的负责人、管理人员，细化职责任务。

（四）建立健全运行安全保障制度，对智能网联汽车上路通行进行实时监测、应急处置，保障道路交通安全、数据安全、网络安全。

（五）从事运输经营的试点使用主体还应当具备相应业务类别的运营资质。

第十七条　运行安全保障能力

（一）安全保障机制。

试点使用主体应当建立智能网联汽车运行安全保障机制、风险与突发事件管理制度，具备事前、事中、事后全流程保障车辆安全运行的能力：

1. 按规定配备安全员、平台安全监控人员等运行安全保障人员，并建立培训、考核及管理制度。

2. 对车辆运行状态进行实时监测，按规定及时进行隐患提醒、预警和处置。

3. 建立智能网联汽车突发事件应急预案，具备车辆运行安全风险防控、隐患排查、应急处置等保障能力。

4. 应当建立交通违法和交通事故信息定期上报制度，编写月度报告以存档备查。

5. 车辆仅限于符合条件的试点使用主体使用，对违反规定使用车辆的，取消试点资格。

（二）运行平台。

1. 试点使用主体应当具备智能网联汽车运行安全监测平台（以下简称运行平台），对车辆运行安全状态进行实时监测。

2. 运行平台应当具有数据接收、数据验证、上报、存储等功能，对自动驾驶安全运行事件，按规定将车辆及自动驾驶系统基本信息、车辆状态及动态信息、自动驾驶系统运行信息、安全员操作及状态信息、故障信息等共享至地方平台、公安部智能网联汽车运行安全管理系统，用于配合相关部门事件调查、责任认定、原因分析等。

3. 运行平台应当保障网络安全和数据安全，具备权限管理功能、防篡改功能及高可用机制。

4. 运行平台应当按规定收集、存储、使用、加工、传输、提供和公开智能网联汽车运行安全信息，不得泄露、篡改、毁损、出售或者非法向他人提供。

（三）运行安全保障人员。

1. 运行安全保障人员包括安全员和平台安全监控人员。

2. 安全员应当接受培训并通过考核，熟练掌握道路交通安全法律法规的规定和不同级别自动驾驶系统操作技能，具备紧急状态下应急处置能力。

3. 平台安全监控人员应当接受培训并通过考核，掌握试点使用主体的安全保障机制及风险与突发事件管理制度，熟练操作运行平台；熟练掌握道路交通安全法律法规；掌握车辆运行时的交通环境；监测过程中发现有规定情形的，及时发出预警、提示接管并采取相应处置措施。

（四）车辆运行保障。

1. 试点使用主体应当熟悉自动驾驶功能设计运行条件，能够使用电子围栏等技术手段，确保车辆超出规定运行区域后无法开启自动驾驶功能。

2. 试点使用主体应当具备车辆维护或者保养能力，配合生产企业开展车辆软件升级，及时消除车辆运行安全隐患。

第十八条 责任承担能力

（一）应当对车辆上路通行可能造成的人身和财产损失具备相应的民事责任承担能力，并按要求购买机动车交通事故责任强制保险以及其他交通事故责任商业保险。

（二）当车辆发生交通违法或者交通事故时，能够向相关部门提供足以证明交通违法事实或者交通事故成因的证明材料。

（三）具备配合相关部门开展应急救援、交通事故调查处理及事故调解、损害赔偿的能力。

第十九条 网络安全和数据安全保障能力

参照智能网联汽车生产企业的要求，使用主体应当具备以下网络安全和数据安全保障能力。

（一）网络安全保障能力。

1. 应当建立智能网联汽车网络安全管理制度，明确网络安全责任部门和负责人，落实网络安全责任，并依法落实网络安全相关管理要求。

2. 应当建立智能网联汽车网络安全风险管控机制，具备网络安全风险识别、分析、评估、处置、跟踪等风险管控能力，及时消除重大网络安全隐患的能力。

3. 应当建立智能网联汽车网络安全监测机制，具有监测、记录、分析网络运行状态、网络安全事件等技术措施，具备按照规定留存相关网络日志不少于6个月的能力。

4. 应当建立智能网联汽车网络安全应急响应机制，制定网络安全事件应急预案，具备及时处置安全漏洞、网络攻击等安全风险的能力。

5. 应当建立智能网联汽车安全漏洞管理机制，具备及时处置安全漏洞、指导和支持车辆用户和安全员采取相应措施的能力。

6. 应当建立智能网联汽车网络安全保障机制，明确产品和服务的网络安全评价标准、验证规范等，确定与产品提供方的安全协议，具备协同管控网络安全风险的能力。

7. 应当建立智能网联汽车网络安全管理制度的持续改进制度，在关键流程变更、网络安全事件发生后及时更新完善网络安全管理制度、相关机制等。

（二）数据安全保障能力。

1. 应当建立健全智能网联汽车数据安全管理制度，依法履行数据安全保护义务，明确责任部门和负责人。

2. 应当建立智能网联汽车数据资产管理台账，实施数据分类分级管理，加强个人信息与重要数据保护。

3. 应当采取智能网联汽车数据安全保护技术措施，确保数据持续处于有效保护和合法利用的状态，依法依规落实数据安全风险评估、数据安全事件报告等要求。

4. 车辆上路通行期间，试点使用主体应当遵守以下汽车数据安全管理要求：

（1）车外数据未完成匿名化处理前，不应当向车外提供；

（2）除非安全员自主设定，车辆应当默认设定为不收集车辆数据的状态；

（3）除非取得个人信息主体同意，原则上不应向车外提供车辆数据，符合试点安全监测、交通违法和交通事故处理相关规定要求，法律、行政法规规定等情形除外；

（4）通过车辆处理个人信息应当通过用户手册、车载显示面板、语音、车辆使用相关应用程序等显著方式告知个人信息处理规则。

第二十条　运营安全保障能力

从事运输经营的试点使用主体和车辆应当符合国家相关部委有关运营安全管理要求。

第四节　试点申请材料

第二十一条　基本信息

（一）智能网联汽车生产企业及产品基本信息（附件1）。

（二）使用主体基本信息（附件2）。

第二十二条 准入试点实施方案

(一)智能网联汽车生产企业及产品准入试点的总体目标相关材料,至少包含拟申请准入试点的产品情况,进度计划与关键节点等。

(二)智能网联汽车生产企业能力。

1. 提供具备道路机动车辆生产准入许可的汽车整车生产企业资质相关材料。

2. 提供设计验证能力相关材料,至少包含自动驾驶功能的汽车产品开发机构和专业技术人员、自动驾驶系统开发工作流程、开发技术的理解和掌握、产品信息数据库、开发和验证工具、试验验证能力等。

3. 提供安全保障能力相关材料,至少包含功能安全保障能力、预期功能安全保障能力、网络安全保障能力、数据安全保障能力、软件升级管理能力、风险与突发事件管理能力等。

4. 提供安全监测能力相关材料,至少包含企业平台的建设情况、平台功能、与地方平台及工业和信息化部试点管理系统的对接情况、平台网络安全和数据安全保障能力、产品安全状态信息保管情况、自动驾驶功能产品质量信息分析能力。平台简介及功能和界面展示,需包含数据接收、数据上报、数据存储、数据补发和管理机制等。

5. 提供用户告知机制相关材料。

(三)智能网联汽车产品。

1. 提供符合现行《道路机动车辆生产企业及产品准入管理办法》《新能源汽车生产企业及产品准入管理规定》等道路机动车辆产品准入要求的相关材料。

2. 提供自动驾驶系统说明相关材料,至少包含自动驾驶系统的组成及工作原理、功能定义、智能网联汽车产品主要技术参数和相关说明等。

3. 提供智能网联汽车产品测试与安全评估相关材料,至少包含产品技术要求细化方案、产品测试与安全评估方案,产品过程保障能力、产品测试验证能力等。

第二十三条 上路通行试点实施方案

(一)总体目标及主要内容相关材料,至少包含上路通行阶段的总体及阶段性目标,未来 3 年推广计划,通行范围、时间、规模等方案,使用主体方案,安全监测方案,风险分析及应对方案等。

(二)使用主体。

1. 提供使用主体基本情况相关材料,至少包含主体资格,在申报试点的城市具备固定经营场所等。

2. 提供运行安全保障机制、风险与突发事件管理制度相关材料,至少包含试点区域内运行安全负责人、管理人员情况;说明安全员、平台安全监控人员等运行安全保障人员具体职责、人车配比、相关培训、考核及日常管理等情况。

3. 提供运行监测能力相关材料，至少包含运行平台情况、平台运行及存储等功能情况；是否与地方平台、公安部智能网联汽车运行安全管理系统对接等情况。

4. 提供责任承担能力相关材料，至少包含智能网联汽车上路通行可能造成的人身和财产损失具备相应的民事责任承担能力，并能够按要求购买机动车交通事故责任强制保险以及其他交通事故责任商业保险等。

5. 网络安全、数据安全保障能力相关材料，至少包含网络安全与数据保障机制、网络安全及数据安全突发事件应急预案等。

第二十四条　试点工作预期效果

智能网联汽车生产企业和使用主体组成联合体（以下简称联合体）。联合体应根据实际情况提出试点实施的预期效果，如促进产业高质量发展、智能网联汽车生产企业能力建设、产品质量安全水平提升、使用主体能力建设，以及相关经验推广等综合效益。

第二十五条　风险分析及应对措施

联合体试点实施全过程在政策法规、技术和产品、运行安全等方面的风险分析，以及相关风险防范预案及应对措施。

第二十六条　联合体协议

（一）智能网联汽车生产企业应当与使用主体依法签署联合体协议，明确权责划分，并提供协议文本。

（二）其他补充材料。

第四章　试点申请流程

第二十七条　试点申请流程如下：

（一）联合体向市经济信息委提交申报方案等相关材料。市经济信息委收到材料后委托专家委员会5个工作日内完成材料初审；

（二）材料初审合格后，市经济信息委组织工作专班在15个工作日内进行评审；

（三）评审通过后，市经济信息委签署同意推荐的意见，并报送市政府同意后送工业和信息化部；

（四）工业和信息化部、公安部、住房和城乡建设部、交通运输部组织专家对申报方案进行初审，择优确定进入试点的联合体。

第五章　试点实施

第一节　产品准入试点

第二十八条　测试与安全评估

（一）智能网联汽车生产企业应当细化完善智能网联汽车产品的准入测试与安全评估方案，报工业和信息化部、公安部确认。

（二）确认通过后，工作专班监督智能网联汽车生产企业开展产品测试与安全评估工作。

（三）工业和信息化部委托技术服务机构对产品测试与安全评估方案、实施、结果等进行评估。

（四）智能网联汽车生产企业应按照监测要求将车辆接入工业和信息化部试点管理系统。

第二十九条 产品准入许可

（一）智能网联汽车生产企业通过产品测试与安全评估后，方可向工业和信息化部提交产品准入申请。

（二）智能网联汽车产品通过工业和信息化部产品准入后，按照其公告的准入有效期、实施区域等限制性措施要求，进行上路通行试点工作。

第二节 上路通行试点

第三十条 试点使用主体应当在保障道路交通安全的前提下，为车辆上路通行购买机动车交通事故责任强制保险以及每车不低于五百万元人民币的交通事故责任保险。

第三十一条 申请上路通行试点的车辆，应当向公安机关交通管理部门车辆管理所申请注册登记，交验车辆，并提交以下证明、凭证：

（一）试点使用主体的身份证明；

（二）机动车来历证明；

（三）车辆购置税的完税证明或者免税凭证；

（四）机动车交通事故责任强制保险凭证；

（五）机动车整车出厂合格证；

（六）机动车安全技术检验合格证明；

（七）其他相关材料。

车辆办理注册登记后，试点期间不得办理变更登记、转让登记、抵押登记等业务。

第三十二条 使用车辆从事运输经营的，还应当具备相应业务类别的运营资质并满足运营管理要求。

第六章 试点管理

第三十三条 试点汽车生产企业不得擅自对车辆进行影响车辆功能、性能的软硬件变更。涉及自动驾驶功能软件升级的，试点汽车生产企业应当向工业和信息化部申请批准并备案，由工业和信息化部将备案信息共享至公安部。经批准后，试点汽车生产企业应当及时告知试点使用主体。试点使用主体自愿选择是否升级，选择升级的，应当在车辆停驶的安全状态下进行。

第三十四条 试点汽车生产企业及试点使用主体应当运用技术手段，确保车辆自动驾驶功能只能在限定路段、区域范围内激活。不得在公路上开展制动性能试验。

第三十五条 试点汽车生产企业、试点使用主体及车辆应当遵守我国道路交通安全法律法规，驾驶行为应当符合道路交通通行规则，保障道路交通安全、有序、畅通。

第三十六条 车辆的车身应当以醒目图案、文字或者颜色标示，以提醒周边车辆及其他交通参与者注意。

第三十七条 试点使用主体应当为试点车辆配备安全员、安全监控人员，并督促其在车辆上路前进行安全检查，在车辆行驶中进行安全监测。

（一）试点使用主体应当在保障道路交通安全的前提下，为车辆上路通行配备相应驾驶资格的安全员，并负责培训，确保其符合以下资格条件：

1. 取得相应准驾车型驾驶证、具有 3 年以上驾驶经历；

2. 最近连续 3 个记分周期内没有被记满 12 分记录；

3. 最近 1 年内无超速 50% 以上、超员、超载、违反交通信号灯通行等严重交通违法记录；

4. 无饮酒后驾驶或者醉酒驾驶机动车记录，无服用国家管制的精神药品或者麻醉药品记录；

5. 无致人死亡或者重伤且负有同等以上责任的交通事故记录；

6. 与试点使用主体签订劳动合同或者劳务合同；

7. 经试点使用主体培训后，熟练掌握自动驾驶相关法律法规、自动驾驶系统专业知识，具备紧急状态下应急处置能力；

8. 法律、行政法规、规章对机动车驾驶人规定的其他条件。

经培训合格的安全员信息应当向车辆运行所在区域公安机关交通管理部门车辆管理所备案。

（二）车辆上路通行前，安全员除了按照法律法规对车辆进行安全检查外，还应当对自动驾驶功能相关的车载设备、车辆网络接收和传输设备进行检查调试，确保设备处于良好运行状态。

（三）车辆上路通行过程中，安全员应当处于车辆驾驶座位上，在自动驾驶系统激活状态下，监控车辆运行状态及周围环境，当系统提示需要人工操作或者发现车辆处于不适合自动驾驶的状态时，及时接管或者干预车辆并采取相应措施。

（四）车辆在自动驾驶系统激活状态下，不得从事校车业务、搭载危险物品。

（五）试点使用主体应当安排安全监控人员对车辆安全运行状态进行实时监测。发现下列情形时，安全监控人员应当按照应急预案及时发出预警，提示安全员干预车辆并采取相应措施：

1. 发现车辆存在道路交通安全、网络安全、数据安全隐患的；

2. 自动驾驶系统故障、失效或者车辆超出运行范围的。安全员拒不执行、执行不到位或者无法干预的，应当及时分别报告公安机关交通管理部门和网络安全保卫部门。

第三十八条 智能网联汽车准入和上路通行试点路段和区域所在地公安机关交通管理、交通运输等部门应当加强辖区范围内智能网联汽车准入和上路通行试点的日常巡查；巡查中发现智能网联汽车在准入和上路通行试点过程中存在问题的，应当及时处理并向市级有关部门报告。

第三十九条 车辆上路通行过程中发生的交通违法，由交通违法行为发生地的公安机关交通管理部门管辖。

第四十条 现场发现车辆实施交通违法的，交通警察应当询问安全员，及时固定证据，使用执法记录仪全程摄录，并向安全员开具《道路交通安全违法行为处理通知书》。通过交通技术监控设备记录车辆实施交通违法的，应当按规定审核录入并通知试点使用主体。

（一）试点使用主体和安全员应当持交通违法自查报告在规定的时间内一并到公安机关交通管理部门接受处理。公安机关交通管理部门应当依照《道路交通安全违法行为处理程序规定》对交通违法事实进行调查，听取当事人陈述、申辩，制作并送达行政处罚决定书。

（二）交通违法涉嫌由自动驾驶系统原因导致的，还应当通知相关主体接受调查处理。

第四十一条 上路通行过程中发生交通违法的，由公安机关交通管理部门按照现行道路交通安全法律规范对安全员进行处理；能够确定交通违法是自动驾驶系统原因导致的，按规定对相关主体进行处理。

第四十二条 公安机关交通管理部门应当定期将交通违法信息抄送至地方平台，由地方平台对车辆及安全员基本信息、自动驾驶系统运行信息进行记录。

第四十三条 车辆上路通行过程中发生道路交通事故时，安全员应当在确保安全的前提下立即停车，抢救受伤人员，保护现场，并迅速报警。安全员现场未报警的，试点使用主体运行平台安全监控人员应当立即报警，远程协助并按照应急预案采取相应措施。

对于仅造成轻微财产损失的事故，当事人对事实及成因无争议的，可以自行协商处理。

第四十四条 试点汽车生产企业和试点使用主体应当积极配合公安机关

交通管理部门进行事故调查和处理。车辆发生道路交通事故的，试点汽车生产企业和试点使用主体应当在事故发生后2小时内将事故发生前至少15秒（或自动驾驶系统激活时刻，两者可取较晚时刻）和事故发生后至少5秒（或自动驾驶系统退出时刻，两者可取较早时刻）的视频信息上传至地方平台，并在事故发生之日起3个工作日内向公安机关交通管理部门提交事故自查报告和相关信息。相关信息应当包括车辆及自动驾驶系统基本信息、车辆状态及动态信息、自动驾驶系统运行信息、行车环境信息、安全员操作及状态信息、车内乘客状态信息、故障信息等。公安机关交通管理部门根据事故调查的需要，可以要求试点汽车生产企业、试点使用主体提供其他信息和材料。

未按规定提供或者无正当理由逾期未提供的，由未提供方承担事故责任。

第四十五条　公安机关交通管理部门应当按照现行道路交通安全法律法规、规章和本规定要求进行调查处理，依法确定当事人事故责任。

（一）车辆在自动驾驶系统功能激活状态下发生道路交通事故的，对于涉及财产损失或者当事人伤势轻微，各方当事人一致同意的，可以适用简易程序。

（二）因收集证据的需要，公安机关交通管理部门可以扣留事故车辆，并开具行政强制措施凭证。

（三）公安机关交通管理部门认为需要检验鉴定的，应当委托具备检测能力的鉴定机构进行技术鉴定。

（四）车辆在自动驾驶系统功能激活状态下发生道路交通事故，造成人员重伤、死亡或者严重财产损失，以及产生重大社会影响的，由公安机关交通管理部门会同相关行政主管部门组织开展深度调查，查找安全隐患和管理漏洞，推动问题整改，构成犯罪的，依法追究相关责任人刑事责任。

第四十六条　车辆在自动驾驶系统功能未激活状态下发生道路交通事故的，按照现行规定承担责任。

车辆在自动驾驶系统功能激活状态下发生道路交通事故造成人身伤亡、财产损失的，由保险公司在保险责任限额范围内予以赔偿；不足的部分，按照《中华人民共和国道路交通安全法》第七十六条规定确定各方当事人的赔偿责任。由智能网联汽车一方依法承担赔偿责任的，由试点使用主体承担；试点汽车生产企业、自动驾驶系统开发单位、基础设施及设备提供方、安全员等相关主体对交通事故发生有过错的，试点使用主体可以依法追偿。构成犯罪的，依法追究相关责任人刑事责任。

第四十七条　试点使用主体运行平台应当如实记录车辆道路交通违法、交通事故信息，每月将车辆发生的交通违法和交通事故信息基本情况、原因分析、风险对策等上报公安交管局以及市经济信息委等主管部门。试点期间发生道路交通事故，造成人员重伤、死亡或者严重财产损失，以及产生重大社会影响的,试点使用主体应当在事故发生后24小时内将事故情况发送至地方平台。相关主管部门应当在3个工作日内上报公安部、工业和信息化部。

第四十八条 试点使用主体应当对车辆上路通行期间收集的数据加强管理,数据处理应当符合汽车数据安全管理等相关法律法规和技术要求。车辆产生的网络安全和数据安全违法违规责任,由安全员、试点汽车生产企业、试点使用主体、自动驾驶系统开发单位等相关主体依法承担。

第四十九条 车辆在自动驾驶系统激活状态下,有下列情形之一的,市公安交管局需通报市经济信息委。

(一)自登记之日起,因自动驾驶系统原因发生3次依据《道路交通安全违法行为记分管理办法》应当一次记3分以上的交通违法,或者2起承担同等以上事故责任的交通事故的;

(二)发生交通违法、交通事故后造成较大社会影响的;

(三)公安机关交通管理部门认为车辆存在严重安全隐患,需要通报的。

市经济信息委接通报后,应当组织调查,存在安全隐患的,通知试点汽车生产企业和试点使用主体暂停使用同一型号、同一版本的自动驾驶系统。对暂停使用的自动驾驶系统,试点使用主体应当确保与车辆搭载同一型号、同一版本的自动驾驶系统始终处于未激活状态。试点汽车生产企业应当进行整改,并向工业和信息化部、公安部提交整改报告。经评估确认隐患已消除的,方可重新使用。

第五十条 试点使用主体在试点期间发生以下情形之一的,试点使用主体应当暂停车辆运行,按照有关部门要求进行整改,向市公安交管局、市经济信息委等主管部门提交整改报告,并提出恢复车辆运行申请,经市公安交管局、市经济信息委等主管部门评估确认后,恢复其试点资格:

(一)未按规定配备安全员、安全监控人员的;

(二)未按规定将车辆运行数据接入地方平台的;

(三)未按规定提供相关事故过程信息或者事故分析报告;

(四)试点使用主体擅自对已登记的车辆及其自动驾驶系统进行改装的;

(五)车辆在自动驾驶系统激活状态下从事校车业务或者搭载危险货物的;

(六)其他需要中止试点使用主体试点资格的情形。

第七章 试点暂停与退出

第五十一条 发生下列情形之一的,试点暂停:

(一)试点汽车生产企业未履行生产一致性和安全保障责任的;

(二)试点汽车生产企业、试点使用主体未履行网络安全和数据安全保护义务的;

（三）工业和信息化部、公安部、住房和城乡建设部、交通运输部及工作专班认为试点实施中存在安全风险的其他情形。

涉及前款第（一）项情形的，应当依据道路机动车辆生产企业和产品准入管理有关规定整改。涉及前款第（二）项和第（三）项情形的，应当按规定整改，经工作专班评估，报工业和信息化部、公安部等相关部门确认后，方可恢复其试点。

第五十二条　发生下列情形之一的，试点退出：

（一）车辆自动驾驶系统存在安全隐患且安全隐患无法消除的，因自动驾驶系统原因导致死亡1人或者重伤3人以上承担主要以上责任的交通事故的；

（二）试点汽车生产企业相关条件发生重大变化无法保障试点实施的，隐瞒有关情况或者提供虚假材料等情形的；

（三）试点使用主体相关条件发生重大变化无法保障试点实施的，隐瞒有关情况或者提供虚假材料的，未按规定落实运行安全管理责任、网络安全和数据安全保护义务，出现违反国家相关法律法规的情况，拒不整改或整改后仍未解决问题的；

（四）工业和信息化部、公安部、住房和城乡建设部、交通运输部及工作专班认为试点实施中存在严重问题的其他情形。

退出试点的，试点汽车生产企业应当关闭相应车辆自动驾驶功能，试点使用主体应当及时办理车辆变更或者注销登记，同步办理车联网卡过户、注销等登记信息变更手续，并依法依规对车辆进行处理。

第八章　附　　则

第五十三条　本办法自发布之日起30日后施行。

附件1　智能网联汽车生产企业及产品基本信息（略）

附件2　使用主体基本信息（略）

上海市智能网联汽车高快速路测试与示范实施方案

（2023年1月18日）

为加快推动本市智能网联汽车技术创新，有序开展智能网联汽车高快速路测试与示范，保障高快速路测试交通安全，依据《上海市智能网联汽车测试与应用管理办法》《上海市智能网联汽车测试与示范实施办法》等文件要求，制定本实施方案。

一、总体要求

（一）基本原则

上海市高快速路测试与示范工作坚持鼓励创新、审慎包容、循序渐进的原则，对申请主体、车辆和人员严格把关，按照从低风险场景到高风险场景的要求，确保安全有序、风险可控。

（二）工作目标

到2023年，5家以上主体、超过30辆车开展高快速路测试（测试时速不低于60公里/小时），2家以上主体开展高快速路示范应用，高快速路测试与示范里程累计超过5万公里，无重大道路安全事故发生，高快速路测试与示范工作体系初步形成。

到2025年，15家以上主体、超过150辆车开展高快速路测试与示范，高快速路测试与示范实现常态化运行，测试范围进一步扩大，累计测试里程超过20万公里，高快速路测试与示范政策体系和管理机制健全完整。

二、安全有序推动测试工作开展

（一）测试主体要求

测试主体应建立科学规范的智能网联汽车产品开发和测试体系，制定高快速路测试方案和评价规程，保障测试工作安全有序开展；测试主体应建立突发事件应急预案，并组织开展演练，最大程度降低测试风险。测试主体的安全性自我声明经确认后，应当严格按照申请的ODC（运行设计条件）、路段和时间段组织开展高快速路测试与示范。

（二）测试车辆要求

测试车辆应经过充分的封闭测试场测试和模拟仿真测试，并通过第三方机构组织的高速公路实车验证。在申请的ODC（运行设计条件）范围外，测试车辆应当使用人工驾驶模式。在技术尚未得到充分验证的情况下，测试主体应在测试车辆后方配备保障车辆。测试车辆安全行驶达到一定的里程或者时间，并符合相应要求的，测试主体可申请增加测试车辆。

（三）测试人员要求

测试主体应择优配备固定的高快速路测试安全员。安全员应当完成规定里程或时长的城市道路测试，并经过一系列专业培训。测试安全员是第一责任人，在测试车辆发生紧急状况时应确保车辆进入最小风险运行模式。

三、构建科学规范的高快速路测试技术支撑体系

（一）编制测试标准

依托上海市智能网联汽车及应用标准化技术委员会，遵循国内外行业达成共识的技术路线，组织行业相关企业编制《智能网联汽车高快速路测试技术规范》等地方标准及规范，指导测试主体准确描述高快速路的操作设计工况，并严格按照既定范围开展测试。指导第三方机构应用科学安全的测试分析方法，根据提供的运行设计条件开展风险场景分析，形成测试用例。

（二）全方位验证车辆技术能力

通过“三支柱法”（即模拟仿真、封闭场地、开放道路）实现多种测试方法的相互融合、相互补充和相互验证，系统、科学、高效地把控智能网联汽车高快速路测试与示范的技术风险，指导测试主体不断完善车辆技术能力。

四、建立健全保障机制

（一）组织保障

依托市级智能网联汽车测试与应用工作推进机制（以下简称市推进机制），协调推进全市智能网联汽车高快速路测试与示范工作，市经济信息化、交通、公安等部门按照各自职责做好智能网联汽车高快速路测试与示范相关管理工作。各相关区配合做好具体的交通管理和基础设施维护工作，及时响应测试主体和公众诉求。道路养护单位做好高快速路日常维护及保养等工作，保障测试道路处于良好状态。

（二）安全保障

测试主体应按规定安装车载监控装置，将测试数据接入至指定的各数据平台，实时上传到上海市智能网联汽车公共数据中心，并定期提交测试与示范总结报告。如发生交通事故，测试主体应立即启动应急程序保障安全，尽快将事故发生前后的视频信息提交并形成事故分析报告，上报市推进机制。

测试主体、测试车辆如发生重大变更，应第一时间中止测试活动，并提交变更说明，经市推进机制确认后方可继续开展测试。上海市智能网联汽车公共数据中心应会同各指定数据平台按管理部门要求做好对测试车辆数据采集、监测和存证工作，并及时报告相关情况。

附录二　中国智能网联汽车国家标准汇总

（一）基础类标准

1	GB/T 39263－2020	道路车辆　先进驾驶辅助系统（ADAS）术语及定义
2	GB/T 40429－2021	汽车驾驶自动化分级

（二）功能安全类标准

1	GB/T 34590.1－2022	道路车辆　功能安全　第1部分：术语
2	GB/T 34590.2－2022	道路车辆　功能安全　第2部分：功能安全管理
3	GB/T 34590.3－2022	道路车辆　功能安全　第3部分：概念阶段
4	GB/T 34590.4－2022	道路车辆　功能安全　第4部分：产品开发：系统层面
5	GB/T 34590.5－2022	道路车辆　功能安全　第5部分：产品开发：硬件层面
6	GB/T 34590.6－2022	道路车辆　功能安全　第6部分：产品开发：软件层面
7	GB/T 34590.7－2022	道路车辆　功能安全　第7部分：生产、运行、服务和报废
8	GB/T 34590.8－2022	道路车辆　功能安全　第8部分：支持过程
9	GB/T 34590.9－2022	道路车辆　功能安全　第9部分：以汽车安全完整性等级为导向和以安全为导向的分析
10	GB/T 34590.10－2022	道路车辆　功能安全　第10部分：指南
11	GB/T 34590.11－2022	道路车辆　功能安全　第11部分：半导体应用指南

续表

12	GB/T 34590. 12－2022	道路车辆　功能安全　第12部分：摩托车的适用性
13	GB/Z 42285－2022	道路车辆　电子电气系统 ASIL 等级确定方法指南
14	GB/T 43253. 1－2023	道路车辆　功能安全审核及评估方法　第1部分：通用要求
15	GB/T 43253. 2－2023	道路车辆　功能安全审核及评估方法　第2部分：概念阶段和系统层面
16	GB/T 43253. 3－2023	道路车辆　功能安全审核及评估方法　第3部分：软件层面
17	GB/T 43253. 4－2023	道路车辆　功能安全审核及评估方法　第4部分：硬件层面
18	GB/T 43267－2023	道路车辆　预期功能安全

（三）信息安全类标准

1	GB/T 40861－2021	汽车信息安全通用技术要求
2	GB/T 40856－2021	车载信息交互系统信息安全技术要求及试验方法
3	GB/T 40855－2021	电动汽车远程服务与管理系统信息安全技术要求及试验方法
4	GB/T 40857－2021	汽车网关信息安全技术要求及试验方法
5	GB/T 41578－2022	电动汽车充电系统信息安全技术要求及试验方法
6	GB 44495—2024	汽车整车信息安全技术要求
7	GB 44496－2024	汽车软件升级通用技术要求
8	GB 44497－2024	智能网联汽车自动驾驶数据记录系统

（四）产品及技术类标准

1	GB/T 41484－2022	汽车用超声波传感器总成
2	GB 39732－2020	汽车事件数据记录系统
3	GB/T 39265－2020	道路车辆 盲区监测（BSD）系统性能要求及试验方法
4	GB/T 41797－2022	驾驶员注意力监测系统性能要求及试验方法
5	GB/T 39901－2021	乘用车自动紧急制动系统（AEBS）性能要求及试验方法
6	GB/T 38186－2019	商用车辆自动紧急制动系统（AEBS）性能要求及试验方法
7	GB/T 39323－2020	乘用车车道保持辅助系统（LKA）性能要求及试验方法
8	GB/T 41796－2022	商用车辆车道保持辅助系统性能要求及试验方法
9	GB/T 41630－2022	智能泊车辅助系统性能要求及试验方法
10	GB/T 41798－2022	智能网联汽车自动驾驶功能场地试验方法及要求
11	GB/T 41901.1－2022	道路车辆 网联车辆方法论 第1部分：通用信息
12	GB/T 41901.2－2022	道路车辆 网联车辆方法论 第2部分：设计导则
13	GB/T 43250－2023	汽车用主动红外探测系统
14	GB/T 43249－2023	汽车用被动红外探测系统
15	GB/T 43187－2023	车载无线通信终端
16	GB/T 44721－2024	智能网联汽车 自动驾驶系统通用技术要求